VEGETARISCH
KOCHEN
FÜR JEDEN TAG

VEGETARISCH KOCHEN
FÜR JEDEN TAG

AUTORIN: TANJA DUSY
FOTOGRAFIN: ULRIKE HOLSTEN

INHALT

- 7   VORWORT
- 8   BASISPRODUKTE FÜR DIE VEGETARISCHE KÜCHE

20   SALATE & DRESSINGS
Knackig frisch oder auch mal sanft gegart: Salate passen immer, ob als Appetizer, feine Beilage oder Sattmacher! Außerdem in diesem Kapitel: einfache, aber raffinierte Dressings, mit denen man altbekannte Blattsalate im Nu aufpeppen kann.

40   SAUCEN, DIPS & BROTAUFSTRICHE
Sie sind auch in der vegetarischen Küche das Tüpfelchen auf dem i: würzige Saucen und Dips, die junges Gemüse wachküssen, Kartoffeln oder Nudeln veredeln und sich mit vielen Rezepten aus diesem Buch kombinieren lassen. Ob Wokgemüse mit Asia-Butter oder Bauernbrot mit Kartoffelkäse: Das Gute kann oft so einfach sein.

64   VORSPEISEN & SNACKS
Was Leichtes für den kleinen Hunger zwischendurch oder ein edler Menüauftakt? Hier ist für jeden Geschmack etwas dabei – von Avocado-Spargel-Salat über Mais-Chili-Muffins bis Zazikimousse. Das Beste: Es gibt viele Snacks, die man auch prima mitnehmen kann.

96   SUPPEN & EINTÖPFE
Suppen sind überraschend vielfältig und immer eine Wohltat für Leib und Seele. Von der aromatischen Brühe über samtig-cremige Gaumenschmeichler bis zum deftigen Sattmacher: Was hier aus dem Topf kommt, ist Löffel für Löffel ein Genuss!

120   HAUPTGERICHTE
Hier heißt es aus dem Vollen schöpfen, denn mit diesen Rezepten kann man rund ums Jahr querbeet kochen. Saisonal ausgewähltes Gemüse wird mit Getreide, Hülsenfrüchten und Milchprodukten kombiniert: mal bodenständig, mal exotisch oder auch mal fein für Gäste – aber immer einfach und unkompliziert zubereitet.

210   SÜSSES & DESSERTS
Lust auf Eis oder süße Früchte? Eine zarte Mousse zum Dahinschmelzen oder ein duftender Auflauf aus dem Ofen? Bei diesem süßen Finale ist alles geboten, was das Herz begehrt: von Blutorangen-Kokos-Jelly über Erdbeerparfait mit Baiserbröseln bis zum winterlichen Möhren-Nuss-Pudding.

- 232   REGISTER
- 238   IMPRESSUM

Vegetarische Küche – jeden Tag ein Genuss

Vegetarische Küche ist weder aufwendig noch kompliziert – mit den Rezepten in diesem Buch kann sich jeder ohne großen Aufwand ausgewogen und gesund ernähren. Und dabei kommt garantiert keine Langeweile auf, denn für reichlich Abwechslung auf dem Teller ist ebenfalls gesorgt. Lassen Sie sich überraschen von alltagstauglichen Gerichten, die einen bunten Mix aus unterschiedlichen Zutaten, Texturen und Aromen bieten: Kombinationen aus knusprig Frittiertem oder kross Gebackenem, körnigem Getreide, knackigem Salat oder Gemüse und cremigen Saucen und Suppen, süß und sauer, scharf oder einfach kräuterintensiv. Die meisten Rezepte sind so angelegt, dass man sie untereinander immer wieder neu zusammenstellen und erweitern kann. Tipps, was wozu am besten passt, finden Sie jeweils am Ende der Rezepte.

In diesem Buch gibt es beliebte Klassiker und neue, ungewöhnliche Gerichte aus der weiten, bunten vegetarischen Welt. Weil eine echte Jeden-Tag-Küche möglichst unkompliziert sein sollte, kommen einzelne Zutaten gleich in mehreren Rezepten vor, damit sich im Vorratsschrank nicht viele verschiedene angebrochene Packungen türmen. Dabei wurde ein besonderes Augenmerk auf gesunde Lebensmittel mit hohem Nährwert gelegt, die es heute in vielen Supermärkten, Bio- oder Asienläden im ständigen Sortiment gibt. So lässt sich der tägliche Einkauf mit wenig Aufwand erledigen – oder man bedient sich gleich aus dem Vorratsschrank. Bei Obst und Gemüse war der saisonale Aspekt der tragende Gedanke: Alle Zutaten in den Rezepten sind saisonal sinnvoll zusammengestellt. Die Hauptgerichte wurden fließend nach den Jahreszeiten geordnet bzw. enthalten Kombinationen aus Gemüsesorten, die ganzjährig im Handel sind.

Egal ob Gemüse, Obst oder andere Produkte: Neben den vorgeschlagenen Rezepten gibt es sicher noch vieles mehr zu entdecken und auszuprobieren. Ich hoffe, mit diesem Buch einen Anfang oder eine Grundlage zu schaffen, Ihnen aber auch Ideen und Anregungen zu geben. Damit vegetarische Küche jeden Tag aufs Neue zum Genuss wird!

Tanja Dury

Milch, Milchprodukte und Eier

Wer auf Fleisch und Fisch verzichtet, tut gut daran, sich mindestens einmal täglich Milchprodukte zu gönnen. Das muss gar nicht in großen Mengen sein, dafür aber möglichst geschickt kombiniert mit viel Gemüse, Getreide und Hülsenfrüchten.

Milchprodukte liefern einfach und geschmackvoll all das, was unserem Körper bei fleischloser Kost auf Dauer fehlen könnte. Allem voran reichlich Kalzium, das für den Aufbau von Knochen und Zähnen unentbehrlich ist. Dazu viele Vitamine, wie z. B. Vitamin B_{12}, das zur Blutbildung benötigt wird und in pflanzlichen Lebensmitteln kaum vorkommt. Und nicht zuletzt Milcheiweiß, das alle essenziellen Aminosäuren enthält, die ebenfalls immer nur teilweise in Pflanzen zu finden sind. Einziger nicht tierischer Ersatz für Veganer sind hier Sojaprodukte (siehe Seite 10).

Milch und Milchprodukte sichern – kombiniert mit anderen Lebensmitteln – eine gesunde vegetarische Ernährung und schmecken dazu noch richtig gut: vom morgendlichen Flockenmüsli mit Joghurt, über den Schuss Sahne in der Sauce bis zum Käse, der über Nudeln gerieben wird. Die Bandbreite an Milchprodukten ist groß: ob Buttermilch, Joghurt, saure Sahne, Crème fraîche oder double und Käse. Hier kann man ganz nach Belieben wählen und häufig auch austauschen. Denn egal, ob man nun fettarme oder Vollmilch trinkt oder »schlankere« bzw. »fettere« Milchprodukte wählt, der Eiweißgehalt bleibt gleich. Inzwischen werden auch immer mehr laktosefreie Milchprodukte angeboten. Sie sind aber wirklich nur für diejenigen sinnvoll, die unter einer Milchzucker- (Laktose-)Allergie leiden. Wer dagegen einfach nur das Gefühl hat, Milch bekomme ihm nicht so gut, wer sich voll oder gebläht fühlt, sollte es erst einmal mit milchsauren Produkten wie Joghurt, Dickmilch, Kefir, saurer Sahne oder Schmand versuchen, die durch das Säuern leichter verdaulich sind.

Käse ist ein besonderer Fall. Fast alle Käsesorten, ob Quark, Frischkäse oder länger gereifter Käse, werden nach ähnlichem Prinzip hergestellt: Milch wird mithilfe von Milchsäurebakterien und Lab zum Gerinnen gebracht. Der eiweißreiche Käsebruch trennt sich so von der wässrigen Molke und kann weiterverarbeitet werden. Bei dem dafür benötigten Lab handelt es sich üblicherweise um Enzyme aus dem Magen von Kälbern. Vor allem klassische gereifte Käsesorten mit traditionellem Herstellungsverfahren und geschütztem Markennamen (wie z. B. Parmesan) werden ausschließlich mit tierischem Lab hergestellt. Zum Glück für Vegetarier werden mittlerweile aber auch viele Käse mit mikrobakteriellem Lab produziert, für das kein Kalb sterben muss. So ist z. B. der italienische Montello eine Alternative zu Parmesan. Wer hier sichergehen möchte, sollte beim Käsehändler fragen, welche Käsesorten tierisches bzw. mikrobakterielles Lab enthalten. Eine zweite gute Informationsquelle ist das Internet, wo viele Käsehersteller angeben, welches Lab sie verwenden.

Eier sind ein weiteres tierisches Produkt, auf das Vegetarier eigentlich nicht verzichten sollten. Neben wichtigen Mineralstoffen wie Kalzium und Eisen und vielen Vitaminen bieten Eier alle essenziellen Aminosäuren in optimalem Verhältnis und besitzen damit höchste biologische Wertigkeit. Das heißt, Eiweiß aus Eiern und seine Proteine können von unserem Körper fast 1:1 zum Aufbau von Zellen, Enzymen und Antikörpern genutzt werden. Weil sie auf Fleisch verzichten, müssen sich

Vegetarier über ein Zuviel an Cholesterin durch Eier im Regelfall auch keine Sorgen zu machen. Im Hinblick auf den Tierschutz ist es eher wichtiger, auf die Herkunft der Eier zu achten, gezielt zu Bio-Eiern zu greifen und den aufgedruckten Barcode richtig zu entschlüsseln: DE bedeutet schlicht, die Eier stammen aus Deutschland, wo Käfighaltung von Legehennen im Gegensatz zu anderen Ländern inzwischen verboten ist. Die erste Ziffer gibt die Haltungsform an: 0 steht für Bio, 1 für Freiland und 2 für Bodenhaltung. Braune Eier sind übrigens nicht »vollwertiger« oder gesünder als weiße, und die Farbe des Dotters ist auch wenig aussagekräftig. Bio-Eier haben oft hellere Dotter, da bei konventioneller Haltung mit Farbstoff im Futter nachgeholfen wird. Wer Angst vor Salmonellen hat, sollte vor allem bei der Lagerung von Eiern Vorsicht walten lassen: Eier besitzen auf ihrer Schale einen natürlichen Schutzfilm, sodass sie bis gut 2 Wochen nach Legedatum nicht im Kühlschrank gelagert werden müssen; allerdings dürfen sie dann auch nicht gewaschen oder zwischenzeitlich gekühlt werden. Waren sie einmal im Kühlschrank, sollten sie dort auch bleiben.

Sahne

Milch

Crème fraîche

Quark

Joghurt

Emmentaler

Ricotta

Pecorino

9 BASISPRODUKTE

Soja- und Tofuprodukte

So wertvoll wie ein kleines Steak: Die Wunderbohnen aus Asien liefern alles, was Veganer dringend brauchen und Vegetarier, die auf Milchprodukte oder Eier verzichten wollen oder müssen, dringend wünschen.

Neben Kohlenhydraten und Fetten ist Eiweiß der Lebensmotor jedes Menschen. Es besteht aus 20 verschiedenen Aminosäuren. Acht davon, die sogenannten essenziellen Aminosäuren, kann der menschliche Körper nicht selbst produzieren. Er muss sie über Nahrung aufnehmen, im Regelfall über tierische Produkte, da die meisten pflanzlichen Lebensmittel jeweils nur einen Teil der essenziellen Aminosäuren enthalten. Das funktioniert bei vegetarischer Ernährung zum einen dadurch, dass man die Lebensmittel geschickt kombiniert (z. B. auch mit tierischen Milchprodukten oder Eiern) oder sich ab und zu Tofu, Tempeh oder andere Sojaprodukte gönnt. Sie enthalten neben hochwertigem Eiweiß und fast allen wesentlichen Aminosäuren zudem noch hochwertige Fettsäuren, Magnesium, Eisen, Zink und Kalium, Vitamin E und verschiedene B-Vitamine. Außerdem sind sie cholesterinfrei und enthalten weder Gluten noch Laktose, was für Allergiker von Bedeutung sein kann.

Das Angebot an unterschiedlichsten Sojaprodukten ist inzwischen riesig: Man hat die Wahl von Sojamilch und/oder -joghurt zum Frühstück bis hin zum abendlichen Tofuschnitzel. Gerade bei den Fertigsojaprodukten sollte man aber immer einen kritischen Blick auf die Zutaten und Nährwertangaben werfen: Einige Erzeugnisse basieren auf gentechnisch verändertem Soja und viele enthalten leider übermäßig viel Fett. Durch den Kauf von puren, möglichst unverarbeiteten Sojaprodukten lässt sich das umgehen – und selbst gewürzt schmeckt es dann auch meist am besten.

Sojaschnetzel und Sojafleisch stellt man aus geschälten Sojabohnen her, die gemahlen und in mehreren Gängen ausgepresst werden. Das daraus gewonnene stark entfettete Sojamehl wird anschließend in speziellen industriellen Verfahren weiterverarbeitet und kommt als feinere oder gröbere getrocknete »Schnetzel« oder in größeren Stücken als Sojafleisch (z. B. als Medaillons) auf den Markt. Diese müssen vor dem weiteren Verarbeiten nur noch mit Wasser oder Brühe übergossen und eingeweicht werden. Ebenfalls im Handel ist Sojagranulat, bei dem die Bohnen nur dampferhitzt, getrocknet und geschrotet, aber nicht chemisch-maschinell weiterverarbeitet werden. Granulat hat daher etwas mehr »Biss«, muss allerdings auch etwas länger mitgekocht oder eingeweicht werden.

Sojamilch wird ebenfalls aus getrockneten, in Wasser eingeweichten Sojabohnen gewonnen. Damit ist sie rein pflanzlich und als Ersatz für Kuhmilch in Süßspeisen und Drinks, aber auch zum Kochen und Backen geeignet. Dicker, cremiger und auch etwas fetter ist Sojasahne oder Sojacreme, die sich je nach Hersteller auch wie Schlagsahne aufschlagen lässt. Inzwischen gibt es immer mehr Sojaprodukte, die als Ersatz für Milchprodukte verwendet werden können, wie z. B. Sojafrischkäse oder Sojajoghurt, der wie Kuhmilchjoghurt durch Zusatz von Milchsäurebakterien hergestellt wird.

Sojamilch

Sojaschnetzel

Sojajoghurt

Sojafleisch

Sojagranulat

Tofu, der sogenannte Sojabohnenquark, fällt im Grunde als Nebenprodukt bei der Herstellung von Sojamilch ab, indem der eingeweichten Bohnenmasse ein Gerinnungsmittel zugesetzt wird. Sofort abgefüllt, entsteht so der glatte, cremige Seidentofu (er ist ideal für feine Cremes und Süßspeisen). Wird die Masse dagegen wie Quark oder Frischkäse in Tüchern ausgedrückt, bildet sich ein krümeligerer, aber schnittfester Block. Inzwischen gibt es Tofu in unterschiedlichsten Varianten zu kaufen: als Naturtofu, Räuchertofu oder z. B. mit Kräutern, Gewürzen, Algen oder Nüssen gewürzt. Einmal angebrochen, sollte man Naturtofu in ein verschließbares Gefäß geben, gut mit Wasser bedecken und das Wasser dann alle 2 Tage erneuern. So hält er sich im Kühlschrank gut 1 Woche.

Tempeh wird aus fermentierten ganzen Sojabohnen hergestellt und in Blöcke gepresst. Die aus Indonesien stammende Spezialität hat einen leicht säuerlichen, hefeähnlichen Geschmack, der häufig als unangenehm empfunden wird. Es empfiehlt sich daher, Tempeh zu dämpfen, braten, frittieren oder zumindest zu marinieren – so verliert sich das »käsige« Aroma. Wie die meisten Sojaprodukte ist Tempeh reich an Eiweiß und Vitamin B_{12}, von dem besonders Veganer oft zu wenig bekommen.

Wichtig! Für Babys und Kleinkinder sind Sojamilch und möglichst auch Sojaproduke tabu. Die darin enthaltenen Phytohormone können den Hormonhaushalt und damit die Entwicklung stören. Außerdem besteht die Gefahr einer Soja-Eiweiß-Allergie.

Hülsenfrüchte, Nüsse, Samen und Öle

Hülsenfrüchte sind als wichtige Eiweißlieferanten in der vegetarischen Küche absolut Trumpf! Und auch Samen, Nüsse und die daraus gepressten Öle können mit einem Gesundheitsplus punkten.

Frische Bohnen und Erbsen kennen wir alle aus der Gemüseküche. Sie sind sicherlich gesund, aber zum wahren Powerpaket werden sie erst in getrockneter Form: Knapp 40 % Eiweiß pro 100 g machen getrocknete Hülsenfrüchte zum Star in der vegetarischen Küche. Kombiniert mit Milch, Sojaprodukten, Eiern oder Getreide, liefern sie alle lebensnotwendigen Aminosäuren. In vielen außereuropäischen Küchen, die ausschließlich vegetarisch sind oder mit wenig Fleisch auskommen, gehören sie deshalb zu den Grundnahrungsmitteln: Dal, so der übergeordnete Begriff für hauptsächlich Linsen-, aber auch Bohnen- oder Erbsengerichte, gehört in Indien zu jeder Mahlzeit, und in Süd- und Mittelamerika sind Bohnengerichte – meist mit Reis kombiniert – erschwingliche Sattmacher für jedermann. Erfreulicherweise gelangen von dort immer mehr neue Sorten in unsere Läden. Der Vorteil von getrockneten Hülsenfrüchten: Kühl und möglichst luftdicht (in Gläsern) verpackt, lassen sie sich mindestens 1 Jahr lagern und sind so immer zur Hand. Dabei muss man allerdings beachten: Je älter sie sind, desto mehr kann sich die Garzeit verlängern.

Bohnen gibt es in großer Auswahl: Von den allseits beliebten dunkelroten Kidney-Bohnen, die man aus Bohnensalaten und Chilis kennt, über die hellbraunen südamerikanischen Pinto-Bohnen bis hin zu italienischen Borlotti-Bohnen. Weiße Bohnen werden als kleine Kerne oder große, dicke Bohnen angeboten. Gescheckte Wachtelbohnen, (Schwarz-)Augenbohnen oder Feuerbohnen komplettieren das bunte, ausgefallene Angebot. Hier kann man munter austauschen oder auch einmal Bohnensorten mischen, muss dabei allerdings darauf achten, dass sie ungefähr gleiche Garzeiten haben. Egal, welche Bohnensorte man wählt, alle müssen eingeweicht werden. Am besten und einfachsten geschieht dies über Nacht. Vor dem Kochen sollte man sie dann kalt abbrausen, in frischem Wasser aufsetzen und immer erst am Ende der Garzeit salzen!

Erbsen sind in getrockneter Form als grüne und gelbe Früchte im Handel, außerdem kann man zwischen ganzen und geschälten wählen. Ganze Erbsen müssen einige Stunden eingeweicht werden und garen dann in knapp 1 Stunde. Bei sogenannten Schälerbsen wurde die äußere Haut bereits entfernt, deshalb müssen sie nicht eingeweicht werden und zerfallen beim Kochen breiiger – bei Eintöpfen oder Püree oft ein erwünschter Nebeneffekt!

Kichererbsen sind trotz ihres Namens nicht mit Erbsen verwandt. Die haselnussförmigen Hülsenfrüchte sind vor allem in der orientalischen und indischen Küche ungemein beliebt: in Currys, Hummus, dem würzigen Kichererbsendip, oder als knusprig frittierte Falafelbällchen. Für Letztere werden Kichererbsen nicht gekocht, sondern einfach nur eingeweicht und püriert. Fein gemahlenes Kichererbsenmehl eignet sich für Falafeln und andere Gerichte prima als Bindemittel und ist im Bio- oder Asienladen erhältlich. Kichererbsen sollten auch mindestens 12 Stunden eingeweicht werden, die Garzeit beträgt ca. 1 Stunde.

Linsen kommen bei uns in immer ausgefalleneren Sorten auf den Markt. Ihnen allen gemeinsam: Im Gegensatz zu Bohnen oder Erbsen müssen Linsen vor dem Kochen nicht eingeweicht werden, bestimmte Sorten wie rote oder gelbe Linsen sind sogar in Rekordzeiten von gerade einmal 15 Minuten gar. Die kleinen dunkelgrünen Le-Puy-Linsen stammen aus der gleichnamigen französischen Stadt, schmecken nussig-würzig, bleiben beim Garen schön bissfest und eignen sich daher gut für Salate und Linsengemüse. Dasselbe gilt für die schwarzen Belugalinsen, daher können beide Sorten gut gegeneinander ausgetauscht werden. Gerade in indischen oder Asienläden wird man bei Linsen und Hülsenfrüchten vielfältig fündig: Hier lohnt es sich zu probieren und zu experimentieren!

Nüsse und Samen liefern dem Körper mehrfach ungesättigte Fettsäuren wie Omega-3- oder Omega-6-Fettsäuren, die er nicht alle selbst produzieren kann und die wichtige Stoffwechsel- und Zellaufbaufunktionen unterstützen. Spitzenreiter im Gehalt an Omega-3-Fettsäuren sind Leinsamen (und Leinöl), Walnüsse (und Walnussöl), Distel- und Rapsöl. Samen und Nüsse finden in der vegetarischen Küche vielfältigen Einsatz: ins Müsli gestreut, gemahlen oder geschrotet in Aufläufen und Gebäck oder einfach als knuspriges Topping auf Salaten, Suppen oder anderen Gerichten. Neben den klassischen Nuss-Sorten wie Mandeln, Hasel- und Walnüssen kann man auch exotischere Sorten wie Cashew- oder Pekannüsse, Paranüsse, Macadamianüsse, Pistazien oder Pinienkerne verwenden. Oder Saaten wie Mohn, Sesam, Kürbiskerne oder Leinsamen. Leichtes Anrösten in der Pfanne ohne Zusatz von Fett hebt und intensiviert den Geschmack von Nüssen und Samen. Vor allem Nüsse werden wegen ihres hohen Fettgehalts schnell ranzig. Daher sollten sie nicht zu lange und möglichst kühl und lichtgeschützt gelagert werden.

Öle kann man ganz nach Belieben austauschen und ausprobieren. Allerdings eignen sich nicht alle Öle für alle Zubereitungsarten. Kalt gepresste Öle sind prima für Salate und Rohkost, sollten aber auf keinen Fall stark erhitzt werden. Dies gilt besonders auch für Ölspezialitäten, die dabei ihr feines Aroma verlieren würden, wie z. B. Nussöle, Kürbiskernöl, Leinöl oder geröstetes Sesamöl. Man sollte sie besser nach dem Garen zum Aromatisieren über das fertige Gerichte träufeln. Hoch erhitzbar und damit wesentlich besser zum Braten, Backen und Frittieren geeignet sind raffinierte Öle und neutral schmeckende Öle wie Sonnenblumen-, Raps-, Distel-, Soja- oder helles Sesamöl, aber auch raffiniertes Olivenöl. Gerade zum Frittieren werden auch häufig Mischöle aus verschiedenen Pflanzen angeboten.

Getreide – von Amaranth bis Quinoa

Getreideprodukte sind nicht nur als Sattmacher ideal. Als wichtigste Quelle für Kohlenhydrate, Ballaststoffe, B-Vitamine und Mineralstoffe sollten sie möglichst jeden Tag auf dem Speiseplan stehen.

Ob in Form von (Vollkorn-)Brot, Müsliflocken, Nudeln oder vollem Korn – Getreide ist einer der besten Energielieferanten für unseren Körper. Weil alle Getreidesorten letztlich die Samenkörner unterschiedlicher Gräser sind, ist ihr Aufbau grundsätzlich gleich: Sie bestehen aus einer äußeren ballast- und mineralstoffreichen Hülle, Mehlkörper und Keimling. Wie der Name bereits verrät, beinhaltet der Mehlkörper hauptsächlich Stärke, aber auch Eiweiß; im Keim befinden sich dagegen die meisten Vitamine, Mineralstoffe und reichlich Eiweiß. Beim Verarbeiten, Polieren oder Mahlen von Getreide wird im Regelfall die äußere Schicht in Form von Kleie abgeschieden. Dadurch gehen viele wertvolle Inhaltsstoffe verloren. Empfehlenswert wäre demnach, möglichst immer volles Korn zu verwenden. In der Praxis ist das eher schwierig. So gut wie alle gängigen Getreidearten wie Gerste, Hafer, Roggen, Weizen und Mais müssen zum Verzehr speziell verarbeitet oder zumindest lange quellen und gegart werden.

Alltagstauglicher und oft nicht schlechter sind deshalb die heute im Handel reichlich angebotenen bereits verarbeiteten Getreideprodukte. Volles Korn mit allen drei Schichten findet sich nach wie vor in gepressten oder gequetschten Kornflocken oder in grob geschroteter Grütze (gibt es auch als praktische Schnellkochgrütze). Bei grob gemahlenem Grieß und feiner gemahlenen Mehlen fehlen oft die äußeren Hüllschichten. Wer möchte, kann hier aber meist auf eine Vollkornvariante zurückgreifen oder bei Mehl eine höhere Typenzahl wählen (je höher die Type, desto mehr Mineralstoffe und Vitamine sind noch enthalten). Allerdings haben Vollkorn- oder höhere Mehltypen eine kürzere Haltbarkeitszeit und müssen bei der Zubereitung länger quellen als feiner gemahlene Varianten. Es gibt aber auch bestimmte vollkörnige Getreidesorten und -erzeugnisse, die sich bestens für eine unkomplizierte Alltagsküche eignen und dazu noch über ein ganz besonderes Aroma verfügen:

Amaranth ist streng genommen kein Getreide. Für Vegetarier sind die winzigen, runden Samen eines südamerikanischen Andengewächses aber nicht nur wegen ihres intensiv nussigen Geschmacks, sondern auch wegen ihrer Inhaltsstoffe interessant: Sie enthalten mehr Eiweiß als die meisten anderen weltweit kultivierten Getreidearten und sind reich an Kalzium, Magnesium, Eisen, Zink und ungesättigten Fettsäuren. Amaranth ist als volles Korn oder in gepoppter Form (für Müsli) erhältlich. Als Grundzubereitung Amaranth mit gut der dreifachen Menge Wasser aufkochen, 20–30 Minuten köcheln und 10 Minuten nachquellen lassen.

Bulgur hat vor allem in der Küche des Vorderen Orients eine lange Tradition (z. B. für Tabouleh). Da der grob geschrotete Weizen bereits vorgegart und wieder getrocknet ist, lässt er sich in sehr kurzer Zeit zubereiten.

Couscous wird wie Bulgur aus Weizen hergestellt (inzwischen findet man auch Couscous aus anderen Getreidearten, wie z. B. Gerste oder Hirse). Fein gemahlener Grieß wird angefeuchtet, zu kleinen Kügelchen gepresst und anschließend wieder getrocknet. Traditionell gart man Couscous über Wasserdampf. Im Handel sind aber meist die praktischen Instant-Varianten zu finden, die einfach mit heißem Wasser überbrüht werden und dann nur einige Minuten quellen müssen.

Graupen werden auch Rollgerste oder Perlgraupen genannt. Durch das Abschleifen der Hüllschichten geht zwar ein Teil der Nährstoffe verloren, trotzdem enthalten die Gerstenkörner noch nennenswerte Anteile an Folsäure, Zink und Eisen. Dafür garen sie besonders schnell und sind vor allem in Suppen oder auch Süßspeisen beliebt. Man kann sie aber auch wie einen Risotto zubereiten.

Hirse gehört zu den mineralstoffreichsten Getreidesorten. Neben Magnesium und Eisen enthält sie vor allem viel Kieselsäure, die gut für Haare und Haut ist. Die nussig und ein wenig mehlig schmeckenden runden Körner einfach mit der doppelten Menge Wasser aufkochen, 5–10 Minuten kochen und dann 10–15 Minuten ausquellen lassen.

Polenta kennen wir vor allem aus der norditalienischen Küche. Früher musste der grob gemahlene Maisgrieß mit Wasser als schwerer Brei langwierig gerührt werden. Heute gibt es praktische Instant-Polenta, die nur kurz in kochendes Wasser eingerührt wird und anschließend von alleine quillt. Im Angebot ist meist fein und gröber gemahlene Polenta, die nicht mit dem feinem Maismehl verwechselt werden sollte, das zum Backen oder für Pfannkuchen benötigt wird.

Quinoa stammt wie Amaranth aus Südamerika. Bei den platten, hellen Körnchen handelt es sich um die Samen einer südamerikanischen Grasart, die viel Eiweiß, Magnesium und Eisen liefern. Da die Schalen Bitterstoffe enthalten, sollte man Quinoa vor dem Kochen kurz in einem Sieb kalt abbrausen. Anschließend in etwa der zweieinhalbfachen Menge Wasser etwa 20 Minuten garen und 10 Minuten nachquellen lassen.

Kräuter, Gewürze und Würzmittel

Kräuter und Gewürze unterstreichen die eigene Note vieler Zutaten, geben vegetarischen Gerichten besonderen Pep und leisten oft auch als Heilmittel gute Dienste.

Gerade in der vegetarischen Küche ist abwechslungsreiches, gekonntes Würzen besonders wichtig. Bestimmte Zutaten wie Soja- oder Tofuprodukte sind eher geschmacksneutral und können daher z. B. würzige Marinaden gut vertragen. Auch fehlen vegetarischen Neulingen oder nicht vegetarischen Gästen die gewohnten intensiven Röstaromen, wie sie etwa beim Anbraten von Fleisch für Saucen entstehen. Mit etwas Geschick, guten Kombinationen und einigen Zutaten im Vorrat lassen sich aber problemlos aromatische, intensiv schmeckende Gerichte zaubern. Zumal, wenn man etwas weiter in die wunderbare Welt der Kräuter und Gewürze reist und sich von fremden Küchen inspirieren lässt. Und nicht zuletzt: Viele Gewürze und Kräuter haben auch eine medizinische Wirkung und beruhigen oder aktivieren z. B. den Magen-Darm-Trakt, was bei vegetarischen Gerichten mit hohem Ballaststoffanteil hilfreich ist.

Kräuter Frische, zarte Kräuter wie Petersilie, Dill, Schnittlauch, Basilikum, Minze, Melisse oder auch Koriandergrün kann man gut im Topf auf der Fensterbank halten. Robuste Kräuter wie Rosmarin oder Thymian lassen sich draußen überwintern und wachsen zu richtigen kleinen Büschen. Kräuter im Bund gekauft, wickelt man am besten am unteren Ende in feuchtes Küchenpapier und packt sie locker in einen Gefrierbeutel. So halten sie sich im Gemüsefach gut einige Tage. Oder man zupft die einzelnen Blättchen ab, wäscht sie, tupft sie vorsichtig trocken, hackt sie eventuell schon und friert sie dann in kleinen Plastikboxen ein – so lassen sie sich später direkt gefroren in Gerichte einstreuen. Frische Kräuter am besten immer erst gegen Garzeitende dazugeben, getrocknete können und sollen dagegen länger mitgaren, um so ihr volles Aroma zu entfalten.

Gewürze Neben den in der hiesigen Küche gebräuchlichen Gewürzen bereichern ein paar Exoten das vegetarische Gewürzregal: Fast schon Standard ist inzwischen Kreuzkümmel (Cumin), der vor allem in der orientalischen und indischen Küche als ganzer Samen oder gemahlen verwendet wird. Intensiv und leicht bitter im Geschmack, macht er Gerichte bekömmlicher, stärkt und regt den Magen an. Ganze Kreuzkümmelsamen entwickeln ihr volles Aroma am besten, wenn man sie bei nicht zu großer Hitze in etwas Fett anröstet, bis sie leicht knistern. Ebenfalls verdauungsfördernd und magenberuhigend wirken Kardamom und Korianderkörner. Die grünen Kardamomkapseln muss man erst aufschlitzen, um an die würzenden schwarzen Samenkörner zu gelangen. Sie werden gern in Currys und Süßspeisen verwendet. Koriander schmeckt leicht süßlich und erinnert entfernt an Orangen. Die kleinen runden Körner schmecken nach fettfreiem Anrösten noch intensiver. Kurkuma (auch Gelbwurz genannt) ist fast in jeder Currymischung enthalten und gibt ihr die typische Farbe und ihr Grundaroma. Kurkuma schmeckt scharf und leicht bitter, hilft dem Magen vor allem bei fetten Speisen, stärkt die Immunabwehr und wirkt entzündungshemmend.

Gewürzmischungen Currypulver kennen die meisten. Eine weitere aus der indischen Küche stammende Gewürzmischung ist Garam Masala. Übersetzt heißt das soviel wie »Heiße Mischung«, da die gemahlenen Hauptbestandteile Nelken, Zimt, Kreuzkümmel, Pfeffer und Kardamom nach ayurvedischer Lehre den Körper wärmen und damit auch die Organe, vor allem den Magen-Darm-Trakt, befeuern. Man bekommt Garam Masala in asiatischen Lebensmittelläden. Ras el Hanout stammt aus Marokko und setzt sich aus vielen unterschiedlichen Gewürzen, häufig auch Blüten zusammen. Es enthält einen Teil der Gewürze, die auch für Garam Masala verwendet werden, schmeckt aber deutlich frischer. Inzwischen bieten viele Bioläden Ras el Hanout an, ansonsten ist es bei Internet-Gewürzhändlern zu beziehen.

Currypasten Die grünen, gelben und roten Pasten aus Thailand sind alle recht scharf (Rezept für selbst gemachte grüne Currypaste auf Seite 125). Teilweise enthalten sie getrocknete Garnelen, worauf man als Vegetarier achten sollte. Indische Currypasten gibt es von mild bis scharf – sie können auch problemlos durch Currypulver ersetzt werden.

Ingwer wird in den Küchen ganz Asiens geschätzt, nicht zuletzt wegen seiner medizinischen Wirkung. Die frische Wurzel schmeckt leicht scharf und zitronig, regt sowohl den Appetit als auch die Verdauung an, wärmt und hilft bei Erkältungskrankheiten. Die Knollen sollten immer prall, fest und möglichst leicht glänzend sein. Schrumpeliger Ingwer ist alt und hat sein frisches Aroma eingebüßt. Pulverisierter getrockneter Ingwer ist nur ein Notbehelf – ihm fehlt es ebenfalls an Frische.

Kaffir-Limettenblätter und Zitronengras werden in der südostasiatischen Küche verwendet und geben dort Currys und Suppen einen frischen Zitrustouch. Limettenblätter findet man frisch oder tiefgefroren im Asienladen. Wer frische kauft, kann den Rest für den Vorrat selbst einfrieren. Beim Zitronengras sollten immer die beiden äußeren Blätter entfernt und das obere Drittel sowie der Strunk weggeschnitten werden. Damit sich das Aroma voll entfalten kann, den Rest klein schneiden, hacken oder – falls der Stängel im Ganzen verwendet wird – anquetschen.

Sambal oelek ist eine aus Indonesien stammende scharfe Paste, die nur aus zerstoßenen Chilischoten, Essig, Salz und manchmal Öl besteht. Deshalb ist sie eigentlich immer geeignet, wenn's chilischarf werden soll. Man kann ersatzweise frische Chilischoten oder Chilipulver nehmen.

Currypulver

Ingwer

Ras el Hanout

Zitronengras

Garam Masala

Indische Currypaste

Kaffir-Limettenblätter

Sambal oelek

Thai-Currypaste

Gut zu wissen …

Wer vegetarisch oder vegan kocht, sollte ein paar Grundregeln und Tipps berücksichtigen. Dann ist es ganz leicht, sich nicht nur vielseitig und genussreich, sondern auch rundum gesund zu ernähren.

Vegetarier ist nicht gleich Vegetarier

Veganer lehnen alle Lebensmittel und Produkte ab, die von Tieren stammen; also neben Fleisch und Fisch auch Milchprodukte, Eier und Honig sowie z. B. Leder.

Lacto-Vegetarier dulden auf ihrem Speiseplan zwar Milchprodukte, aber weder Eier, Fisch noch Fleisch.

Ovo-Lacto-Vegetarier, die größte Gruppe der Vegetarier, essen Eier und Milchprodukte, verzichten aber konsequent auf Fisch und Fleisch.

Neben den entschiedenen Vegetariern gibt es inzwischen auch immer mehr sogenannte Teilzeit-Vegetarier, die einfach ihren Fleischkonsum verringern möchten und daher größtenteils vegetarisch essen und sich nur zu bestimmten Gelegenheiten ein Stück Fleisch gönnen.

Ernährungstipps (nicht nur) für Veganer

Wer sich vegan ernährt oder nur wenig Milchprodukte und Eier isst, sollte ein paar Regeln beachten:

- Milchprodukte und Eier sind wichtige Eiweißlieferanten. Sie enthalten vor allem auch die sogenannten essenziellen Aminosäuren, die der Körper nicht selbst bilden, sondern nur über die Nahrung aufnehmen kann. Als Ersatz für Milchprodukte sind Sojaprodukte für Veganer die erste Wahl.
- Um den Körper ausreichend mit Kalzium zu versorgen, das sonst fast nur in tierischen Lebensmitteln enthalten ist, sollten Veganer neben Sojaprodukten häufig Nüsse und dunkelgrüne Gemüsesorten wie Brokkoli, Spinat, Mangold oder Grünkohl auf dem Speiseplan haben. Zink liefern Vollkornprodukte, Hülsenfrüchte, Sesam und Kürbiskerne. Vitamin B_{12} ist nur in wenigen pflanzlichen Lebensmitteln wie Sauerkraut und anderem milchsauer vergorenem Gemüse enthalten.
- Da Eisen aus pflanzlicher Nahrung vom Körper schlechter verwertet und aufgenommen wird als aus tierischen Lebensmitteln, sollten nicht nur Veganer, sondern alle Vegetarier pflanzliches Eisen, das u. a. in Nüssen, Feldsalat, Spinat, Kohl und Hülsenfrüchten vorkommt, möglichst mit Vitamin-C-haltigem Gemüse und Obst kombinieren.

Rezepte für Veganer – Tauschen leicht gemacht

Dieses Buch bietet eine Fülle an veganen Gerichten, die jeweils mit einem -symbol gekennzeichnet sind. Darüber hinaus können Veganer in vielen Rezepten die tierischen Produkte problemlos austauschen:

Milch	Sojamilch, Hafer- oder Reismilch
Sahne	Sojacreme oder Kokosmilch
saure Sahne	Sojacreme und etwas Zitronensaft verrühren
Joghurt, Frischkäse und Quark	alternative Produkte auf Sojabasis
Butter	Margarine oder Pflanzenöle (zum Braten und starken Erhitzen)
Honig	Ahornsirup, Agavendicksaft, Fruchtsüßen (z. B. aus Äpfeln), Zucker oder Vollrohrzucker

SALATE UND DRESSINGS

Als Vitaminbomben gehören knackig frische Salate eigentlich täglich auf den Tisch. Ein kleiner Beilagensalat mit feinem Dressing geht immer – und an heißen Tagen oder abends darf es ruhig auch mal nur ein richtig üppiger Sattmachersalat sein.

Die aus Frankreich stammende Vinaigrette ist die unangefochtene Würzkönigin für fast alle Blattsalate und Rohkost. Kein Wunder: Sie ist schnell aus wenigen Zutaten zusammengerührt und dazu ein wahrer Verwandlungskünstler.

KLASSIKER – LEICHT

🌿 Kräutervinaigrette

½ TL Senf
2 EL Weißweinessig
Salz | Pfeffer
75 ml Olivenöl
3 EL gehackte Kräuter (z. B. viel Schnittlauch und Petersilie, etwas Estragon und Kerbel)

Für 4 Personen | ca. 5 Min. Zubereitung
Pro Portion: ca. 180 kcal

1 Senf mit Essig, Salz und Pfeffer in einem Schälchen gründlich verrühren. Nach Wunsch 75 ml Wasser unterrühren (das ergibt etwas mehr und eine mildere Vinaigrette), dann das Öl langsam dazugießen und kräftig unterschlagen, bis sich alles gut miteinander verbunden hat. Zum Schluss die Kräuter untermischen. Die Vinaigrette passt zu allen Blattsalaten, Rohkostsalaten und Tomaten, aber auch als Dressing zu gegartem Gemüse.

VORRATSTIPP
Die Menge lässt sich beliebig vervielfachen. Man kann dann auch alle Zutaten – bis auf die Kräuter – in ein gut verschließbares Schraubglas geben und durch kräftiges Schütteln mischen. Im Kühlschrank hält sich die Vinaigrette mehrere Tage. Frische Zutaten wie Schalotten, Kräuter oder Tomaten sollten aber immer erst am Tag der Verwendung frisch dazugegeben werden.

VARIANTEN
Wer möchte, rührt zusätzlich noch 1 fein gewürfelte Schalotte unter den Senf und Essig. Oder variiert die Kräuter: Man kann auch nur eine der oben angegebenen Kräutersorten verwenden oder Basilikum, Dill, Liebstöckel und Borretsch nehmen. Auch mit Essig und Öl lässt sich experimentieren: statt Weißweinessig z. B. Sherry- oder Himbeeressig verwenden und für ein nussiges Aroma ca. ein Drittel des Olivenöls durch Walnuss-, Haselnuss- oder Arganöl ersetzen.

SOMMERLICH – MEDITERRAN

🌿 Kapern-Oliven-Vinaigrette

4 in Öl eingelegte getrocknete Tomaten
10 schwarze Oliven (ohne Stein) | 1 EL Kapern
3 Stängel Basilikum | 5 Stängel Petersilie
3 EL Aceto balsamico | Salz | Pfeffer
Zucker | 80 ml Olivenöl

Für 4 Personen | ca. 10 Min. Zubereitung
Pro Portion: ca. 250 kcal

1 Tomaten abtropfen lassen und mit den Oliven in grobe Stücke schneiden. Kapern fein hacken. Kräuter abbrausen und trocken schütteln, die Blättchen abzupfen und in feine Streifen schneiden. Essig und 3 EL Wasser mit Salz, Pfeffer und 1 Prise Zucker verrühren, dann das Öl langsam dazugießen und kräftig unterschlagen. Tomaten, Oliven, Kapern und Kräuter unterrühren. Die Vinaigrette schmeckt toll zu aufgeschnittenem Mozzarella oder Tofu, Paprika-, Tomaten- und Rucolasalat, aber auch als Dressing für Nudel- oder Kartoffelsalat.

AUSGEFALLEN – EDEL

Karamell-Nuss-Vinaigrette

je 2 EL Pinien- und Walnusskerne
3 Zweige Thymian
2 EL Zucker | 3 EL Honig
5 EL Sherryessig | 1 getrocknete Chilischote
80 ml Sonnenblumenöl | 4 EL Haselnussöl

Für 6–8 Personen | ca. 15 Min. Zubereitung
Pro Portion (bei 8 Personen): ca. 210 kcal

1 Pinienkerne und Walnüsse in einer Pfanne ohne Fett anrösten und grob hacken. Thymian abbrausen, trocken schütteln und die Blättchen abzupfen. Den Zucker in einer kleinen Pfanne goldgelb karamellisieren. Honig, Essig und 100 ml Wasser dazugeben, alles aufkochen und dann 3 Min. leicht kochen lassen. Die Nüsse, die zerbröselte Chilischote und den Thymian unter die Vinaigrette mischen. Dann beide Ölsorten gründlich unterschlagen. Die Vinaigrette schmeckt lauwarm oder kalt zu jungem Ziegenkäse, Möhrenrohkost, gegarten Roten Beten, gedünstetem Spargel oder Schwarzwurzeln.

Lauch mit Eier-Tomaten-Vinaigrette

Ein wunderbarer Snack für laue Sommerabende, wie man ihn in Frankreich liebt. Wer keine Lust auf Lauch hat, probiert ihn einfach mal mit Artischocken.

EINFACH – FEINE VORSPEISE

4 Stangen Lauch
12 kleine Zwiebeln
1 Lorbeerblatt
100 ml Weißwein (ersatzweise Gemüsebrühe mit 1 EL Zitronensaft)
100 ml Gemüsebrühe
Salz | Pfeffer
2 Eier (M)
2 Tomaten
je ⅓ Bund Petersilie und Schnittlauch
1 TL Senf
4 EL Weißweinessig
6 EL Olivenöl

Für 4 Personen | ca. 30 Min. Zubereitung
Pro Portion: ca. 270 kcal

1 Die Lauchstangen putzen, waschen und in 3 gleich große Stücke schneiden. Die Zwiebeln schälen, 1 Zwiebel halbieren und mit Lorbeerblatt, Wein und Brühe in einen weiten Topf oder eine Pfanne geben. Aufkochen und zugedeckt bei kleiner Hitze 10 Min. köcheln lassen. Inzwischen die übrigen Zwiebeln in Ringe schneiden. Mit dem Lauch in die Würzbrühe legen, salzen, pfeffern und zugedeckt bei kleiner Hitze in 10–12 Min. nicht zu weich garen. Mit dem Schaumlöffel herausheben, abtropfen lassen und in eine flache Schale geben oder portionsweise auf tiefe Teller verteilen.

2 Inzwischen die Eier in ca. 10 Min. hart kochen, kalt abschrecken und pellen. Die Tomaten waschen und klein würfeln, dabei die Stielansätze entfernen und den austretenden Saft auffangen. Die Kräuter abbrausen und trocken schütteln, Petersilienblättchen abzupfen und fein hacken, Schnittlauch in Röllchen schneiden. 1 Ei halbieren, das Eigelb herauslösen und in einem Schälchen mit einer Gabel zerdrücken. Mit Senf, Tomatensaft, Essig und Öl verrühren, salzen und pfeffern.

3 Übriges Ei und Eiweiß klein hacken und mit den Tomatenwürfeln und den Kräutern unter die Vinaigrette rühren. Die Vinaigrette über dem lauwarmen oder abgekühlten Lauch verteilen.

TIPP
Die Vinaigrette schmeckt auch gut zu Tomaten- oder Gurkensalat.

ERFRISCHEND – LEICHT

Joghurt-Zitronen-Dressing

½ Bio-Zitrone
150 g Naturjoghurt
2 EL Olivenöl
Salz | Pfeffer
*2–3 EL gehackte Kräuter (z. B. Schnittlauch,
   Dill, Basilikum, Minze, Melisse)*

Für 4 Personen | ca. 5 Min. Zubereitung
Pro Portion: ca. 80 kcal

1 Die Zitrone heiß waschen und abtrocknen, die Schale abreiben und den Saft auspressen. Joghurt, Öl und 2 EL Zitronensaft glatt verrühren. Salzen und pfeffern, dann die Kräuter unterrühren. Das Dressing passt zu allen Blattsalaten, zu Gurkensalat, Fenchel- oder Möhrenrohkost oder als Dip zu Gemüsestiften.

EINFACH – ALLROUNDER

🌱 Tofu-Dressing

400 g Seidentofu
1 Knoblauchzehe
3–4 EL Weißweinessig
4 EL Olivenöl
Salz | Pfeffer
2 Frühlingszwiebeln
3 Stängel Basilikum

Für 4 Personen | ca. 10 Min. Zubereitung
Pro Portion: ca. 570 kcal

1 Den Tofu grob zerkleinern und in einen hohen Rührbecher geben. Knoblauch schälen, fein würfeln und mit Essig und Öl dazugeben. Alles fein pürieren, salzen und pfeffern. Die Frühlingszwiebeln waschen, putzen und mit dem Grün in Ringe schneiden. Basilikum abbrausen und trocken schütteln, die Blättchen abzupfen und in feine Streifen schneiden. Beides unter das Dressing mischen. Das Dressing passt zu Blattsalaten, Tomaten-, Gurken- oder Rettichsalat, kann aber auch anstelle von Mayonnaise für Kartoffel- oder Nudelsalate verwendet werden. Dann nach Belieben noch 2 TL Senf, Meerrettich aus dem Glas oder 1–2 TL Wasabipaste unterrühren.

EINFACH – FRANZÖSISCH

Ziegenfrischkäse-Dressing

150 g cremiger Ziegenfrischkäse
75 g saure Sahne
2–3 EL Sahne
2 EL Weißweinessig
2 EL Olivenöl
Salz | Pfeffer
2 Stängel Estragon

Für 4 Personen | ca. 5 Min. Zubereitung
Pro Portion: ca. 190 kcal

1 Frischkäse mit saurer Sahne, Sahne, Essig und Öl fein pürieren. Mit Salz und Pfeffer würzen. Estragon abbrausen und trocken schütteln, die Blättchen abzupfen, fein hacken und unter das Dressing mischen. Das Dressing schmeckt zu Blattsalaten, Spinatsalat, Gurken- oder Tomatensalat, passt aber z. B. auch ideal zu Ofengemüse (Seite 141).

VARIANTE **Ziegenkäsecreme**
Für 4–6 Portionen 300 g cremigen Ziegenfrischkäse und 200 g saure Sahne verrühren. ½ Knoblauchzehe schälen und dazupressen. Knapp 1 TL gehackte Rosmarinnadeln und je 2 TL gehackte Petersilie und Basilikum unterrühren. Mit Salz, Pfeffer, ¼ TL edelsüßem Paprikapulver und 1 TL frisch gepresstem Zitronensaft würzen. Die Creme passt hervorragend zur Ratatouille-Sülze (Seite 71) oder zu Rohkost und Ofengemüse (Seite 141).

VARIANTE **Blauschimmelkäse-Dressing**
Dafür 80 g Roquefort- oder Blauschimmelkäse mit 5–6 EL Sahne, nach Belieben 1 TL Cognac, 2 EL Weißweinessig und 2 EL Oliven- oder Sonnenblumenöl mit dem Pürierstab fein pürieren. Mit Salz und Pfeffer würzen, 1–2 EL Schnittlauchröllchen und nach Wunsch 2 EL gehackte Walnusskerne unterheben. Das Dressing schmeckt zu Blattsalaten und Spinat oder als Dip zu Staudensellerie. Wer möchte, kann das Dressing mit etwas mehr Sahne flüssiger zubereiten und noch ½ klein gewürfelte Birne unterheben.

FRÜHLINGSSALAT

SOMMERSALAT

KRÄUTERFRISCH – EINFACH

Frühlingssalat mit Käsebällchen

200 g Ziegenfrischkäse
100 g Magerquark
5 Bärlauchblätter
½ Bund gemischte Frühlingskräuter (z. B. Kerbel, Dill, Petersilie, Estragon)
Salz | Pfeffer
2 Msp. edelsüßes Paprikapulver
80 g Haselnussblättchen
125 g Himbeeren
1 kleiner Eichblattsalat (ca. 150 g)
100 g Portulak
100 g gemischte Sprossen (nach Belieben)
3 EL Weißweinessig
1 EL Dijon-Senf
6 EL Rapsöl | 2 EL Haselnussöl

Für 4 Personen | ca. 40 Min. Zubereitung
Pro Portion: ca. 490 kcal

1 Für die Käsebällchen Frischkäse und Quark glatt verrühren. Bärlauch und Kräuter abbrausen und trocken schütteln, die Kräuterblättchen abzupfen, mit dem Bärlauch fein hacken und unter den Frischkäse mischen. Kräftig mit Salz, Pfeffer und Paprikapulver würzen und kühl stellen. Die Haselnussblättchen in einer Pfanne ohne Fett rösten, bis sie leicht bräunen, und abkühlen lassen.

2 Die Himbeeren verlesen, eventuell waschen und vorsichtig trocken tupfen. Den Salat putzen und in einzelne Blätter teilen, die Blätter mit dem Portulak waschen und trocken schleudern. Nach Belieben die Sprossen in einem Sieb abbrausen und abtropfen lassen. Essig und Senf verrühren, mit Salz und Pfeffer würzen und beide Ölsorten unterschlagen.

3 Gut zwei Drittel der Haselnussblättchen auf einen Teller geben. Vom Frischkäse mit einem Teelöffel kleine Bällchen abstechen, formen und in den Haselnussblättchen wälzen. Den Salat mit dem Dressing mischen und auf Teller verteilen. Sprossen und Himbeeren darüberstreuen und die Frischkäsebällchen daraufsetzen. Mit den übrigen Haselnussblättchen bestreuen.

FRUCHTIG – MEDITERRAN

Sommersalat mit Knoblauchcroûtons

750 g Tomaten (am besten Fleischtomaten)
2 reife, feste Pfirsiche
2 Bund Rucola
5 Stängel Basilikum
1 rote Chilischote
4 in Öl eingelegte getrocknete Tomaten
8 Zweige (Zitronen-)Thymian
1 Knoblauchzehe
1 EL Honig | 1 TL Dijon-Senf
4 EL Weißweinessig
8 EL Olivenöl
Salz | Pfeffer
3 Scheiben Toastbrot
50 g Butter | 3 EL Pinienkerne

Für 4 Personen | ca. 30 Min. Zubereitung
Pro Portion: ca. 500 kcal

1 Die Tomaten waschen und quer in Scheiben schneiden, dabei die Stielansätze entfernen. Die Pfirsiche waschen und halbieren, die Steine entfernen und die Pfirsichhälften in Spalten schneiden. Rucola abbrausen und trocken schütteln, grobe Stiele entfernen und die Blätter grob zerzupfen. Basilikum abbrausen und trocken schütteln, die Blättchen abzupfen und ebenfalls grob zerzupfen. Tomaten, Pfirsiche und Rucola mischen, auf Tellern anrichten und das Basilikum darüberstreuen.

2 Die Chilischote längs halbieren und die Kerne entfernen, die Hälften waschen und fein hacken. Die getrockneten Tomaten abtropfen lassen und fein hacken. Thymian abbrausen und trocken schütteln, die Blättchen abzupfen und ebenfalls fein hacken. Knoblauch schälen und halbieren, mit den Schnittflächen ein Schälchen ausreiben, dann die Knoblauchhälften fein hacken. In dem Schälchen Honig, Senf, Essig und Öl verrühren, Chili, getrocknete Tomaten und die Hälfte des Thymians unterrühren. Salzen, pfeffern und über den Salat träufeln.

3 Die Brotscheiben in ca. 1 cm große Würfel schneiden. Die Butter in einer Pfanne schmelzen, darin Knoblauch, Brotwürfel und Pinienkerne unter Rühren goldbraun rösten, dabei gegen Ende den übrigen Thymian dazugeben. Die Croûtonmischung über den Salat streuen.

HERBSTSALAT

WINTERSALAT

WÜRZIG – NUSSIG

Herbstsalat mit Yufka-Käse-Stangen

150 g Feldsalat
1 kleiner Radicchio (ca. 100 g)
2 Stangen Staudensellerie
120 g blaue und grüne Weintrauben
1 Schalotte
4 EL Walnusskerne
75 g Preiselbeeren (aus dem Glas)
3 EL Weißweinessig
5 EL Sonnenblumen- oder Rapsöl
Salz | Pfeffer
4 quadratische Blätter Yufka- oder Filoteig (ca. 100 g)
180 g Münsterkäse (siehe Info Seite 8)
Öl zum Frittieren

Für 4 Personen | ca. 1 Std. Zubereitung
Pro Portion: ca. 640 kcal

1 Feldsalat verlesen, Radicchio in einzelne Blätter teilen, beide Salate waschen und trocken schleudern. Den Radicchio in Streifen schneiden. Sellerie waschen, putzen und in feine Scheiben schneiden. Die Trauben waschen, längs halbieren und nach Belieben die Kerne herauslösen. Die Schalotte schälen und möglichst fein würfeln. Walnüsse grob hacken. Alle vorbereiteten Zutaten – bis auf Schalotte und Nüsse – mischen und auf Tellern anrichten.

2 Preiselbeeren mit Essig und Öl glatt rühren, salzen, pfeffern und die Schalotte unterrühren. Die Teigblätter mit diagonalen Schnitten in 3 gleich große lange Dreiecke schneiden. Den Käse in 12 gleich große längliche Stücke schneiden. Je 1 Käsestück auf den breiten Teil eines Teigdreiecks legen. Den Teig einmal darüberrollen und die Seiten einschlagen, dann den Teig weiter zur Spitze hin aufrollen und leicht andrücken.

3 Öl in einem weiten Topf oder der Fritteuse erhitzen – es ist heiß genug, wenn an einem Holzkochlöffelstiel, den man hineinhält, kleine Bläschen aufsteigen. Die Teigstangen portionsweise im heißen Öl knusprig braun braten, herausheben und auf Küchenpapier abtropfen lassen. Das Dressing über den Salat träufeln, die Walnüsse darüberstreuen und die Käsestangen darauf verteilen.

DEFTIG – FÜR GÄSTE

Wintersalat mit frittierten Seitlingen

2 Römersalatherzen
1 Radicchio (ca. 150 g)
1 Staude Chicorée
150 g Naturjoghurt | 200 g Sahne
½ Knoblauchzehe
1 TL Dijon-Senf
4 EL Olivenöl
40 g frisch geriebener Hartkäse (z. B. Montello, siehe Info Seite 8)
1 EL Sojasauce
1–2 EL frisch gepresster Zitronensaft
Salz | Pfeffer
200 g Kräuterseitlinge (siehe Info Seite 73, ersatzweise Austernpilze)
je 120 g Maismehl und Semmelbrösel
2 Msp. Chilipulver
1 Ei (M)
Öl zum Frittieren

Für 4 Personen | ca. 40 Min. Zubereitung
Pro Portion: ca. 600 kcal

1 Römersalat und Radicchio putzen und in einzelne Blätter teilen, vom Chicorée den Strunk abschneiden und die Blätter ablösen. Alle Blätter waschen und trocken schleudern, nach Belieben ganz lassen oder in Streifen schneiden, mischen und auf Teller verteilen.

2 Joghurt und 5 EL Sahne glatt verrühren. Den Knoblauch schälen und dazupressen. Senf, Öl und Käse unterrühren, mit Sojasauce, Zitronensaft, Salz und Pfeffer würzen. Die Pilze sauber abreiben, putzen und längs halbieren. Mehl, Semmelbrösel und 1 Msp. Chilipulver in einem tiefen Teller mischen. Die übrige Sahne und das Ei in einem zweiten tiefen Teller verquirlen, mit Salz, Pfeffer und restlichem Chilipulver würzen.

3 Öl zum Frittieren erhitzen. Die Pilze nacheinander zuerst durch die Eiersahne und dann durch die Mehlmischung ziehen, dabei die Brösel leicht andrücken. Die Pilze portionsweise im heißen Öl in 2–3 Min. knusprig braun braten, herausheben und auf Küchenpapier abtropfen lassen. Das Dressing über den Salat träufeln, die Pilze darauf anrichten und sofort servieren.

SOMMERLICH – FÜR GÄSTE

Brotsalat mit Bohnen und Fenchel

100 g getrocknete, große weiße Bohnen
8 Zweige Thymian
3 Knoblauchzehen
1 Lorbeerblatt | Salz
150 g italienisches Weißbrot
8 EL Olivenöl
2 Msp. Chilipulver
2 kleine Knollen Fenchel
3 Tomaten | 6 Stängel Basilikum
50 g schwarze Oliven (ohne Stein)
50 g in Öl eingelegte getrocknete Tomaten
3–4 EL Aceto balsamico bianco | Pfeffer

Für 4–6 Personen | 12 Std. Einweichen
ca. 35 Min. Zubereitung | 2 Std. Garen
Pro Portion (bei 6 Personen): ca. 300 kcal

1 Bohnen in reichlich kaltem Wasser 12 Std. – am besten über Nacht – einweichen. Dann in ein Sieb abgießen, abbrausen und mit ¾ l Wasser in einen Topf geben. Thymian abbrausen, Knoblauch schälen und halbieren, 1 Zehenhälfte mit der Hälfte des Thymians und Lorbeer zu den Bohnen geben. Die Bohnen zugedeckt bei kleiner Hitze ca. 2 Std. garen, gegen Garzeitende salzen. In ein Sieb abgießen, Knoblauch und Thymian entfernen.

2 Das Brot in mundgerechte Würfel schneiden. Übrigen Knoblauch fein hacken. Von den restlichen Thymianzweigen die Blättchen abzupfen und fein hacken. In einer beschichteten Pfanne 6 EL Öl erhitzen und darin das Brot knusprig braun braten. Gegen Ende Knoblauch und Thymian dazugeben und kurz mitbraten, Chili darüberstäuben und durchschwenken. Die Brotwürfel auf Küchenpapier abtropfen lassen.

3 Fenchel waschen, putzen, längs halbieren und die Strünke herausschneiden, die Fenchelhälften in dünne Scheiben hobeln oder in Streifen schneiden. Die Tomaten waschen und in Stücke schneiden, dabei die Stielansätze entfernen. Basilikum abbrausen, trocken schütteln und die Blättchen abzupfen. Oliven in Scheiben schneiden, getrocknete Tomaten abtropfen lassen und in Streifen schneiden. Alle Zutaten in einer Schüssel mischen. Essig und übriges Öl verrühren und unter den Salat mischen. Salzen, pfeffern und servieren.

KRÄUTERFRISCHER KLASSIKER

Grüner Kartoffelsalat mit Schafskäse

750 g festkochende Kartoffeln | Salz
300 g grüne Bohnen (oder TK-Bohnen)
1 EL getrocknetes Bohnenkraut
200 g TK-Erbsen
⅛ l Gemüsebrühe | 2 Schalotten
2–3 EL Weißweinessig
1 Bund Petersilie
1 Handvoll Kerbel
5 EL Kürbiskerne
abgeriebene Schale von ½ Bio-Zitrone
1 EL Dijon-Senf | 100 ml Olivenöl
2 EL Kürbiskernöl | Pfeffer
200 g Schafskäse (Feta)

Für 4 Personen | ca. 45 Min. Zubereitung
Pro Portion: ca. 640 kcal

1 Die Kartoffeln unter fließendem Wasser gründlich abbürsten und in ausreichend Salzwasser 20–25 Min. garen. Abgießen, kurz ausdampfen lassen und möglichst noch warm in Scheiben schneiden.

2 Inzwischen die Bohnen waschen, putzen, quer halbieren und mit dem Bohnenkraut in Salzwasser ca. 10 Min. garen (TK-Bohnen direkt ins kochende Salzwasser geben). Die Erbsen hinzufügen und weitere 5 Min. mitgaren. Beides in ein Sieb abgießen, kalt abschrecken und abtropfen lassen. Die Brühe erhitzen. Die Schalotten schälen, fein würfeln und mit 2 EL Essig in die Brühe geben. Die Brühe leicht abkühlen lassen.

3 Die Kräuter abbrausen, trocken schütteln und mit den Stängeln klein schneiden. Die Kürbiskerne in einer Pfanne ohne Fett rösten, bis sie duften und leicht knistern. Die Kräuter mit der Hälfte der Kürbiskerne, Zitronenschale, Senf, beiden Ölsorten und etwas Brühe fein pürieren. Übrige Brühe unterrühren und mit Salz und Pfeffer kräftig abschmecken. Sofort mit den noch warmen Kartoffeln, Bohnen und Erbsen mischen und leicht abkühlen lassen. Den Schafskäse in Streifen oder Würfel schneiden und vor dem Servieren mit den übrigen Kürbiskernen unter den Salat mischen. Den Salat eventuell nochmals mit Salz, Pfeffer und Essig abschmecken.

🌿 Roter Reissalat mit Artischocken

Den sollten Sie probieren: Mit kernigem, rotem Camargue-Reis, Artischocken und viel Basilikum weckt dieser Salat Erinnerungen an Urlaube in Südfrankreich.

MEDITERRAN – AUSSERGEWÖHNLICH

120 g Camargue-Reis (aus dem Bioladen) | Salz
je 1 geröstete und gehäutete rote und gelbe Paprikaschote (siehe Seite 71; ersatzweise in Öl eingelegt, aus dem Glas)
2 Schalotten
⅛ l Gemüsebrühe
1 Dose Artischockenherzen in Salzlake (ca. 240 g Abtropfgewicht)
2 Stangen Staudensellerie
150 g rote und gelbe Kirschtomaten
½ Bund Basilikum | 1 EL Senf
3–4 EL Weißweinessig
8 EL Olivenöl | Pfeffer

Für 4 Personen | ca. 1 Std. 10 Min. Zubereitung
Pro Portion: ca. 340 kcal

1 Reis nach Packungsanweisung in ausreichend Salzwasser ca. 50 Min. garen, in ein Sieb abgießen und abtropfen lassen. Inzwischen eventuell die Paprikaschoten im Ofen rösten, häuten (siehe Seite 71) und längs in Streifen schneiden (eingelegte Schoten abtropfen lassen und in Streifen schneiden). Die Schalotten schälen und fein würfeln. Die Brühe erhitzen, Schalotten hineingeben und die Brühe abkühlen lassen.

2 Währenddessen die Artischocken in ein Sieb abgießen, abtropfen lassen und vierteln. Den Sellerie waschen, putzen und in feine Scheiben schneiden. Die Tomaten waschen und längs halbieren. Basilikum abbrausen, trocken schütteln und die Blättchen abzupfen. Senf, 3 EL Essig, Öl und die abgekühlte Brühe mit dem Schneebesen gut verquirlen, salzen und pfeffern. Mit dem möglichst noch warmen Reis, Artischocken und Sellerie in einer Schüssel mischen und abkühlen lassen.

3 Paprika, Tomaten und drei Viertel des Basilikums unter den Reis mischen. Mit Salz, Pfeffer und eventuell etwas Essig abschmecken. Vor dem Servieren mit dem restlichen Basilikum bestreuen.

Linsen-Rote-Bete-Salat mit Mozzarella

Am besten schmeckt dieser Salat mit jungen, kleinen Roten Beten, die man oft schon im Sommer kaufen kann. Eilige nehmen einfach vorgegarte Knollen.

VITAMINREICHER SATTMACHER

4 kleine Knollen Rote Bete (ca. 400 g)
3 Zweige Thymian | Salz | Pfeffer
3 EL Honig | 7 EL Olivenöl
3 Orangen | 200 ml Gemüsebrühe
200 g Beluga- oder Le-Puy-Linsen
1 dicke Möhre | 1 Stange Staudensellerie
1 Stück Lauch (ca. 60 cm)
2 Schalotten | 1 ½ TL Dijon-Senf
3 EL Aceto balsamico bianco
1 Bund Rucola | 1 Kugel Mozzarella (125 g)
Alufolie

Für 4 Personen | ca. 1 Std. Zubereitung
Pro Portion: ca. 550 kcal

1 Backofen auf 180° vorheizen. Die Roten Beten schälen und jeweils in 6 Spalten schneiden (dabei Einweghandschuhe tragen!). Thymian abbrausen, trocken schütteln und mit den Roten Beten in eine Auflaufform geben. Salzen, pfeffern und mit je 1 EL Honig und Öl beträufeln. 1 Orange auspressen, den Saft und die Brühe angießen. Die Form mit Alufolie abdecken und 3–4 Löcher in die Folie stechen. Die Rote-Bete-Spalten im Ofen (Mitte, Umluft nicht empfehlenswert) 40–50 Min. garen.

2 Inzwischen die Linsen in reichlich Wasser 5 Min. garen, abgießen und abbrausen. Die Möhre schälen, den Sellerie waschen und beides in 5 mm große Würfel schneiden. Den Lauch längs halbieren, waschen und putzen, längs in schmale Streifen und diese in schmale Stücke schneiden. Die Schalotten schälen und fein würfeln. In einem Topf 2 EL Öl erhitzen, darin die Schalotten goldgelb andünsten. Das Gemüse dazugeben und kurz mitdünsten. Linsen und ½ l Wasser hinzufügen und alles zugedeckt bei mittlerer Hitze in ca. 20 Min. bissfest garen, kurz vor Garzeitende salzen und pfeffern. In ein Sieb abgießen und abtropfen lassen.

3 Von den übrigen Orangen die Schale samt weißer Haut abschneiden und die Filets aus den Trennhäuten schneiden, dabei den ablaufenden Saft auffangen. Orangensaft mit 2 EL Honig, Senf, Essig, 4 EL Öl und 6 EL Rote-Bete-Sud verrühren, salzen und pfeffern. Linsen und Dressing mischen. Rucola abbrausen, trocken schütteln und die Blätter grob zerzupfen. Mozzarella abtropfen lassen und in Spalten schneiden. Rote Beten, Linsen, Orangenfilets und Mozzarella auf einer Platte verteilen und mit Rucola bestreuen. Salz und Pfeffer grob darübermahlen.

ASIATISCH – LEICHT

🌿 Glasnudelsalat mit Tofu

150 g Glasnudeln (ersatzweise Reisnudeln)
1 feste, möglichst säuerliche Mango
1 große rote Zwiebel | 1 Knoblauchzehe
1 Stück frischer Ingwer (ca. 3 cm)
6 Kaffir-Limettenblätter (aus dem Asienladen)
2 Stangen Staudensellerie
1 rote Paprikaschote | 200 g Tofu
50 g geröstete, gesalzene Erdnusskerne
1 Bund Koriandergrün | 3 Stängel Minze
Saft von 1 Limette | 4–5 EL Sojasauce
Salz | Pfeffer
3 EL Soja- oder Sonnenblumenöl
1–2 TL Sambal oelek

Für 4 Personen | ca. 1 Std. Zubereitung
Pro Portion: ca. 380 kcal

1 Die Glasnudeln nach Packungsanweisung mit heißem Wasser übergießen und 3–5 Min. quellen lassen. In ein Sieb abgießen, abtropfen lassen und mit einer Schere kleiner schneiden. Die Mango schälen, das Fruchtfleisch längs vom Stein und dann in Stücke schneiden. Mit den Nudeln in einer Schüssel mischen.

2 Zwiebel, Knoblauch und Ingwer schälen, die Zwiebel längs halbieren und in feine Streifen schneiden, Knoblauch und Ingwer fein würfeln. Limettenblätter waschen und längs halbieren, harte Blattrippen wegschneiden und die Blatthälften in möglichst feine Streifen schneiden. Den Sellerie waschen, putzen und in feine Scheiben schneiden. Paprikaschote halbieren, putzen, waschen und in dünne Streifen schneiden. Den Tofu in Würfel schneiden, die Erdnüsse grob hacken.

3 Kräuter abbrausen und trocken schütteln, die Blättchen abzupfen und grob hacken. Limettensaft und 3 EL Sojasauce verrühren, salzen und pfeffern. Das Öl in einer Pfanne erhitzen, darin Knoblauch, Ingwer, Limettenblätter, Sellerie und Paprika unter Rühren 2 Min. anbraten. Tofu, Zwiebel und Sambal oelek dazugeben und kurz durchschwenken. Mit 1 EL Sojasauce ablöschen und mit Kräutern, Erdnüssen und der Limettensaftmischung unter die Glasnudeln heben. Den Salat eventuell nochmals mit Salz und Sojasauce abschmecken und sofort servieren.

ORIENTALISCH GEWÜRZT

🌿 Couscoussalat mit Kichererbsen

150 g Instant-Couscous | Salz
7–8 EL Olivenöl
1 Dose Kichererbsen (ca. 240 g Abtropfgewicht)
8 getrocknete Aprikosen
2 kleine Zucchini
1 Aubergine
1 Knoblauchzehe | Pfeffer
1 Bund Petersilie
4 Stängel Minze
Saft von 1½ Zitronen
2–3 Msp. Chilipulver
¾ TL gemahlener Kreuzkümmel
¾ TL Garam Masala (siehe Info Seite 17)

Für 4 Personen | ca. 35 Min. Zubereitung
2 Std. Marinieren | pro Portion: ca. 520 kcal

1 In einem Topf 150 ml Wasser zum Kochen bringen. Den Couscous einrühren, salzen und zugedeckt bei kleinster Hitze 5 Min. quellen lassen. 2 EL Öl unterrühren, den Couscous mit einer Gabel auflockern und weitere 5 Min. quellen lassen, dann in eine Salatschüssel geben. Die Kichererbsen in ein Sieb abgießen, abbrausen, abtropfen lassen und zum Couscous geben.

2 Die Aprikosen fein würfeln. Zucchini und Aubergine waschen, putzen und getrennt in kleine Würfel schneiden. Knoblauch schälen und durchpressen. In einer Pfanne 2–3 EL Öl erhitzen, darin Zucchini und Aubergine (eventuell portionsweise) anbraten. Knoblauch unterrühren, salzen, pfeffern und alles unter Rühren goldbraun braten. Mit den Aprikosen zum Couscous geben.

3 Kräuter abbrausen und trocken schütteln, die Blättchen abzupfen und grob hacken. Zitronensaft mit 3 EL Öl verrühren, Salz, Pfeffer, Chilipulver, Kreuzkümmel und Garam Masala unterrühren. Mit den Kräutern unter den Couscoussalat mischen und 2 Std. durchziehen lassen. Den Salat vor dem Servieren eventuell nochmals mit Salz, Pfeffer und Zitronensaft abschmecken.

SAUCEN, DIPS UND BROTAUFSTRICHE

Ein Klecks Dip darauf, ein Löffelchen Sauce dazu oder würzige Creme einfach üppig aufs Brot gestrichen: So kommt Farbe und zusätzlich Pep in die vegetarische Küche. Munter kombinieren lautet hier die Devise. Tipps, was wozu am besten passt, finden Sie direkt bei den Rezepten.

Wer Mayonnaise nur aus dem Glas kennt, verpasst etwas, denn selbst gemacht schmeckt sie am besten! Dank frischer Eier und gesundem Öl sind Aioli und kräuterwürzige Mayonnaise der perfekte Begleiter für Gemüse jeder Art.

KLASSIKER AUS SÜDFRANKREICH

Aioli

100 g Weißbrot (ohne Rinde)
⅛ l Milch (oder Gemüsebrühe)
3–4 Knoblauchzehen | Salz
2 frische Eigelb (M)
½ TL edelsüßes Paprikapulver
2–3 Msp. Chilipulver
150 ml Olivenöl | Pfeffer
1 EL frisch gepresster Zitronensaft

Für 4–6 Personen | ca. 10 Min. Zubereitung
Pro Portion (bei 6 Personen): ca. 305 kcal

1 Das Brot in kleine Würfel schneiden und in der Milch oder Brühe 5 Min. einweichen. Inzwischen den Knoblauch schälen, grob zerschneiden und mit 1 guten Prise Salz bestreuen. Mit einer festen Messerklinge oder im Mörser fein zerstoßen und mit den Eigelben in einen hohen Rührbecher geben.

2 Die Brotwürfel mit Paprika- und Chilipulver zu den Eigelben geben. Alles mit dem Pürierstab fein pürieren, dann nach und nach langsam das Öl dazugießen und so lange pürieren, bis eine dickliche Mayonnaise entstanden ist. Mit Salz, Pfeffer und Zitronensaft würzen. Die Aioli schmeckt zu rohem, gedünstetem oder gegrilltem Gemüse und zu hart gekochten Eiern.

VARIANTEN
Wer möchte, kann noch gehackte Kräuter wie Petersilie oder Basilikum unter die Aioli mischen und anstelle des Brots eine gegarte Kartoffel (gepellt und zerdrückt) verwenden. Dann braucht man keine Einweichflüssigkeit, aber eventuell etwas mehr Öl. Für Paprika-Safran-Aioli zusätzlich 1 Msp. Safranfäden mit dem Brot und der Milch oder Brühe einweichen und zuletzt 1 pürierte gehäutete Paprikaschote (siehe Seite 71 oder aus dem Glas) unter die Aioli mischen.

KRÄUTERFRISCHE VARIANTE

Rucola-Petersilien-Mayonnaise

1 kleines Bund Rucola
½ Bund Petersilie
200 ml Oliven- oder Distelöl
½ Bio-Limette
2 frische Eigelb (M)
2 TL Senf | Salz | Pfeffer
2 EL frisch geriebener Hartkäse (nach Belieben, z. B. Montello; siehe Info Seite 8)

Für 4 Personen | ca. 20 Min. Zubereitung
Pro Portion: ca. 505 kcal

1 Die Kräuter abbrausen und gut trocken schütteln, harte Rucolastiele entfernen. Die Petersilienblättchen abzupfen und mit dem Rucola fein hacken. 25 g Kräuter abnehmen, mit dem Öl in einen hohen Rührbecher geben und fein pürieren. Die Limette heiß waschen und abtrocknen, die Schale abreiben und den Saft auspressen. Eigelbe, Senf, 2 Msp. Limettenschale und 1 EL Limettensaft zum Kräuteröl in den Rührbecher geben und pürieren. Dabei den Pürierstab erst am Boden des Bechers halten und dann langsam nach oben führen und die Masse so zu einer cremigen Mayonnaise aufschlagen. Die Mayonnaise mit Salz und Pfeffer würzen, eventuell mit Limettensaft abschmecken und die übrigen gehackten Kräuter und nach Belieben den Käse unterrühren.

VARIANTEN
Bei der klassischen Mayonnaise werden keine Kräuter und kein Käse verwendet und anstelle von Limettensaft wird mit Zitronensaft oder Weißweinessig gewürzt. Aber auch unter den Klassiker kann man dann ganz nach Belieben gehackte Kräuter (z. B. Basilikum, Kerbel, Estragon oder Bärlauch) mischen. Für eine scharfe, asiatisch angehauchte Mayonnaise 2 TL Wasabipaste anstelle von Senf nehmen, mit 1–2 TL Sojasauce abschmecken und gehacktes Koriandergrün unterrühren. Wer eine leichtere Variante bevorzugt, halbiert die Öl-, Eigelb- und Senfmenge und rührt 100 g Naturjoghurt unter die fertige Mayonnaise.

EXOTISCH – SCHARF-FRUCHTIG

Möhren-Ananas-Frischkäse mit Curry

1 kleine Zwiebel
1 Stück frischer Ingwer (ca. 1 cm)
1 TL Sonnenblumen- oder Rapsöl
1 TL scharfes Currypulver
50 g Ananasstücke samt Einlegesaft (aus der Dose)
¼ TL gekörnte Gemüsebrühe
1 dicke Möhre
200 g Doppelrahmfrischkäse
Salz | Pfeffer

Für 4 Personen | ca. 25 Min. Zubereitung
Pro Portion: ca. 210 kcal

1 Zwiebel und Ingwer schälen und fein würfeln. Das Öl in einer kleinen Pfanne erhitzen, darin die Zwiebel goldgelb andünsten. Ingwer dazugeben und kurz mitdünsten. Currypulver darüberstäuben und unter Rühren kurz anrösten. Ananasstücke und 3–4 EL Ananassaft hinzufügen, die gekörnte Brühe unterrühren und alles unter Rühren bei kleiner Hitze köcheln lassen, bis die Flüssigkeit fast verdampft ist. Dann abkühlen lassen.

2 Die Möhre schälen und auf der Rohkostreibe fein raspeln. Die Zwiebel-Ananas-Mischung im Blitzhacker oder mit dem Pürierstab fein pürieren. Püree und Möhre unter den Frischkäse rühren, mit Salz und Pfeffer würzen. Der Dip schmeckt zu Rohkost oder als Brotaufstrich, vor allem auf Fladen- oder indischem Naan-Brot.

VARIANTE Tomaten-Basilikum-Frischkäse
Dafür 40 g getrocknete Tomaten in ⅛ l Wasser in ca. 10 Min. weich kochen. Im Wasser abkühlen lassen, ausdrücken und grob zerschneiden. In einer kleinen Pfanne 1 ½ EL Olivenöl erhitzen, darin 1 fein gewürfelte Knoblauchzehe andünsten. Die Tomaten mit 1 EL gehackten Kapern dazugeben und unter Rühren kurz mitdünsten. Mit Pfeffer würzen und im Blitzhacker fein pürieren. 2 Stängel Basilikum abbrausen und trocken schütteln, die Blättchen abzupfen und fein hacken. Mit dem Tomatenpüree unter 200 g Doppelrahmfrischkäse rühren, mit Salz und Pfeffer würzen.

EINFACH – ERFRISCHEND

Meerrettichquark mit Radieschen

3 EL Kürbiskerne
½ Bund Radieschen
1 kleiner Apfel (z. B. Boskop)
1 Stück Meerrettich
   (ca. 30 g, ersatzweise 1 EL Meerrettich aus dem Glas)
1 EL frisch gepresster Zitronensaft
500 g Quark (20 % Fett)
Salz | Pfeffer | Chilipulver
½ Bund Schnittlauch

Für 4–6 Personen | ca. 25 Min. Zubereitung
Pro Portion (bei 6 Personen): ca. 200 kcal

1 Die Kürbiskerne in einer Pfanne ohne Fett rösten, bis sie duften und leicht knistern, abkühlen lassen und grob hacken. Die Radieschen waschen, putzen und in kleine Würfel schneiden. Den Apfel waschen und vierteln, das Kerngehäuse entfernen und die Viertel ebenfalls klein würfeln. Meerrettich schälen und fein raspeln. Beides sofort mit Zitronensaft mischen.

2 Radieschen, Apfel-Meerrettich-Mischung und zwei Drittel der Kürbiskerne unter den Quark heben. Mit Salz, Pfeffer und Chilipulver würzen. Schnittlauch abbrausen, trocken schütteln und in Röllchen schneiden, einen guten Teil davon unter den Quark heben. Den Quark mit den übrigen Kürbiskernen und Schnittlauchröllchen bestreuen. Er schmeckt zu Brot, aber auch zu Pell-, Brat- oder Ofenkartoffeln.

VARIANTE Klassischer Kräuterquark
Dafür am besten 1 Bund gemischte Frühlingskräuter nehmen, z. B. Schnittlauch, Dill, Kerbel, Liebstöckel, Estragon, Melisse und Bärlauch. Oder eine rund ums Jahr erhältliche Mischung aus Schnittlauch, Petersilie, Basilikum oder Gartenkresse. Die Kräuter abbrausen, trocken schütteln und fein hacken. 2 Frühlingszwiebeln waschen, putzen und mit dem Grün in feine Ringe schneiden. 500 g Quark mit 2 EL Crème fraîche glatt verrühren. Mit Salz, Pfeffer, 2 Msp. edelsüßem Paprikapulver und 1–2 Msp. abgeriebener Bio-Zitronenschale würzen, Frühlingszwiebeln und Kräuter unterheben.

GUACAMOLE

AUBERGINENDIP

AUS MEXIKO – SCHNELL

🌿 Guacamole

2 reife Avocados
1 Knoblauchzehe
2 kleine Tomaten
2 Frühlingszwiebeln
⅓ Bund Koriandergrün
Saft von 1 Limette
Salz | Pfeffer
1–2 Msp. Chilipulver
½ TL gemahlener Kreuzkümmel

Für 4 Personen | ca. 15 Min. Zubereitung
Pro Portion: ca. 260 kcal

1 Avocados längs halbieren, die Steine entfernen und das Fruchtfleisch mit einem Löffel aus den Schalen lösen. Knoblauch schälen und fein würfeln. Tomaten waschen und in kleine Würfel schneiden, dabei die Stielansätze entfernen und den Saft auffangen. Frühlingszwiebeln waschen, putzen und mit dem Grün in feine Ringe schneiden. Koriander abbrausen und trocken schütteln, die Blättchen abzupfen und fein hacken.

2 Avocadofleisch, Knoblauch und Limettensaft mit dem Pürierstab nicht zu fein pürieren. Tomaten samt Saft, Frühlingszwiebeln und Koriandergrün unterrühren. Mit Salz, Pfeffer, Chilipulver und Kreuzkümmel würzen. Die Guacamole schmeckt auf Brot, zu Nacho-Chips, in Wraps oder z. B. auch zum Bohnen-Chili-Burger (Seite 149) oder dem gebratenen Tofu mit Zuckerschoten (Seite 125).

VARIANTE Avocadodip mit Paprika
Dafür das Fruchtfleisch von 1 reifen Avocado mit 1 ½ EL Zitronensaft und 50 g Ricotta oder Sahnequark pürieren, dann nochmals 200 g Ricotta oder Quark unterrühren. 1 gehäutete, geröstete rote Paprikaschote (siehe Seite 71 oder aus dem Glas) klein würfeln. 3 Frühlingszwiebeln waschen, putzen und mit dem Grün in feine Ringe schneiden. Beides unter die Avocadocreme heben, mit Salz, Pfeffer und Chilipulver würzen.

KRÄUTERGRÜN – EXOTISCH

🌿 Auberginendip

2 Auberginen (à ca. 200 g)
4 EL Olivenöl
1 Knoblauchzehe
1 große Tomate
Salz | Pfeffer
5 Stängel Petersilie
1–2 Stängel Koriandergrün
1 EL frisch gepresster Zitronensaft
Chilipulver
Alufolie

Für 4 Personen | ca. 45 Min. Zubereitung
Pro Portion: ca. 110 kcal

1 Den Backofen auf 220° vorheizen. Auberginen waschen, putzen und längs halbieren. Die Schnittflächen mit je knapp ½ TL Öl bestreichen. Knoblauch schälen und fein würfeln, die Hälfte des Knoblauchs auf den Schnittflächen verteilen. Auberginen mit den Schnittflächen nach unten auf ein Stück Alufolie legen und auf dem Backrost im Ofen (oben, Umluft nicht empfehlenswert) 25–30 Min. garen, bis das Fruchtfleisch weich ist.

2 Inzwischen die Tomate waschen und klein würfeln, dabei den Stielansatz entfernen. In einer kleinen beschichteten Pfanne 1 EL Öl erhitzen. Darin den übrigen Knoblauch und die Tomatenwürfel bei großer Hitze unter Rühren 3 Min. braten, salzen, pfeffern und vom Herd nehmen. Die Kräuter abbrausen, trocken schütteln und mit den Stängeln grob zerschneiden.

3 Die Auberginen aus dem Ofen nehmen und kurz abkühlen lassen. Dann das Auberginenfleisch mit einem Löffel aus den Schalen lösen und mit den Kräutern und dem übrigen Öl fein pürieren. Tomatenwürfel unterrühren und mit Zitronensaft, Salz, Pfeffer und 1–2 Prisen Chilipulver würzen. Der Dip schmeckt auf Brot (vor allem Fladenbrot und Ciabatta) und zu Kartoffeln (z. B. zu den Türkischen Ofenkartoffeln von Seite 145).

Röstgemüsedip

Vollreifes Saisongemüse und das kräftige Röstaroma machen diesen Dip zum absoluten Liebling – ob als Brotaufstrich oder als Beilage zu Kartoffeln.

MEDITERRAN – SOMMERLICH

1 kleine Knolle Fenchel (ca. 150 g)
1 rote Paprikaschote
1 kleine Möhre
1 Stange Staudensellerie
2 Eiertomaten
1 Zwiebel | 1 Knoblauchzehe
1 getrocknete Chilischote
1 Zweig Rosmarin
4–5 EL Olivenöl
Salz | Pfeffer | Zucker
3–4 EL Weißweinessig
2 EL Pinienkerne
1 EL gehackte Petersilie (nach Belieben)

Für 4 Personen | ca. 15 Min. Zubereitung
1 Std. Garen | pro Portion: ca. 170 kcal

1 Den Backofen auf 200° vorheizen. Das Gemüse waschen, putzen, je nach Sorte schälen und in ca. 2 cm große Stücke, nur die Möhren in feine Scheiben schneiden. Zwiebel und Knoblauch schälen, die Zwiebel in dickere Spalten, den Knoblauch in feine Scheiben schneiden. Die Chilischote grob zerbröseln. Rosmarin abbrausen und trocken schütteln, die Nadeln abzupfen und fein hacken. Alles in eine Auflaufform geben, mit 2 EL Öl mischen und mit Salz, Pfeffer und 2 Prisen Zucker würzen.

2 Das Gemüse im Ofen (Mitte) 50–60 Min. garen, dabei zweimal durchrühren und jeweils 1–1 ½ EL Essig und das übrige Öl darüberträufeln. Am Ende sollte das Gemüse gar und schön gebräunt sein. Ca. 5 Min. vor Ende der Garzeit die Pinienkerne über das Gemüse streuen und ebenfalls bräunen. Das fertige Gemüse kurz abkühlen lassen und mit dem Pürierstab fein pürieren, mit Salz, Pfeffer und dem übrigen Essig abschmecken. Nach Belieben mit Petersilie bestreuen.

ROTE-BETE-DIP

PASTINAKEN-HASELNUSS-CREME

SCHNELL – FEINE VORSPEISE

Rote-Bete-Dip mit Schafskäse

250 g vorgegarte Rote Beten (vakuumverpackt)
200 g Schafskäse (Feta)
½ Knoblauchzehe
100 g geröstete, gesalzene Pekannusskerne
½ TL getrockneter Oregano
3 EL Olivenöl
1–2 TL frisch gepresster Zitronensaft
Salz | Pfeffer
⅓ Bund Dill

Für 4 Personen | ca. 15 Min. Zubereitung
Pro Portion: ca. 380 kcal

1 Die Roten Beten grob zerschneiden (dabei Einweghandschuhe tragen!), den Schafskäse grob zerbröckeln. Knoblauch schälen und grob hacken. Alles mit Pekannüssen und Oregano in einen hohen Rührbecher geben. Das Öl und 1 TL Zitronensaft dazugeben und mit dem Pürierstab fein pürieren.

2 Die Creme mit wenig Salz (die Nüsse und der Käse sind bereits sehr salzig), Pfeffer und eventuell noch etwas Zitronensaft würzen. Dill abbrausen und trocken schütteln, die Spitzen abzupfen, fein hacken und unter die Creme rühren. Nach Belieben etwas Dill zum Garnieren beiseitelegen. Die Creme schmeckt als Brotaufstrich, zu Pellkartoffeln oder als Dip zu Rohkost.

TIPP **Frische Rote Bete**
Natürlich können Sie für diesen Dip auch frische Rote-Bete-Knollen verwenden und diese dann in ausreichend Wasser (je nach Größe) in 1 Std. – 1 Std. 15 Min. weich garen. Achtung: Die Stiele und Wurzeln nicht zu nah an den Knollen wegschneiden, sonst »bluten« sie beim Kochen aus. Besonders aromatisch werden die Roten Beten, wenn man sie in Alufolie wickelt und im 200° heißen Ofen gart. Das dauert ca. 1 Std. 15 Min.

AROMATISCHER BROTAUFSTRICH

Pastinaken-Haselnuss-Creme

300 g Pastinaken
3 Zweige Thymian
1 Schalotte
1 EL Sonnenblumen- oder Rapsöl
Salz | Pfeffer
200 ml Gemüsebrühe
2 EL Haselnussmus (aus dem Bioladen)
frisch geriebene Muskatnuss
1–2 Spritzer frisch gepresster Zitronensaft
1 EL gehackte Petersilie (nach Belieben)

Für 4 Personen | ca. 35 Min. Zubereitung
Pro Portion: ca. 130 kcal

1 Die Pastinaken schälen und in kleine Stücke schneiden. Thymian abbrausen und trocken schütteln, die Schalotte schälen und fein würfeln. Das Öl in einem Topf erhitzen, darin die Schalotte goldgelb andünsten. Pastinaken dazugeben, salzen, pfeffern und unter Rühren kurz mitdünsten. Die Brühe angießen, den Thymian hinzufügen und die Pastinaken bei mittlerer Hitze in ca. 15 Min. weich garen. Die Pastinaken in ein Sieb abgießen, dabei die Brühe auffangen. Die Thymianzweige entfernen und das Gemüse leicht abkühlen lassen.

2 Pastinaken und Haselnussmus in einen hohen Rührbecher geben und mit dem Pürierstab fein pürieren, dabei gerade so viel Kochbrühe dazugießen, dass eine streichfähige Creme entsteht. Mit Salz, Pfeffer, Muskatnuss und Zitronensaft abschmecken und nach Belieben Petersilie unterrühren. Die Creme schmeckt vor allem auf Vollkornoder Nussbrot.

LINKS: HUMMUS | MITTE: BOHNENDIP | RECHTS: ROTE-LINSEN-DIP

WÜRZIG – AUS INDIEN

🌿 Scharfer Rote-Linsen-Dip

1 Stange Staudensellerie
1 kleine Zwiebel
1 Stück frischer Ingwer (ca. 1 cm)
2 EL Rapsöl | 100 g rote Linsen
je ½ TL gemahlener Kreuzkümmel und Kurkumapulver
2–3 Msp. Chilipulver | Salz | Pfeffer
1 EL gehacktes Koriandergrün (nach Belieben)

Für 4 Personen | ca. 35 Min. Zubereitung
Pro Portion: ca. 120 kcal

1 Sellerie waschen, putzen und in feine Scheiben schneiden. Zwiebel und Ingwer schälen und fein würfeln. Das Öl in einem Topf erhitzen, darin Sellerie, Zwiebel und Ingwer bei mittlerer Hitze andünsten. Linsen und Gewürze dazugeben und unter Rühren kurz mitdünsten. ¼ l Wasser dazugießen, salzen, pfeffern und alles zugedeckt bei kleiner Hitze 20–25 Min. garen, bis die Linsen weich sind und das Wasser so gut wie verkocht ist. Fein oder grob pürieren und nach Wunsch mit Koriandergrün bestreuen.

KLASSIKER – SCHNELL

🌿 Hummus

1 Dose Kichererbsen (ca. 240 g Abtropfgewicht)
1 Knoblauchzehe
1 EL Tahin (Sesammus, aus dem Bioladen)
Saft von ½ Zitrone
8 EL Olivenöl | Salz | Pfeffer
½ TL gemahlener Kreuzkümmel
je 2–3 Msp. Chili- und Kurkumapulver

Für 4 Personen | ca. 10 Min. Zubereitung
Pro Portion: ca. 250 kcal

1 Kichererbsen in ein Sieb abgießen, abbrausen und abtropfen lassen. Knoblauch schälen und grob zerschneiden. Mit Kichererbsen, Tahin, Zitronensaft und Öl fein pürieren, dabei so viel Wasser dazugeben, bis die Masse zwar cremig, aber auf keinen Fall zu flüssig ist. Mit Salz, Pfeffer, Kreuzkümmel, Chili und Kurkuma würzen. Der Dip schmeckt zu Fladenbrot, Rohkost oder den Türkischen Ofenkartoffeln von Seite 145.

EINFACH – SCHNELL

🌿 Weißer Bohnendip

1 Dose weiße Bohnen (ca. 425 g Füllgewicht)
2 kleine Zwiebeln
1 getrocknete Chilischote
1 Zweig Rosmarin
2 EL Olivenöl
Salz | Pfeffer
1–2 Spritzer frisch gepresster Zitronensaft
2 Stängel Basilikum

Für 4 Personen | ca. 25 Min. Zubereitung
Pro Portion: ca. 120 kcal

1 Die Bohnen in ein Sieb abgießen, dabei die Einlegeflüssigkeit auffangen. Die Zwiebeln schälen und fein würfeln. Die Chilischote fein zerbröseln. Rosmarin abbrausen und trocken schütteln, die Nadeln abzupfen und fein hacken.

2 Das Öl in einer Pfanne erhitzen, darin die Zwiebeln goldgelb andünsten. Chili und Rosmarin dazugeben und unter Rühren 1–2 Min. mitbraten. Die Bohnen und 50 ml Einlegeflüssigkeit unterrühren, mit Salz und Pfeffer würzen und bei kleiner Hitze ca. 5 Min. köcheln lassen.

3 Den Pfanneninhalt in einen hohen Rührbecher geben und mit dem Pürierstab pürieren, dabei – falls nötig – noch etwas Einlegeflüssigkeit hinzufügen, sodass eine glatte, streichfähige Creme entsteht. Mit Salz, Pfeffer und Zitronensaft abschmecken. Basilikum abbrausen und trocken schütteln, die Blättchen abzupfen, in Streifen schneiden und unter den Dip rühren. Der Dip schmeckt zu Ofen- oder Bratkartoffeln, aber auch auf Brot, vor allem auf gerösteten Weißbrotscheiben.

LINKS: OLIVENPASTE | MITTE: TOMATENPESTO | RECHTS: ASIA-BUTTER

MEDITERRAN – SOMMERLICH

Tomatenpesto

100 g getrocknete Tomaten
3 Stangen Staudensellerie
1 Knoblauchzehe
6 Zweige Thymian
75 ml Olivenöl | Salz | Pfeffer
2 EL Pinienkerne
2 EL frisch geriebener Hartkäse
  (z. B. Pecorino, siehe Info Seite 8)

Für 4–6 Personen | ca. 30 Min. Zubereitung
Pro Portion (bei 6 Personen): ca. 160 kcal

1 Die Tomaten in ca. ¼ l Wasser aufkochen, bei mittlerer Hitze in 10–15 Min. weich kochen und im Wasser abkühlen lassen.

2 Inzwischen den Sellerie waschen, putzen und in kleine Würfel schneiden. Knoblauch schälen und fein würfeln. Thymian abbrausen und trocken schütteln, die Blättchen abzupfen und fein hacken. Knapp 2 EL Öl in einer kleinen beschichteten Pfanne erhitzen, darin Sellerie und Knoblauch bei mittlerer Hitze unter Rühren andünsten, bis der Sellerie leicht bräunt und weicher wird, salzen und pfeffern. Thymian und Pinienkerne dazugeben und weiterbraten, bis die Pinienkerne goldbraun sind. Die Selleriemischung abkühlen lassen.

3 Die Tomaten ausdrücken und mit der Selleriemischung und dem restlichen Öl im Blitzhacker oder mit dem Pürierstab nicht zu fein pürieren. Den Käse unterrühren, mit Salz und Pfeffer abschmecken. Das Pesto schmeckt zu Pasta und als Crostini-Aufstrich.

VARIANTE Basilikumpesto
Dafür 3 EL Pinienkerne in einer Pfanne ohne Fett goldbraun rösten und abkühlen lassen. Inzwischen ca. 100 g Basilikum abbrausen und gut trocken schütteln, die Blättchen abzupfen und grob zerschneiden. 2 Knoblauchzehen schälen, grob hacken und mit Basilikum, Pinienkernen und 120–150 ml Olivenöl im Blitzhacker oder mit dem Pürierstab fein pürieren. 75 g frisch geriebenen Hartkäse (z. B. Montello oder Pecorino, siehe Info Seite 8) unterrühren und das Pesto mit Salz und Pfeffer würzen.

WÜRZIG – SCHNELL

🌿 Schwarze Olivenpaste

200 g in Öl eingelegte schwarze Oliven (ohne Stein)
1 EL Kapern | 3 EL gewürfeltes Orangeat
2 Knoblauchzehen
1 kleiner Zweig Rosmarin | 2 Zweige Thymian
1 EL Orangenmarmelade | 6–7 EL Olivenöl
2 EL frisch gepresster Zitronensaft | Salz | Pfeffer

Für 4 Personen | ca. 15 Min. Zubereitung
Pro Portion: ca. 255 kcal

1 Oliven abtropfen lassen und mit den Kapern grob zerschneiden, Orangeat feiner hacken. Knoblauch schälen und fein würfeln. Kräuter abbrausen und trocken schütteln, die Blättchen bzw. Nadeln abzupfen und fein hacken. Alles mit Marmelade, Öl und Zitronensaft im Blitzhacker oder mit dem Pürierstab fein pürieren. Mit Salz und Pfeffer abschmecken. Die Paste schmeckt auf Baguette oder zu Rohkost, Hartkäse und hart gekochten Eiern.

EXOTISCH – FRISCH

Asia-Butter

1 rote Chilischote | 1 Knoblauchzehe
1 Stück frischer Ingwer (ca. 2 cm)
10 Kaffir-Limettenblätter (aus dem Asienladen)
½ Bund Koriandergrün | ½ Bio-Limette
150 g weiche Butter | Salz

Für 4–6 Personen | ca. 15 Min. Zubereitung
Pro Portion (bei 6 Personen): ca. 195 kcal

1 Chilischote längs halbieren und die Kerne entfernen, die Hälften waschen und fein hacken. Knoblauch und Ingwer schälen und fein hacken. Limettenblätter waschen, dicke Blattrippen in der Mitte herausschneiden und die Blatthälften quer in hauchdünne Streifen schneiden. Koriander abbrausen und trocken schütteln, die Blättchen abzupfen und fein hacken. Limette heiß waschen und abtrocknen, die Schale abreiben und den Saft auspressen. Beides mit den übrigen Zutaten und der Butter mit einer Gabel gründlich mischen und salzen. Die Asia-Butter schmeckt auf Brot und zu gedünstetem oder im Wok gebratenem Gemüse.

DEFTIG – WÜRZIG

🌿 Pilz-Tofu-Creme

10 g getrocknete Steinpilze
400 g braune Champignons
2 kleine Zwiebeln | 1 Knoblauchzehe
6 Zweige Thymian
3 EL Olivenöl
¾ TL getrockneter Oregano
Salz | Pfeffer
3 EL Cognac (nach Belieben)
¾ TL gekörnte Gemüsebrühe
frisch geriebene Muskatnuss
2 EL frisch gepresster Zitronensaft
200 g Seidentofu
1–2 EL gehackte Petersilie (nach Belieben)

Für 4 Personen | ca. 35 Min. Zubereitung
Pro Portion: ca. 110 kcal

1 Die Steinpilze mit ca. ⅛ l heißem Wasser übergießen und 20 Min. quellen lassen. Inzwischen die Champignons sauber abreiben, putzen, in dünne Scheiben schneiden und diese grob hacken. Zwiebeln und Knoblauch schälen und fein würfeln. Thymian abbrausen und trocken schütteln, die Blättchen abzupfen und fein hacken.

2 Die Steinpilze abgießen, dabei das Einweichwasser auffangen, Pilze ausdrücken und grob hacken. Das Öl in einer beschichteten Pfanne erhitzen, darin Zwiebeln und Knoblauch goldgelb andünsten. Steinpilze, Champignons, Thymian und Oregano dazugeben und unter Rühren bei großer Hitze anbraten, salzen und pfeffern. Nach Wunsch mit Cognac oder etwas Einweichwasser ablöschen, die gekörnte Brühe unterrühren und alles offen bei mittlerer Hitze 6–8 Min. weiterbraten. Dabei eventuell einige Löffel Pilzeinweichwasser dazugeben – am Ende sollte aber alle Flüssigkeit verkocht sein. Mit Muskatnuss und Zitronensaft würzen und abkühlen lassen.

3 Die Pilze mit dem Tofu in einen hohen Rührbecher geben und mit dem Pürierstab fein pürieren. Die Creme mit Salz und Pfeffer abschmecken und nach Belieben Petersilie unterrühren. Schmeckt als Dip zu Brot oder als Sauce zu Spaghetti.

KLASSIKER – PICKNICKTAUGLICH

Kartoffelkäse mit Ei

2–3 mehligkochende Kartoffeln (ca. 300 g)
Salz | 2 Eier (M)
2 Schalotten
½ TL Kümmelsamen
1 EL Butter
2 kleine Essiggurken (Cornichons, aus dem Glas)
1 Bund Schnittlauch
2 EL Crème fraîche (oder 3 EL saure Sahne)
Salz | Pfeffer
edelsüßes Paprikapulver

Für 4 Personen | ca. 40 Min. Zubereitung
Pro Portion: ca. 140 kcal

1 Die Kartoffeln waschen und in ausreichend Salzwasser 20–25 Min. garen. Abgießen, ausdampfen und abkühlen lassen.

2 Inzwischen die Eier in ca. 10 Min. hart kochen, kalt abschrecken, kurz abkühlen lassen und pellen. Die Schalotten schälen und fein würfeln, den Kümmel grob hacken. Die Butter in einer kleinen Pfanne schmelzen, darin die Schalotten goldgelb andünsten. Kümmel dazugeben und kurz mitdünsten, dann abkühlen lassen. Die Essiggurken abtropfen lassen und fein hacken. Schnittlauch abbrausen, trocken schütteln und in Röllchen schneiden.

3 Die Kartoffeln pellen und mit einer Gabel fein zerdrücken. Die Eier halbieren. Eigelbe herauslösen, mit einer Gabel zerdrücken und mit der Crème fraîche möglichst glatt verrühren. Eiweiße klein würfeln oder grob hacken. Mit der Eigelbmischung, den Essiggurken, der Zwiebel-Kümmel-Mischung und den Kartoffeln verrühren und mit Salz, Pfeffer und 3–4 Prisen Paprikapulver würzen. Einen guten Teil Schnittlauch unterrühren, den Rest über den Kartoffelkäse streuen. Der Kartoffelkäse schmeckt besonders gut auf herzhaften Brotsorten wie Sauerteig-, Bauern- oder Kümmelbrot.

SOMMERLICH – FRUCHTIG

🌿 Tomaten-Paprika-Relish

500 g reife Tomaten
1 gelbe Paprikaschote
1 Zwiebel | 1 Knoblauchzehe
1 rote Chilischote
50 g getrocknete Aprikosen
2 EL Olivenöl
50 ml Rotweinessig
50 g brauner Zucker
je ¾ TL Senfkörner und eingelegte grüne Pfefferkörner
Salz | Pfeffer

Für 2 Gläser (à ca. 150 ml) | ca. 35 Min. Zubereitung
40 Min. Garen | 2 Wochen Marinieren
Pro Glas: ca. 320 kcal

1 Die Tomaten kreuzweise einritzen, in einer Schüssel mit kochend heißem Wasser übergießen und kurz ziehen lassen. Dann mit einem spitzen Messer häuten und in grobe Stücke schneiden, dabei die Stielansätze entfernen. Die Paprikaschote mit dem Sparschäler dünn häuten, halbieren, putzen, waschen und in ca. 1 cm große Würfel schneiden. Zwiebel und Knoblauch schälen und fein würfeln. Die Chilischote längs halbieren und die Kerne entfernen, die Hälften waschen und fein hacken. Die Aprikosen klein würfeln.

2 Das Öl in einem Topf erhitzen, darin Zwiebel, Knoblauch und Chili andünsten. Die Paprikawürfel dazugeben und unter Rühren 1–2 Min. mitdünsten, dann Tomaten, Aprikosen, Essig, Zucker, Senf- und Pfefferkörner und ca. ½ TL Salz unterrühren. Das Relish offen bei mittlerer Hitze 30–40 Min. köcheln lassen, bis es dicklich eingekocht und der scharfe Essiggeruch verflogen ist. Mit Salz und Pfeffer würzen, in saubere Schraubgläser füllen und sofort verschließen, für 10 Min. auf den Deckel stellen und abkühlen lassen. Das Relish an einem kühlen, dunklen Ort möglichst 2 Wochen durchziehen lassen. Es ist ca. 4 Monate haltbar und schmeckt als Beilage zu vielen Gerichten, besonders gut zu Käse, Räuchertofu, Pellkartoffeln und Grillgemüse.

FRUCHTIG – WÜRZIG

🌿 Zwetschgenchutney

450 g Zwetschgen (ersatzweise rote Pflaumen)
1 große rote Zwiebel
1 Stück frischer Ingwer (ca. 5 cm)
90 g brauner Zucker
5 EL Aceto balsamico
3 Sternanis
je ¼ TL gemahlene Nelken und Zimtpulver
Salz | Pfeffer

Für 3 Gläser (à ca. 150 ml) | ca. 25 Min. Zubereitung
40 Min. Garen | pro Glas: ca. 220 kcal

1 Zwetschgen waschen und längs halbieren, die Steine entfernen und das Fruchtfleisch in kleine Stücke schneiden. Zwiebel und Ingwer schälen und fein würfeln. In einem Topf Zucker und Essig unter Rühren erhitzen, bis sich der Zucker aufgelöst hat. Zwiebel, Zwetschgen und die Gewürze hinzufügen und alles bei kleiner bis mittlerer Hitze 30–40 Min. köcheln lassen, bis die meiste Flüssigkeit verkocht ist und die Masse eine marmeladenartige Konsistenz hat. Dabei immer wieder umrühren.

2 Das Chutney mit Salz und Pfeffer würzen, in saubere Schraubgläser füllen und sofort verschließen, für 10 Min. auf den Deckel stellen und abkühlen lassen. Kühl gelagert ist das Chutney ca. 6 Monate haltbar. Es schmeckt zu Käse, Kartoffel- oder Steckrübenpuffern (Seite 201) oder Amaranthschmarrn (Seite 199).

VARIANTE Mangochutney
Dafür 2 reife, aber feste Mangos schälen, das Fruchtfleisch vom Stein schneiden und klein würfeln. 1 Schalotte und 1 Stück frischen Ingwer (ca. 4 cm) schälen und fein würfeln. 2 rote Chilischoten längs halbieren und die Kerne entfernen, die Hälften waschen und ebenfalls fein würfeln. Alles mit 80 g braunem Zucker, 4 EL Weißweinessig und ½ TL Schwarzkümmelsamen (aus dem Asienladen) in einen Topf geben und – wie oben beschrieben – in 30–40 Min. einkochen lassen. In Schraubgläser füllen und abkühlen lassen.

Selbstgemachtes für den Vorrat! Mit diesen würzigen Saucen hat man immer schnell etwas zur Hand, wenn noch ein Dip oder eine Sauce fehlt. Für Überraschungsgäste: Servieren Sie die Dips einfach zu einer schönen Käseplatte.

Kokos-Koriander-Chutney mit Chili und Minze

Ein erfrischendes Chutney aus Südindien, bei dem sich Chilischärfe, mildes Kokosnussfleisch und frische Kräuter perfekt verbinden: toll zu Naan- oder Fladenbrot.

ERFRISCHEND – AUS INDIEN

50 g frisches Kokosnussfleisch (siehe Tipp)
30 g Minze | 60 g Koriandergrün
1 kleine Knoblauchzehe
1 grüne Chilischote
½ TL brauner Zucker
2 EL frisch gepresster Limettensaft | Salz

Für 4 Personen | ca. 25 Min. Zubereitung
1 Std. Marinieren | pro Portion: ca. 70 kcal

1 Das Kokosnussfleisch auf der Rohkostreibe fein raspeln. Kräuter abbrausen und trocken schütteln, Minzeblättchen abzupfen und grob zerschneiden, Koriander mit Stängeln ebenfalls grob zerschneiden.

2 Knoblauch schälen und grob hacken. Chilischote längs halbieren und die Kerne entfernen, die Hälften waschen und fein hacken. Beides mit Kräutern, Zucker und Limettensaft in einen hohen Rührbecher geben und mit dem Pürierstab fein pürieren, dabei eventuell 1–3 EL Wasser hinzufügen (es sollte aber ein eher trockenes Chutney sein). Kokosraspel unterrühren und mit Salz würzen. Vor dem Servieren möglichst 1 Std. durchziehen lassen.

TIPP Frische Kokosnuss
Frische Kokosnüsse gibt es häufig schon in Stücke geschnitten in den Kühltheken der Obst- und Gemüseabteilung von gut sortierten Super- oder Biomärkten. Wer keine findet und keine ganze Nuss knacken will, kann auch einfach 3 EL Kokosraspel mit 100 ml kochend heißem Wasser überbrühen, 15 Min. ziehen lassen, leicht auspressen und anstelle der frischen Kokosnuss verwenden.

Paprika-Chili-Salsa mit Koriander und Petersilie

Wer kanarische Mojo mag, wird auch diese würzige Sauce lieben. Leicht, frisch und chilischarf peppt sie Runzelkartoffeln und andere Gerichte auf.

KRÄUTERFRISCH – SOMMERLICH

2 grüne Paprikaschoten (ca. 350 g)
1 Knoblauchzehe
½ Bund Koriandergrün
¼ Bund Petersilie
2 grüne Chilischoten
1 Scheibe Toastbrot
2–3 EL Weißweinessig
2 EL gemahlene Mandeln
80 ml Olivenöl
Salz | Pfeffer
¼ TL gemahlener Kreuzkümmel
2 Tomaten
1 rote Zwiebel

Für 4 Personen | ca. 15 Min. Zubereitung
1 Std. Garen | pro Portion: ca. 250 kcal

1 Paprikaschoten mit dem Sparschäler dünn häuten, halbieren, putzen, waschen und in ca. 1 cm große Würfel schneiden. Knoblauch schälen und fein würfeln. Kräuter abbrausen und trocken schütteln, einige Korianderblättchen abzupfen und beiseitelegen, die übrigen Kräuter mit den Stängeln grob zerschneiden. Chilischoten längs halbieren und die Kerne entfernen, die Hälften waschen und fein hacken.

2 Toastbrot zerzupfen, mit 2 EL Essig beträufeln und kurz ziehen lassen. Dann mit Paprika, Kräutern, Chilis, Knoblauch und Mandeln im Blitzhacker fein pürieren (oder in einem hohen Rührbecher mit dem Pürierstab fein pürieren), dabei nach und nach das Öl dazugießen. Mit Salz, Pfeffer, Kreuzkümmel und eventuell Essig würzen. Tomaten waschen und vierteln, dabei die Stielansätze entfernen. Die Kerne herauslösen und das Fruchtfleisch in Würfel schneiden. Zwiebel schälen und fein würfeln.

3 Beiseitegelegte Korianderblättchen grob zerschneiden und mit den Zwiebel- und Tomatenwürfeln unter die Sauce mischen. Die Salsa schmeckt zu kleinen Pellkartoffeln oder Tortilla (z. B. Seite 77), zum Bohnen-Chili-Burger von Seite 149 oder als Topping bzw. Würzpaste in Tomaten- oder Paprikacremesuppe.

VORSPEISEN UND SNACKS

Keine Lust auf ein großes Essen? Nur was Kleines am Abend oder zum Mitnehmen? Oder auf der Suche nach einer Vorspeise für ein großes Menü? Hier ist für jeden etwas dabei: kalte und warme Snacks und Kleinigkeiten, mal ganz bodenständig, aber auch mal richtig edel.

Eine edle Terrine in Weiß – gut vorzubereiten und daher der ideale Auftakt zu einem Frühjahrsmenü. Und weil man während der kurzen Spargelsaison nie genug von den feinen Stangen bekommen kann, gibt es noch einen grünen Spargelsalat dazu.

FRÜHLINGSLEICHT – FÜR GÄSTE

Spargelterrine

500 g weißer Spargel | Salz
1 TL Butter
3 Stängel Estragon
400 g Sahne | 6 TL Agar-Agar
200 g saure Sahne
weißer Pfeffer
frisch geriebene Muskatnuss
2–3 EL frisch gepresster Zitronensaft
2 EL trockener Wermut (z. B. Noilly Prat, nach Belieben)

Für 1 Terrinenform (1 l Inhalt), 8 Personen
ca. 45 Min. Zubereitung | 20 Min. Garen | 5 Std. Kühlen
Pro Portion: ca. 210 kcal

1 Spargel waschen und schälen, holzige Enden abschneiden und die Stangen in größere Stücke schneiden. In einem Topf gerade nur ausreichend Wasser zum Kochen bringen und salzen, den Spargel mit der Butter dazugeben und zugedeckt bei mittlerer Hitze je nach Dicke der Stangen 15–20 Min. garen. In ein Sieb abgießen, dabei den Kochsud auffangen.

2 Estragon abbrausen und trocken schütteln, die Blättchen abzupfen und fein hacken. 200 g Sahne und 100 ml Spargelsud in einen Topf geben und Agar-Agar darin verrühren. Unter Rühren aufkochen und 2 Min. leicht köcheln lassen. Inzwischen Spargel und 100 ml Spargelsud mit dem Pürierstab fein pürieren.

3 Spargelpüree, saure Sahne und Estragon unter die Sahne-Agar-Agar-Masse rühren, vom Herd nehmen und mit Salz, Pfeffer, Muskatnuss, Zitronensaft und nach Belieben Wermut abschmecken. Übrige Sahne steif schlagen. Sobald die Spargelmasse etwas abgekühlt ist und leicht zu gelieren beginnt, die Sahne unterheben. Die Masse in eine Terrinenform (ersatzweise eine mit Frischhaltefolie ausgelegte Kastenform) füllen. Abkühlen lassen, mit Frischhaltefolie abdecken und im Kühlschrank in 5 Std. fest werden lassen. Zum Servieren die Terrine an den Rändern mit einem Messer lösen, auf eine Platte stürzen und in Scheiben schneiden. Solo mit geröstetem Toast oder mit dem Avocado-Spargel-Salat servieren.

EINFACH – FEIN

Avocado-Spargel-Salat

500 g grüner Spargel | Salz
2 reife, aber feste Avocados
1–2 EL frisch gepresster Zitronensaft
2 große Tomaten
3 Stängel Estragon
1 ½ TL Dijon-Senf
Saft von 1 Orange
4 EL Weißweinessig
7 EL Olivenöl
Pfeffer

Für 4–8 Personen (für 8 als Beilage zur Terrine)
ca. 25 Min. Zubereitung | 30 Min. Marinieren
Pro Portion (bei 8 Personen): ca. 220 kcal

1 Spargel waschen, holzige Enden abschneiden. Die Stangen schräg in ca. 1 cm breite Scheiben schneiden, dabei die Köpfe ganz lassen. In einem großen Topf reichlich Wasser zum Kochen bringen und salzen, darin die Spargelstücke und -köpfe in ca. 2 Min. bissfest garen. In ein Sieb abgießen, kalt abschrecken und abtropfen lassen.

2 Inzwischen die Avocados längs halbieren, schälen und die Steine entfernen. Die Avocadohälften nochmals längs halbieren und quer in Scheiben schneiden, diese sofort mit Zitronensaft mischen, damit sie sich nicht bräunlich verfärben. Die Tomaten waschen und vierteln, dabei die Stielansätze entfernen. Die Kerne mit einem Löffel herauslösen und das Fruchtfleisch fein würfeln.

3 Estragon abbrausen und trocken schütteln, die Blättchen abzupfen und fein hacken. Senf mit Orangensaft und Essig verrühren, nach und nach das Öl dazugeben und kräftig unterschlagen. Estragon untermischen, salzen und pfeffern. Spargel, Avocados und Tomaten mit der Marinade mischen und den Salat ca. 30 Min. durchziehen lassen. Eventuell nochmals mit Salz und Pfeffer abschmecken und zu der Spargelterrine servieren. Ansonsten schmeckt der Spargelsalat auch einfach zu Brot und lässt sich nach Wunsch noch mit Tofuwürfeln aufpeppen.

ZUM MITNEHMEN – EINFACH

Möhren-Käse-Scones

100 g Möhren
75 g alter Gouda (siehe Info Seite 8)
1 kleiner Zweig Rosmarin
300 g Mehl
Salz | Pfeffer
3 TL Backpulver
80 g weiche Butter
175 ml Milch
1 Ei (M)
Mehl zum Arbeiten

Für 12–14 Stück | ca. 30 Min. Zubereitung
30 Min. Ruhen | 20 Min. Backen
Pro Portion (bei 14 Stück): ca. 150 kcal

1 Die Möhren schälen und auf der Rohkostreibe fein raspeln. Den Käse fein reiben. Rosmarin abbrausen und trocken schütteln, die Nadeln abzupfen und fein hacken. Das Mehl mit 1 TL Salz, Pfeffer, Rosmarin und Backpulver in einer Rührschüssel mischen.

2 Die Butter in Flöckchen dazugeben und mit dem Mehl mischen, dann zwischen den Händen zu groben Bröseln zerreiben. Möhren, 150 ml Milch und den Käse hinzufügen und alles zügig zu einem glatten Teig kneten. Den Teig leicht flach drücken und der Länge nach einmal nach oben und einmal nach unten einschlagen (sodass drei Lagen übereinanderliegen) und leicht andrücken. Den Teig in die Schüssel geben und zugedeckt an einem kühlen Ort 30 Min. ruhen lassen.

3 Den Backofen auf 200° (Umluft 180°) vorheizen, ein Backblech mit Backpapier auslegen. Den Teig auf einer bemehlten Arbeitsfläche, möglichst ohne allzu viel Druck auszuüben, ca. 2 cm dick ausrollen. Mit einem runden Ausstecher oder einem Glas Kreise (à ca. 7 cm Ø) ausstechen und mit etwas Abstand zueinander auf das Blech legen. Übrige Milch und Ei verquirlen und die Scones damit bestreichen. Im Ofen (Mitte) in 15–20 Min. goldbraun backen. Abgekühlt zur Zazikimousse servieren. Die Scones schmecken auch mit Linsendip (Seite 53) oder Möhren-Ananas-Frischkäse (Seite 44).

SOMMERLICH – KRÄUTERFRISCH

Zazikimousse

1 Bio-Salatgurke | Salz
500 g Schichtkäse (20 % Fett)
2 frische Eiweiß
200 g Sahne
½ Bund Dill
8 Blätter Borretsch
2 Kästchen Gartenkresse
1 Knoblauchzehe | Pfeffer

Für 4 Personen | ca. 25 Min. Zubereitung | 30 Min. Ruhen
5 Std. Kühlen | pro Portion: ca. 300 kcal

1 Die Gurke gründlich waschen, längs halbieren und die Kerne herauskratzen. Die Gurkenhälften auf der Rohkostreibe grob raspeln, leicht salzen und 30 Min. Wasser ziehen lassen. Anschließend mit den Händen gut ausdrücken.

2 Inzwischen den Schichtkäse in ein mit einem Mulltuch ausgelegtes Sieb geben, gut ausdrücken und abtropfen lassen. Die Eiweiße und 1 Prise Salz mit den Schneebesen des Handrührgeräts zu steifem Schnee schlagen. Anschließend die Sahne steif schlagen.

3 Kräuter abbrausen und trocken schütteln, die Dillspitzen abzupfen und fein hacken, den Borretsch fein schneiden, die Blättchen von 1 ½ Beeten Kresse mit der Schere abschneiden. Die Kräuter mit Schichtkäse und Gurke verrühren, den Knoblauch schälen und dazupressen. Den Schichtkäse kräftig mit Salz und Pfeffer würzen und zuerst die Sahne, dann den Eischnee unterheben.

4 Die Masse wieder in das mit einem Mulltuch ausgelegte Sieb geben und glatt streichen. Das Tuch über dem Käse zusammenschlagen und den Frischkäse im Kühlschrank 5 Std. abtropfen lassen. Vor dem Servieren das Tuch öffnen und den Frischkäse auf eine Platte stürzen, übrige Kresse abschneiden und darüberstreuen. Die Zazikimousse schmeckt zu frischem Brot oder zu den Möhren-Käse-Scones.

 Ratatouille-Sülze

Hier wird das beliebte südfranzösische Gemüsegericht neu in Form gebracht. Damit können Sie Ihre Gäste bei einem Sommerfest perfekt überraschen!

SOMMERLICH – FÜR GÄSTE

je 3 große gelbe und rote Paprikaschoten
2 kleine Auberginen
2 große Zucchini
10 EL Olivenöl
3 Knoblauchzehen
Salz | Pfeffer
1 große Zwiebel
6 Zweige Thymian
⅛ l Weißwein (ersatzweise Gemüsebrühe)
500 g passierte Tomaten (aus dem Tetrapak)
1 Lorbeerblatt | Zucker
2 TL Agar-Agar
3 EL gehackte Petersilie
Frischhaltefolie

Für 1 Kastenform (25 cm), 4–6 Personen
ca. 1 Std. 45 Min. Zubereitung
6–8 Std. Kühlen
Pro Portion (bei 6 Personen): ca. 270 kcal

1 Backofen auf 250° vorheizen. Paprikaschoten vierteln, putzen, waschen und mit der Hautseite nach oben nebeneinander auf ein mit Backpapier ausgelegtes Blech legen. Im Ofen (oben, Umluft nicht empfehlenswert) 20–30 Min. garen, bis die Haut schwarze Blasen wirft. Die Paprikaviertel aus dem Ofen nehmen, nebeneinander auf eine Platte legen und sofort mit einem feuchten Küchentuch abdecken (dann lässt sich die Haut später besser abziehen). Die Schoten kurz abkühlen lassen und mit einem spitzen Messer häuten.

2 Inzwischen die Auberginen putzen, waschen und längs in ca. 5 mm dicke Scheiben schneiden, salzen, übereinander in ein Sieb legen und Wasser ziehen lassen.

3 Währenddessen die Zucchini waschen, putzen und längs in ca. 5 mm dicke Scheiben schneiden. 8 EL Öl in ein Schälchen geben, 2 Knoblauchzehen schälen und dazupressen. Die Zucchinischeiben auf beiden Seiten mit dem Öl bepinseln, auf das mit Backpapier ausgelegte Blech legen, salzen, pfeffern und im Ofen (oben) 10–15 Min. garen, bis sie schön bräunen. Herausnehmen, übereinander auf einer Platte stapeln und mit einem feuchten Küchentuch abdecken.

4 Die Auberginen abbrausen, trocken tupfen und ebenfalls auf beiden Seiten mit dem Knoblauchöl bepinseln. Nebeneinander auf das Blech legen, salzen, pfeffern und im Ofen (oben) ca. 10 Min. garen, bis sie leicht bräunen. Herausnehmen, übereinanderlegen und mit einem feuchten Tuch abdecken.

5 In der Zwischenzeit eventuell schon die Zwiebel und den übrigen Knoblauch schälen und fein würfeln. Thymian abbrausen und trocken schütteln, die Blättchen abzupfen und fein hacken. In einem Topf 2 EL Öl erhitzen, darin Zwiebel und Knoblauch goldgelb andünsten. Thymian und Wein oder Brühe dazugeben und die Flüssigkeit offen fast vollständig verkochen lassen. Tomaten und Lorbeer hinzufügen, mit Salz, Pfeffer und Zucker würzen und offen bei kleiner Hitze in ca. 15 Min. einkochen lassen. ¼ l Wasser dazugießen, Agar-Agar unterrühren, aufkochen und 2–3 Min. köcheln lassen. Vom Herd nehmen und das Lorbeerblatt entfernen. Fein pürieren, mit Salz und Pfeffer abschmecken und leicht abkühlen lassen.

6 Eine Kastenform mit Öl auspinseln und mit Frischhaltefolie glatt auslegen, dabei die Folie an einer schmalen Seite in der Länge der Form überhängen lassen. Etwas Tomatensauce in der Form verstreichen, dann eine Lage gelbe Paprikaviertel dicht an dicht darauf verteilen und leicht andrücken. Wenig Sauce darauf verteilen, etwas Petersilie darüberstreuen, dann eine Lage Zucchini dünn auslegen. So weiter fortfahren und immer etwas Sauce, Petersilie und eine Gemüsesorte einschichten und jeweils leicht festdrücken. Zuletzt die Folie darüberschlagen und die Sülze im Kühlschrank in 6–8 Std. fest werden lassen. Zum Servieren auf eine Platte stürzen, die Folie abziehen und die Sülze in dickere Scheiben schneiden. Dazu passt die Ziegenkäsecreme von Seite 26.

EINFACH – KALORIENARM

🌿 Marinierte Pilze

150 g Shii-Take-Pilze
250 g braune Champignons
250 g Seitlinge (siehe Tipp)
1 Schalotte
2 Knoblauchzehen
5 EL Olivenöl
Salz | Pfeffer
2 Zweige Rosmarin
1 rote Chilischote
3 EL Ahornsirup (ersatzweise Honig)
100 ml Aceto balsamico
100 g Zwiebel- oder Alfalfasprossen (nach Belieben)

Für 4–6 Personen | ca. 35 Min. Zubereitung
Pro Portion (bei 6 Personen): ca. 130 kcal

1 Die Pilze sauber abreiben und putzen. Die Stiele aus den Shii-Take-Pilzen herausdrehen und wegwerfen, die Hüte in breite Streifen schneiden. Champignons und Seitlinge je nach Größe halbieren. Schalotte und Knoblauch schälen und getrennt fein würfeln. In einer beschichteten Pfanne 1 EL Öl erhitzen, darin eine der drei Pilzsorten mit wenig Knoblauch bei großer Hitze in 2–3 Min. braun braten, salzen, pfeffern und herausnehmen. So nacheinander alle Pilze getrennt braten.

2 Rosmarin abbrausen und trocken schütteln, die Nadeln abzupfen und fein hacken. Chilischote längs halbieren und die Kerne entfernen, die Hälften waschen und fein hacken. Das übrige Öl in der Pfanne erhitzen, darin Schalotte, restlichen Knoblauch, Chili und Rosmarin andünsten. Ahornsirup darüberträufeln und unterrühren, dann mit Essig ablöschen. Alle Pilze hineingeben und kurz aufkochen. Mit Salz, Pfeffer und eventuell Ahornsirup abschmecken und abkühlen lassen. Vor dem Servieren nach Belieben die Sprossen in einem Sieb abbrausen, abtropfen lassen und über den Pilzen verteilen.

INFO Seitlinge
Die Familie der Seitlinge ist groß. In vielen Bioläden und gut sortierten Gemüseläden kann man diese Pilze inzwischen finden. Am bekanntesten sind Austern- und Kräuterseitling und der gelbe, äußerst schmackhafte Zitronenseitling (auch Limonenseitling genannt).

GUT VORZUBEREITEN – MEDITERRAN

🌿 Spanisches Safrangemüse

ca. 200 g Romanesco (ersatzweise Blumenkohl)
1 Kohlrabi
2 dicke Möhren | Salz
2 Knoblauchzehen
1 kleine Zwiebel
je 1 ½ TL Korianderkörner und Fenchelsamen
2 Lorbeerblätter
1 Döschen Safranfäden (0,1 g)
2 EL Rosinen
Saft von 2 Orangen
⅛ l Weißweinessig
¼ l Olivenöl
Pfeffer | Zucker

Für 4 Personen | ca. 40 Min. Zubereitung
5 Std. Marinieren | pro Portion: ca. 640 kcal

1 Romanesco waschen, putzen und in kleine Röschen teilen. Kohlrabi und Möhren schälen. Kohlrabi in ca. 1 cm dicke Stifte schneiden. Möhren längs vierteln und die Viertel in ungefähr gleich große Stücke wie die Kohlrabistifte schneiden.

2 Ausreichend Wasser in einem Topf zum Kochen bringen und salzen. Darin die Gemüsesorten nacheinander bissfest garen (Romanesco ca. 5 Min., Möhren und Kohlrabi 3–4 Min.). Mit dem Schaumlöffel herausheben, kalt abschrecken und gut abtropfen lassen.

3 Knoblauch schälen und in feine Scheiben schneiden, Zwiebel schälen und in Ringe schneiden. Koriander und Fenchel im Mörser leicht anquetschen. Mit Knoblauch, Zwiebel, Lorbeer, Safran (die Fäden zwischen den Fingern leicht zerreiben), Rosinen und Orangensaft in einen Topf geben, langsam erhitzen und bei kleiner Hitze 3–4 Min. köcheln lassen. Dann Essig und Öl unterrühren und heiß werden lassen, mit Salz, reichlich Pfeffer und 1 guten Prise Zucker würzen. Das blanchierte Gemüse dazugeben und kurz aufkochen, vom Herd nehmen, abkühlen und etwa 5 Std. durchziehen lassen. Das Safrangemüse schmeckt zu Brot und Käse. In einem Schraubglas hält es sich im Kühlschrank ca. 1 Woche.

FÜRS BÜFETT

Wintergemüse in Orangensud

je 200 g Möhren, Pastinaken und Topinambur | Salz
3 EL Sonnenblumenkerne
1 rote Chilischote
1 TL Korianderkörner
2 Schalotten
1 EL Olivenöl | 1 ½ EL Honig
Saft von 3 Orangen | Pfeffer
6 schwarze Oliven (ohne Stein)
½ Bund Petersilie
1–3 Spritzer frisch gepresster Zitronensaft

Für 4 Personen | ca. 35 Min. Zubereitung
Pro Portion: ca. 180 kcal

1 Gemüse schälen. Möhren und Pastinaken je nach Größe quer halbieren und dann längs halbieren oder vierteln, Topinamburknollen halbieren. Das Gemüse nacheinander in leicht kochendem Salzwasser bei mittlerer Hitze etwas mehr als bissfest garen – das dauert 8–12 Min. Herausheben, kalt abschrecken und gut abtropfen lassen.

2 Inzwischen die Sonnenblumenkerne in einer Pfanne ohne Fett rösten, bis sie leicht bräunen und duften, und herausnehmen. Chilischote längs halbieren und die Kerne entfernen, die Hälften waschen und fein hacken. Korianderkörner im Mörser grob zerstoßen. Schalotten schälen und in dünne Spalten schneiden.

3 Das Öl in einem Topf erhitzen, darin die Schalotten goldgelb andünsten. Honig darüberträufeln und kurz mitdünsten, dann mit Orangensaft ablöschen. Chili dazugeben und den Saft bei großer Hitze in 4–5 Min. einkochen lassen. Das blanchierte Gemüse hinzufügen, salzen, pfeffern und zugedeckt bei kleiner Hitze 4 Min. köcheln lassen. Inzwischen die Oliven längs in Streifen schneiden. Petersilie abbrausen und trocken schütteln, die Blättchen abzupfen und grob hacken. Oliven unter das Gemüse rühren, mit Zitronensaft abschmecken. Das Gemüse lauwarm oder völlig abkühlen lassen und mit Sonnenblumenkernen und Petersilie bestreuen.

ORIENTALISCH

Kürbismus mit Dilljoghurt

1 kg Kürbis (z. B. Moschuskürbis, geputzt ca. 750 g)
1 große Zwiebel
1 Knoblauchzehe
1 Stück frischer Ingwer (ca. 4 cm)
4 EL Olivenöl
¾ TL Kreuzkümmelsamen
2 EL Tomatenmark
je ½ TL gemahlener Koriander und Kurkumapulver
Salz | Pfeffer
150 g griechischer Joghurt (10 % Fett)
2 EL gehackter Dill
1 EL Honig
2–3 EL frisch gepresster Limettensaft

Für 4–6 Personen | ca. 25 Min. Zubereitung
1 Std. 15 Min. Garen | pro Portion (bei 6 Personen):
ca. 140 kcal

1 Den Kürbis schälen, Kerne und faseriges Fleisch entfernen und das Fruchtfleisch auf der Rohkostreibe grob raspeln. Zwiebel, Knoblauch und Ingwer schälen und getrennt fein würfeln. Das Öl in einer beschichteten Pfanne erhitzen, darin Zwiebel, Knoblauch und Kreuzkümmel bei mittlerer Hitze anbraten, bis die Zwiebelwürfel goldgelb sind und der Kreuzkümmel duftet. Ingwer und Tomatenmark einrühren und unter Rühren 1–2 Min. anrösten.

2 Kürbisraspel untermischen und mit Koriander, Kurkuma, Salz und Pfeffer würzen. Den Kürbis zugedeckt bei kleiner bis mittlerer Hitze 1 Std. – 1 Std. 15 Min. garen, dabei eventuell anfangs ganz wenig Wasser dazugeben, damit er nicht anbrennt, und während des Garens gelegentlich umrühren. Es sollte so gut wie alle Flüssigkeit verkochen und der Kürbis weich, fast breiig werden – dazu eventuell nach ca. 45 Min. Garzeit den Deckel abnehmen.

3 Kurz vor Ende der Garzeit den Joghurt mit dem Dill glatt verrühren und leicht salzen. Kürbis mit Honig, Limettensaft, Salz und Pfeffer abschmecken und lauwarm abkühlen lassen. Das Kürbismus auf Schälchen verteilen und jeweils etwas Dilljoghurt daraufgeben. Mit Fladenbrot servieren.

WINTERGEMÜSE IN ORANGENSUD

KÜRBISMUS MIT DILLJOGHURT

PREISWERT – EINFACH

Omelett mit Salbeitomaten

12 Eier (M)
Salz | Pfeffer
1 ½ TL edelsüßes Paprikapulver
500 g Kirschtomaten
1 Knoblauchzehe
2 EL Olivenöl | Zucker
1–1 ½ EL Aceto balsamico
4 Stängel Salbei
4 EL Butter

Für 4 Personen | ca. 50 Min. Zubereitung
Pro Portion: ca. 390 kcal

1 Die Eier in eine Schüssel aufschlagen, mit Salz, Pfeffer und Paprikapulver würzen und mit einer Gabel oder dem Schneebesen verquirlen.

2 Die Tomaten waschen und halbieren. Knoblauch schälen und fein würfeln. Das Öl in einer Pfanne erhitzen, darin den Knoblauch goldgelb andünsten. Die Tomaten dazugeben, mit ca. ¾ TL Zucker bestreuen, salzen, pfeffern und unter Rühren bei mittlerer Hitze 4–5 Min. dünsten. Mit Essig ablöschen. Die Salbeiblätter abzupfen, waschen und trocken tupfen. In einem Pfännchen 2 EL Butter schmelzen, darin die Salbeiblätter knusprig braten. Die Tomaten mit der Salbeibutter beträufeln und warm halten.

3 In einer beschichteten Pfanne ca. 1 TL Butter schmelzen, ein Viertel der Eiermasse dazugeben und bei großer Hitze braten, dabei die Eiermasse mit einem Holzkochlöffel oder -spatel immer wieder vom Rand zur Mitte zusammenschieben, sodass flüssige Eiermasse auf den Pfannenboden nachfließen kann. Sobald die Eiermasse fester wird und sich nicht mehr zusammenschieben lässt, aber trotzdem noch weich und feucht ist, ein Viertel der Tomaten in die Mitte geben und das Omelett zu einem Halbkreis darüberklappen. Auf einen Teller geben und möglichst schnell servieren. Danach die übrigen drei Omeletts genauso braten.

PERFEKTES ABENDESSEN – FÜR GÄSTE

Tortilla mit Paprika

500 g festkochende Kartoffeln | Salz
1 Zwiebel
je 1 rote und grüne Paprikaschote
100 g würziger Hartkäse (z. B. Pecorino, siehe Info Seite 8)
10 Eier (M) | 75 g Sahne
Pfeffer | ½ TL edelsüßes Paprikapulver
2 Msp. Chilipulver
6 EL Olivenöl
1 EL gehackter Majoran

Für 4–6 Personen | ca. 1 Std. Zubereitung
Pro Portion (bei 6 Personen): ca. 385 kcal

1 Die Kartoffeln waschen und in ausreichend Salzwasser 20–25 Min. garen. Abgießen, kurz ausdampfen lassen und pellen. Inzwischen die Zwiebel schälen und fein würfeln. Paprikaschoten halbieren, putzen, waschen und längs in dünne Streifen schneiden. Den Käse grob raspeln.

2 Backofen auf 180° vorheizen. Kartoffeln in Scheiben schneiden. Eier und Sahne verquirlen und die Hälfte des Käses unterrühren, kräftig mit Salz, Pfeffer, Paprika- und Chilipulver würzen. In einer ofenfesten beschichteten Pfanne (ca. 28 cm Ø) 2 EL Öl erhitzen, darin Zwiebel und Paprika bei mittlerer Hitze unter Rühren ca. 3 Min. braten und herausnehmen.

3 Übriges Öl in die Pfanne geben, darin die Kartoffeln unter häufigem Wenden hellbraun braten. Majoran dazugeben und kurz mitbraten. Paprika und Zwiebel hinzufügen, alles durchmischen und die Eiersahne darübergießen. Tortilla zugedeckt bei kleiner Hitze in 10–12 Min. stocken lassen. Dann in den Ofen (Mitte, Umluft 160°) schieben und weitere 5 Min. garen.

4 Tortilla auf einen Teller gleiten lassen und mithilfe des Tellers umgedreht in die Pfanne zurückgeben. Mit dem übrigen Käse bestreuen und weitere 10–12 Min. backen, bis der Käse geschmolzen und die Tortilla fest ist. Die Tortilla lauwarm mit Salat als kleines Gericht servieren oder abgekühlt und in Würfel geschnitten auf einem Büfett anbieten.

GEBACKENE MOZZARELLASCHNITTEN

ÜBERBACKENE ZIEGENKÄSE-ÄPFEL

KLASSIKER AUS ITALIEN

Gebackene Mozzarellaschnitten

*8 Scheiben italienisches Weißbrot vom Vortag
   (ersatzweise Toastbrot)
250 g Mozzarella
1 Stängel Basilikum
ca. 120 ml Milch
100 g Mehl | 3 Eier (M)
Salz | Pfeffer
Öl zum Frittieren*

*Für 4 Personen | ca. 35 Min. Zubereitung
Pro Portion: ca. 515 kcal*

1 Von den Brotscheiben die Rinde abschneiden. Den Mozzarella gut trocken tupfen und längs in 4 gleich große Scheiben schneiden. Basilikum abbrausen und trocken schütteln, die Blättchen abzupfen und grob zerschneiden. Jeweils etwas Basilikum auf 4 Brotscheiben streuen und je 1 Scheibe Mozzarella mittig darauflegen. Die übrigen Brotscheiben darauflegen und an den Rändern leicht andrücken.

2 Milch und Mehl jeweils in einen tiefen Teller geben. Die Brotschnitten kurz in der Milch wenden und an den Rändern leicht zusammendrücken, dann im Mehl wenden, überschüssiges Mehl abklopfen. Die Eier mit 4 EL Milch in einem tiefen Teller verquirlen (dafür kann man gut übrig gebliebene Milch vom Wenden nehmen) und mit Salz und Pfeffer würzen.

3 Reichlich Öl zum Frittieren erhitzen – es ist heiß genug, wenn an einem Holzkochlöffelstiel, den man hineinhält, kleine Bläschen aufsteigen. Die bemehlten Toastschnitten in der Eier-Milch-Mischung wenden und im heißen Öl in 1–2 Min. goldbraun ausbacken, dabei einmal wenden. Herausheben, auf Küchenpapier abtropfen lassen und möglichst heiß servieren. Dazu passen ein grüner Salat, Rucolasalat mit Tomaten oder Salbeitomaten (Seite 77).

EINFACH – SCHNELL

Überbackene Ziegenkäse-Äpfel

*2 große Äpfel (z. B. Boskop)
5 Zweige Thymian
8 Scheiben Ziegenkäserolle (à ca. 75 g, 1 cm dick)
4 EL Honig | Pfeffer
8 Scheiben Baguette
Butter für die Form*

*Für 4 Personen | ca. 20 Min. Zubereitung
20 Min. Überbacken | pro Portion: ca. 640 kcal*

1 Den Backofen auf 225° vorheizen. Eine flache, breite Auflaufform mit Butter einfetten. Die Äpfel waschen, die Kerngehäuse ausstechen und die Äpfel quer in insgesamt 8 ca. 1,5 cm dicke Scheiben schneiden (den oberen und unteren Teil mit viel Schale nicht verwenden, sondern dünn abschneiden). Thymian abbrausen und trocken schütteln, die Blättchen abzupfen und fein hacken.

2 Die Apfelscheiben nebeneinander in die Form legen und mit etwa einem Drittel der Thymianblättchen bestreuen. Dann je 1 Scheibe Ziegenkäse auf eine Apfelscheibe legen. Übrigen Thymian daraufstreuen, Honig mittig auf den Käse träufeln und Pfeffer darübermahlen. Im Ofen (Mitte, Umluft 200°) 15–20 Min. backen, bis der Käse leicht gebräunt ist und zu zerlaufen beginnt. Während der letzten 2–3 Min. die Brotscheiben mit in den Ofen legen und leicht anrösten. Die Ziegenkäse-Äpfel möglichst heiß mit den Brotscheiben servieren, wer mag richtet sie auf einigen Rucolablättern an. Dazu passt ein grüner Salat.

VARIANTE **mit Feigen**
Dafür 8 schöne, große Feigen waschen, vom Stielansatz her kreuzweise tief einschneiden (auf keinen Fall durchschneiden) und die Stücke leicht auseinanderdrücken. 200 g Ziegenfrischkäse leicht zerbröckeln und in die Feigen füllen. ½ TL abgeriebene Bio-Orangenschale und 1 EL gehackte Rosmarinnadeln mit 3 EL Honig verrühren und über den Käse träufeln, Pfeffer darübermahlen. Die Feigen in eine gebutterte Auflaufform setzen und im 225° heißen Ofen (oben, Umluft 200°) 10–15 Min. überbacken. Mit frischem Baguette servieren.

FÜR GÄSTE – WINTERLICH

Frittierte Schwarzwurzeln

1 ½ EL Butter
80 g Appenzeller (siehe Info Seite 8)
200 g Mehl | 2 Eier (M)
200 ml Weißwein
Salz | Pfeffer
1 kg Schwarzwurzeln
2 EL Weißweinessig
Öl oder Fett zum Frittieren
2 Eiweiß

Für 4 Personen | ca. 30 Min. Zubereitung | 30 Min. Ruhen
Pro Portion: ca. 495 kcal

1 Die Butter in einem Pfännchen schmelzen, den Käse fein reiben. Mehl, Eier und Wein in einer Schüssel mit den Schneebesen des Handrührgeräts gründlich verrühren. Die flüssige Butter und den Käse unterrühren. Den Teig mit Salz und Pfeffer würzen und zugedeckt ca. 30 Min. quellen lassen.

2 Inzwischen die Schwarzwurzeln schälen (dabei Einweghandschuhe tragen!), in ca. 15 cm lange Stücke schneiden und sofort in einen Topf mit ca. 1 l Wasser und Essig legen. Darin zum Kochen bringen, salzen und zugedeckt in 10–12 Min. bissfest garen. In ein Sieb abgießen, abtropfen lassen und trocken tupfen.

3 Öl oder Frittierfett in einem weiten Topf oder der Fritteuse erhitzen (siehe Rezept rechts). Währenddessen die Eiweiße mit den Schneebesen des Handrührgeräts steif schlagen. Den Teig durchrühren und den Eischnee unterheben. Die Schwarzwurzeln portionsweise durch den Teig ziehen und im heißen Fett in 3–4 Min. goldbraun backen. Herausheben, auf Küchenpapier abtropfen lassen und möglichst heiß servieren.

TIPP Frittierter Spargel
Im Frühjahr kann man anstelle von Schwarzwurzeln grünen Spargel verwenden. Dazu die Stangen waschen und die holzige Enden wegschneiden – der Spargel muss nicht vorgegart werden.

AUS INDIEN

🌿 Gemüse-Pakoras mit Tofu

200 g Kichererbsenmehl | Salz
je ½ TL Chili- und Kurkumapulver
1 TL gemahlener Kreuzkümmel
300 g gemischtes Gemüse (z. B. Süßkartoffeln, Möhren, Paprikaschoten, schlanke Auberginen, Zucchini, Gemüsezwiebeln)
200 g Tofu
Öl zum Frittieren

Für 4 Personen | ca. 45 Min. Zubereitung
Pro Portion: ca. 350 kcal

1 Kichererbsenmehl mit reichlich Salz, den Gewürzen und 150 ml Wasser zu einem dickflüssigen, zähen Teig verrühren. Gemüse waschen, putzen (Möhren, Süßkartoffeln und Zwiebeln schälen) und in ca. 5 cm lange dünne Stifte oder Streifen schneiden (bei Zucchini und Auberginen den inneren weichen Teil nicht verwenden). Die Zwiebeln in schmale Spalten schneiden. Den Tofu in kleine Würfel schneiden. Gemüse und Tofu unter den Teig mischen und 5 Min. ziehen lassen.

2 Inzwischen reichlich Öl in einem weiten Topf oder der Fritteuse erhitzen – es ist heiß genug, wenn an einem Holzkochlöffelstiel, den man hineinhält, kleine Bläschen aufsteigen. Gemüse nochmals durchrühren und mithilfe einer Gabel und eines Esslöffels jeweils eine Portion Gemüse herausheben, dabei den Teig immer gut abtropfen lassen. Aus der Masse ein Häufchen formen und ins heiße Fett geben.

3 So die gesamte Gemüse-Teig-Masse portionsweise verarbeiten, dabei darauf achten, nie zu viele Häufchen gleichzeitig ins Fett zu geben. Die Pakoras in ca. 5 Min. goldbraun ausbacken, dabei ein- bis zweimal mit dem Schaumlöffel wenden. Herausheben und auf Küchenpapier abtropfen lassen. Möglichst frisch und warm mit Kokos-Koriander-Chutney (Seite 62) oder Tomaten-Raita (Seite 173) zum Dippen servieren.

FALAFELN MIT SESAMDIP

LINSENBÄLLCHEN

AUS DEM LIBANON

Falafeln mit Sesamdip

Für die Falafeln:
200 g getrocknete Kichererbsen
2 Zwiebeln | 2 Knoblauchzehen
je 1 Bund Petersilie und Koriandergrün
6 Stängel Minze
1½ TL gemahlener Kreuzkümmel
½ TL Kurkumapulver | 4 Msp. Chilipulver
1 TL gemahlener Koriander | Pfeffer
Salz | 1 TL Backpulver
2–4 EL Kichererbsenmehl
Öl zum Frittieren

Für den Dip:
1 kleine Knoblauchzehe
3 EL Tahin (Sesammus, aus dem Bioladen)
4 EL Naturjoghurt
5–6 EL frisch gepresster Zitronensaft
Salz | Pfeffer

Für 4–6 Personen | 12 Std. Quellen | ca. 50 Min. Zubereitung | pro Portion (bei 6 Personen): ca. 230 kcal

1 Für die Falafeln die Kichererbsen in reichlich kaltem Wasser 12 Std. – am besten über Nacht – einweichen. In ein Sieb abgießen, abbrausen und gut abtropfen lassen. Zwiebeln und Knoblauch schälen und fein würfeln. Kräuter abbrausen und trocken schütteln, die Blättchen abzupfen und grob zerschneiden. Alles mit den Gewürzen und 1½ TL Salz im Blitzhacker oder mit dem Pürierstab fein pürieren. Backpulver und so viel Kichererbsenmehl unterrühren, dass eine eher trockene Masse entsteht. Aus der Masse ca. 30 Bällchen formen – man drückt den Teig eher gut zusammen, er lässt sich nicht rollen.

2 Für den Dip den Knoblauch schälen und in ein Schälchen pressen. Mit Tahin, Joghurt, Zitronensaft und 7–8 EL Wasser (je nach gewünschter Konsistenz) verrühren, mit Salz und Pfeffer würzen.

3 Öl zum Frittieren erhitzen (siehe Rezept rechts), darin die Bällchen portionsweise in 3–4 Min. goldbraun und knusprig ausbacken. Herausheben und auf Küchenpapier abtropfen lassen, eventuell im 80° heißen Ofen warm halten. Heiß mit Sesamdip, Tomaten-Raita (Seite 175), Hummus (Seite 53) oder Auberginendip (Seite 47) servieren.

INDISCHES FINGERFOOD

🌿 Linsenbällchen

300 g geschälte Urad-Dal-Linsen (siehe unten)
1½ TL Kreuzkümmelsamen
1 TL Currypulver
¼ TL Chilipulver
2 große Zwiebeln
1 Knoblauchzehe | 2 EL Öl
1 Stück Ingwer (ca. 2 cm)
1 Bund Koriandergrün
½ TL Backpulver | Salz
Öl zum Frittieren

Für 4 Personen | 6 Std. Quellen | ca. 50 Min. Zubereitung
Pro Portion: ca. 340 kcal

1 Linsen in reichlich kaltem Wasser 6 Std. einweichen. In ein Sieb abgießen, abbrausen und gut abtropfen lassen. Mit den Gewürzen im Blitzhacker oder mit dem Pürierstab fein pürieren, dabei gerade so viel Wasser dazugießen, dass ein zäher, dicker Teig entsteht.

2 Zwiebeln und Knoblauch schälen und fein würfeln. Das Öl in einer kleinen Pfanne erhitzen, darin die Zwiebeln goldbraun braten. Knoblauch dazugeben und kurz mitbraten. Ingwer schälen und fein hacken. Koriander abbrausen und trocken schütteln, die Blättchen abzupfen und fein hacken. Alles mit dem Backpulver unter die Linsen rühren und den Teig kräftig salzen.

3 Reichlich Öl in einem weiten Topf oder der Fritteuse erhitzen – es ist heiß genug, wenn an einem Holzkochlöffelstiel, den man hineinhält, kleine Bläschen aufsteigen. Mit einem Teelöffel jeweils eine Portion Teig abnehmen, formen und ins heiße Öl geben. Den gesamten Teig so verarbeiten (ergibt ca. 20 Bällchen) und die Bällchen in 4–5 Min. sprudelnd ausbacken, dabei mehrmals mit dem Schaumlöffel wenden. Herausheben und auf Küchenpapier abtropfen lassen. Nach Belieben Kokos-Koriander-Chutney (Seite 62) oder Mangochutney (Variante Seite 60) dazu servieren.

INFO Urad-Dal
Die kleinen schwarzen Linsen werden manchmal auch Urid-Dal genannt. Geschält und meist halbiert sind sie allerdings weiß. Man bekommt sie im Asienladen.

Glücksrollen mit Erdnussdip

Bestes Fingerfood aus Vietnam, das sich auch prima mitnehmen lässt. Kräuterfrisch und leicht – da kann man sich ruhig mal ein Röllchen mehr gönnen!

FÜR GÄSTE

Für die Rollen:
75 g Glasnudeln
250 g Räuchertofu
4 Eier (M)
6 Frühlingszwiebeln
1 Bund Koriandergrün
je 5 Stängel Minze und Thai-Basilikum
2 EL Sojasauce | Salz | Pfeffer
2 EL Raps- oder Sonnenblumenöl | 2 dicke Möhren
1 kleine Salatgurke
1 Eisbergsalat (ca. 200 g)
5 EL geröstete, gesalzene Erdnusskerne
16 Reispapierblätter (22 cm Ø)
6–8 EL Sweet-Chili-Sauce (aus dem Asienladen)

Für den Dip:
1 Schalotte
1 kleine Knoblauchzehe
1 EL Sonnenblumen- oder Sojaöl
3 EL Erdnussmus (aus dem Glas)
400 ml Kokosmilch
1–2 EL Sojasauce
½–1 TL Sambal oelek
3 EL frisch gepresster Limettensaft
3–4 TL brauner Zucker

Für 4–6 Personen
ca. 1 Std. 10 Min. Zubereitung
Pro Portion (bei 6 Personen):
ca. 460 kcal

1 Für den Dip Schalotte und Knoblauch schälen und fein würfeln. Das Öl in einem Topf erhitzen, darin Schalotte und Knoblauch goldgelb andünsten. Zuerst das Erdnussmus, dann Kokosmilch, 200 ml Wasser, Sojasauce, Sambal oelek, Limettensaft und Zucker unterrühren und unter Rühren 2–3 Min. köcheln lassen. Eventuell noch etwas Wasser unterrühren, wenn die Sauce zu dickflüssig ist. Vom Herd nehmen und abkühlen lassen.

2 Für die Rollen die Glasnudeln nach Packungsanweisung mit heißem Wasser übergießen und 3–5 Min. ziehen lassen. In ein Sieb abgießen, abtropfen lassen und mit einer Schere kleiner schneiden. Den Tofu klein hacken. Die Eier verquirlen. Die Frühlingszwiebeln waschen und putzen, den weißen und grünen Teil getrennt in feine Ringe schneiden. Kräuter abbrausen, trocken schütteln und die Blättchen abzupfen. Die Hälfte des Korianders fein hacken und mit Tofu, Sojasauce und grünen Zwiebelringen zu den Eiern geben, mit Salz und Pfeffer würzen.

3 Das Öl in einer beschichteten Pfanne erhitzen, darin die weißen Zwiebelringe hellbraun anbraten. Die Eiermischung darübergießen und bei mittlerer Hitze braten, bis sie stockt, dann wenden und auf der zweiten Seite hellbraun braten. Abkühlen lassen und in schmale Streifen schneiden.

4 Möhren und Gurke schälen, die Gurke längs halbieren und die Kerne herauskratzen. Möhren und Gurke in möglichst feine, ca. 10 cm lange Streifen schneiden. Den Salat putzen, in einzelne Blätter teilen, waschen, trocken schleudern und ebenfalls in feine Streifen schneiden. Die Erdnüsse grob hacken.

5 Eine flache Schale mit lauwarmem Wasser füllen und die Reispapierblätter einzeln nacheinander so lange hineinlegen, bis sie weich und formbar sind. Herausnehmen und auf einem feuchten Küchentuch auslegen. Jeweils etwas Salat, Möhren, Gurke, Glasnudeln und Eierstreifen auf dem unteren Drittel eines Blattes verteilen. Etwas Chilisauce, Erdnüsse und einige Koriander-, Minze- und Basilikumblättchen daraufgeben. Den unteren Teil des Reispapiers über die Füllung klappen, die Seiten darüber einschlagen und das Papier straff nach oben zu einer festen Rolle aufrollen. Auf diese Weise das restliche Reispapier und die Füllung verarbeiten. Die fertigen Rollen mit dem Dip oder auch mal mit Sweet-Chili-Sauce servieren.

Wraps mit Kichererbsen, Tomaten und Schafskäse

Diese Wraps lassen sich gut vorbereiten und sind ideal zum Mitnehmen. Einfach straff in Frischhaltefolie wickeln und reinbeißen, wann und wo es passt!

MEDITERRAN – LEICHT

1 Dose Kichererbsen (ca. 240 g Abtropfgewicht)
1 Knoblauchzehe
3 Frühlingszwiebeln
½ Bund Petersilie
2 Fleischtomaten
2 EL Olivenöl
Saft und abgeriebene Schale von ½ Bio-Zitrone
Salz | Pfeffer
1 Römersalat
200 g Schafskäse (Feta)
2 EL gehackte Minze
250 g griechischer Joghurt (10 % Fett)
¾ TL gemahlener Kreuzkümmel
1–2 Msp. Chilipulver
8 Weizentortillas (Fertigprodukt)

Für 8 Stück | ca. 35 Min. Zubereitung
30 Min. Marinieren | pro Portion: ca. 170 kcal

1 Die Kichererbsen in ein Sieb abgießen, abbrausen und abtropfen lassen. Knoblauch schälen und halbieren, eine Hälfte fein würfeln. Frühlingszwiebeln waschen und putzen, den weißen und grünen Teil getrennt in feine Ringe schneiden. Petersilie abbrausen und trocken schütteln, die Blättchen abzupfen und fein hacken. Tomaten waschen und vierteln, dabei die Stielansätze entfernen, die Kerne herauslösen und das Fruchtfleisch klein würfeln.

2 Das Öl in einer Pfanne erhitzen, darin weiße Zwiebelringe und Knoblauchwürfel andünsten, Kichererbsen, Zitronenschale und -saft unterrühren und heiß werden lassen. Vom Herd nehmen, Tomaten, grüne Zwiebelringe und Petersilie unterrühren, salzen und pfeffern. Abkühlen und möglichst 30 Min. durchziehen lassen.

3 Den Salat putzen, in einzelne Blätter teilen, waschen, trocken schleudern und in ca. 1 cm breite Streifen schneiden. Den Schafskäse mit einer Gabel fein zerbröckeln und mit der Minze unter den Joghurt rühren. Übrigen Knoblauch dazupressen, mit Salz, Pfeffer, Kreuzkümmel und Chilipulver würzen. Die Wraps nach Packungsanweisung aufbacken und die Käsecreme gleichmäßig darauf verstreichen, dabei ringsum einen Rand frei lassen. Erst Salat, dann die Kichererbsenmischung darauf verteilen. Die Wraps von der unteren Seite her über die Füllung rollen, die Seiten einschlagen und die Wraps weiter bis zum oberen Ende straff aufrollen.

🌿 Gefüllte Tofutaschen mit Pilzen, Möhren und Lauch

Aus der Sushi-Bar kennt man die leicht süßlichen Tofutaschen mit schlichter Reisfüllung. Mit knackigem Gemüse wird daraus Asia-Fingerfood vom Feinsten.

WÜRZIG – ASIATISCH

5 getrocknete Shii-Take-Pilze
1 dicke Möhre
1 Stück Lauch (ca. 60 g)
100 g Sojasprossen (Mungbohnensprossen)
3 Frühlingszwiebeln
1 Knoblauchzehe
1 Stück frischer Ingwer (ca. 2 cm)
150 g Tofu | 4 EL Sojasauce
2 EL Sherry (nach Belieben)
½–1 TL Sambal oelek
2 EL Sonnenblumenöl
Salz | Pfeffer
16 Tofutaschen (für Inari-Sushi, aus dem Asienladen)
Sojasauce und Wasabipaste zum Dippen

Für 4 Personen | ca. 1 Std. Zubereitung
Pro Portion: ca. 155 kcal

1 Die Pilze mit heißem Wasser übergießen und 30 Min. quellen lassen. Inzwischen die Möhre schälen und auf der Rohkostreibe in feine Streifen (Julienne) hobeln. Den Lauch zuerst quer, dann längs halbieren und waschen, anschließend längs in feine Streifen schneiden. Sprossen in einem Sieb abbrausen und abtropfen lassen. Frühlingszwiebeln waschen und putzen, den weißen und grünen Teil getrennt in feine Ringe schneiden. Knoblauch und Ingwer schälen und fein würfeln.

2 Den Tofu mit einer Gabel grob zerkrümeln und mit 1 ½ EL Sojasauce, nach Wunsch Sherry und ½ TL Sambal oelek mischen. Pilze abgießen und ausdrücken, die Stiele wegschneiden und die Hüte fein hacken. Das Öl in einer beschichteten Pfanne oder im Wok erhitzen, darin Möhre, Lauch, weiße Zwiebelringe, Knoblauch und Ingwer unter Rühren bei großer Hitze 2–3 Min. anbraten, mit der übrigen Sojasauce ablöschen. Dann Pilze, Sprossen und Tofu unterrühren und weitere 2 Min. braten. Mit Salz, Pfeffer und eventuell Sambal oelek abschmecken. Vom Herd nehmen, grüne Zwiebelringe untermischen und abkühlen lassen. Die abgekühlte Gemüsemischung in die Tofutaschen füllen und diese zuklappen. Mit Sojasauce und Wasabipaste zum Dippen servieren.

Vegetarische Sushi mit zweierlei Füllung

In Japan kennt man viele vegetarische Sushi-Varianten. Unser Vorschlag für zwei Füllungen: mal klassisch asiatisch, mal eher crossover-bunt.

EDEL – FÜR GÄSTE

Für den Reis:
250 g Sushi-Reis
3 EL Reisessig
2 EL Zucker | Salz

Für die Pilzfüllung:
8 getrocknete Shii-Take-Pilze
100 ml Gemüsebrühe
2 EL Zucker | 2 EL Sherry
2 EL Sojasauce
1 Msp. Chilipulver
1 Stück Salatgurke (ca. 10 cm)
100 g Tofu
2 Frühlingszwiebeln
1 TL Wasabipaste

Für die Kürbisfüllung:
½ reife, feste Avocado
1 TL frisch gepresster Zitronensaft | ⅓ Bund Schnittlauch
100 g eingelegter Kürbis (aus dem Glas) | 5 EL Frischkäse
1 TL Pul biber (Paprikaflocken)

Außerdem:
2 EL Essig | 4 Noriblätter
Sojasauce, Wasabipaste und eingelegter Ingwer zum Servieren
1 Sushi-Rollmatte

Für 4 Personen (32 Stück)
ca. 1 Std. 40 Min. Zubereitung
1 Std. Quellen
Pro Stück: ca. 60 kcal

1 Den Reis mit reichlich Wasser in eine Schüssel geben und vorsichtig mit den Händen durchrühren. Milchiges Wasser abgießen und diesen Vorgang zwei- bis dreimal wiederholen, bis das Wasser möglichst klar ist. Reis erneut in kaltes Wasser geben und 30 Min. quellen lassen. Dann in ein Sieb abgießen, mit 270 ml Wasser zugedeckt bei großer Hitze 2 Min. aufkochen und bei kleiner Hitze 10 Min. weitergaren. Den Topf vom Herd nehmen und den Deckel abnehmen, den Topf mit einem Küchentuch abdecken und den Reis 15 Min. auskühlen lassen. Inzwischen Essig, Zucker und 1 TL Salz unter Rühren erwärmen, bis sich Zucker und Salz aufgelöst haben.

2 Den Reis in einer flachen Auflaufform verteilen und handwarm abkühlen lassen. Die Essigmischung gleichmäßig darüberträufeln. Mit einem Holzkochlöffel Linien durch den Reis ziehen und so die Flüssigkeit einarbeiten, dabei nicht rühren, sonst wird der Reis pappig. Den Reis vollständig auskühlen lassen.

3 Für die Pilzfüllung die Pilze mit ¼ l heißem Wasser übergießen und 30 Min. quellen lassen. Die Pilze abgießen und ausdrücken, dabei das Einweichwasser auffangen. Die Stiele wegschneiden, die Hüte in 5 mm breite Streifen schneiden und mit 100 ml Einweichwasser, Brühe, Zucker und Sherry aufkochen. Offen bei mittlerer Hitze 10 Min. köcheln lassen. Mit Sojasauce und Chilipulver würzen und bei großer Hitze weitere 3–5 Min. kochen, bis die Flüssigkeit verdampft ist. Die Gurke schälen, vierteln und die Kerne entfernen. Den Tofu in 1 cm dicke Stifte schneiden. Frühlingszwiebeln waschen und putzen, den grünen Teil in möglichst feine Ringe schneiden.

4 In eine Schüssel ½ l Wasser und 2 EL Essig geben. Auf einer Sushi-Rollmatte 1 Noriblatt (glänzende Seite nach unten) auslegen. Die Hände mit Essigwasser befeuchten und ein Viertel des Sushi-Reises mit den Händen auf dem Blatt verteilen. In die Mitte längs eine Vertiefung drücken und ½ TL Wasabipaste daraufstreichen. Die Hälfte der Pilze, der Gurke und des Tofus in langen Linien jeweils nebeneinander darauflegen und mit der Hälfte des Zwiebelgrüns bestreuen. Das Noriblatt mithilfe der Matte aufrollen und zu einer festen Rolle formen. Eine zweite Rolle ebenso herstellen und beide Rollen in jeweils 8 gleich große Stücke schneiden.

5 Für die Kürbisfüllung die Avocado schälen und den Stein entfernen, das Fruchtfleisch längs in 4 dünne Spalten schneiden und sofort in Zitronensaft wenden. Schnittlauch abbrausen und trocken schütteln. Kürbis fein hacken. Noriblatt wie oben beschrieben auslegen, Reis darauf verteilen und eine Vertiefung hineindrücken. Auf der Vertiefung die Hälfte des Frischkäses in einer Linie verteilen, mit der Hälfte Pul biber bestreuen und mit der Hälfte des Schnittlauchs belegen. Links davon die Hälfte der Avocadospalten in einer Linie legen, rechts davon die Hälfte der Kürbiswürfel. Wie oben beschrieben aufrollen und mit den übrigen Zutaten eine zweite Rolle formen. Beide Rollen in 8 gleich große Stücke schneiden. Mit Sojasauce, Wasbabipaste und eingelegtem Ingwer servieren.

EXOTISCH – FÜRS BÜFETT

Möhren-Curry-Cake

250 g Möhren
2 EL frisch gepresster Zitronensaft
1 Zwiebel | 1 Knoblauchzehe
2 EL Butter
je ½ Bund Koriandergrün und Petersilie
4 Eier (M) | Salz
⅛ l Milch
1 EL Currypulver
1 TL gemahlener Koriander
¼ TL Chilipulver | Pfeffer
180 g Mehl
80 g gemahlene Mandeln
3 TL Backpulver
Butter und Mehl für die Form

Für 1 Kastenform (25 cm), ca. 15 Stücke
ca. 25 Min. Zubereitung | 1 Std. Backen
Pro Stück: ca. 120 kcal

1 Die Möhren schälen, fein raspeln (das geht am schnellsten mit der Küchenmaschine) und sofort mit Zitronensaft mischen. Zwiebel und Knoblauch schälen und fein würfeln. Die Butter in einem Pfännchen schmelzen, darin Zwiebel und Knoblauch goldbraun braten und abkühlen lassen.

2 Inzwischen den Backofen auf 180° vorheizen. Eine Kastenform mit Butter einfetten und mit Mehl ausstäuben. Die Kräuter abbrausen und trocken schütteln, die Blättchen abzupfen und grob hacken. Die Eier trennen. Eiweiße mit 1 Prise Salz steif schlagen. Eigelbe und Milch in einer Rührschüssel verquirlen. Möhren, Zwiebel, Knoblauch und die Gewürze untermischen, mit ¾ TL Salz und Pfeffer würzen.

3 Mehl, Mandeln und Backpulver mischen und unter die Möhrenmasse rühren, dann sofort den Eischnee unterheben. Den Teig in die Form füllen (besonders dekorativ sieht es aus, wenn man zuvor ein paar Kräuterblätter in der Form verteilt) und im Ofen (Mitte, Umluft 160°) in 50–60 Min. goldbraun backen, dabei eventuell nach einiger Zeit mit Backpapier abdecken. Den Kuchen aus dem Ofen nehmen, etwas abkühlen lassen und stürzen. Er schmeckt lauwarm oder kalt mit Asia-Butter (Seite 57), Möhren-Ananas-Frischkäse (Seite 44), Linsendip oder Hummus (Seite 53) oder Pastinaken-Haselnuss-Creme (Seite 51).

ZUM MITNEHMEN – EINFACH

Mais-Chili-Muffins

2 ½ EL Butter
250 g Maismehl
75 g Mehl
1 TL Backpulver
1 TL getrockneter Thymian
je ¾ TL Salz und Zucker
350 g Buttermilch
3 Eier (M)
15 schwarze Oliven (ohne Stein)
12 mittelscharfe rote Peperoni (aus dem Glas)

Für 1 Muffinblech (12 Stück)
ca. 15 Min. Zubereitung | 20 Min. Backen
Pro Portion: ca. 145 kcal

1 Den Backofen auf 180° vorheizen. Die Mulden eines Muffinblechs mit etwas Butter einfetten, restliche Butter schmelzen. Beide Mehlsorten mit Backpulver, Thymian, Salz und Zucker mischen.

2 Buttermilch, Eier und flüssige Butter in einer Teigschüssel verrühren. Die Oliven in feine Ringe schneiden. Die Peperoni abtropfen lassen und ebenfalls in feine Ringe schneiden, dabei eventuell die Samen herausquetschen oder -kratzen (sie sind am schärfsten!). Beides mit der Mehlmischung zur Buttermilch geben und mit einem Löffel gründlich verrühren.

3 Den Teig gleichmäßig in die Muffinmulden verteilen und glatt streichen. Das Blech in den Ofen schieben (Mitte, Umluft 160°) und die Muffins in ca. 20 Min. goldbraun backen. Die Form aus dem Ofen nehmen, die Muffins kurz abkühlen lassen und dann aus den Mulden drehen. Lauwarm oder kalt mit einem Dip (z. B. Guacamole oder Auberginendip, Seite 47) oder als Beilage zu einer Suppe oder einem Eintopf servieren.

Blätterteigtaschen mit Spinat-Ricotta-Füllung

Mit diesen Knuspertaschen machen Sie bei Ihren Gästen Eindruck – sich selbst aber keinen Stress: Die würzige Spinatfüllung kann man gut im Voraus zubereiten.

WARMES ABENDESSEN – MEDITERRAN

600 g Blattspinat (ersatzweise 300 g aufgetauter TK-Blattspinat)
1 kleine Zwiebel
1 kleine Knoblauchzehe
2 EL Olivenöl
¾ TL gekörnte Gemüsebrühe
Salz | Pfeffer
2 Tomaten
2 Stängel Basilikum
¾ TL getrockneter Oregano
1 Kugel Mozzarella (125 g)
2 EL Ricotta
frisch geriebene Muskatnuss
3 Msp. edelsüßes Paprikapulver
1 Packung Blätterteig (ca. 320 g, 40 x 25 cm; aus dem Kühlregal)
1 Ei (M)
2 EL Milch

Für 6 Stück
ca. 35 Min. Zubereitung
25 Min. Backen
Pro Stück: ca. 350 kcal

1 Den Spinat verlesen, waschen und in einem Sieb abtropfen lassen (TK-Spinat gut ausdrücken). Zwiebel und Knoblauch schälen und fein würfeln. Das Öl in einem großen Topf erhitzen, darin Zwiebel und Knoblauch goldgelb andünsten. Den Spinat dazugeben und bei großer Hitze zusammenfallen lassen, dabei mit der gekörnten Brühe bestreuen, salzen, pfeffern und mehrmals gut durchrühren. So viel Flüssigkeit wie möglich verdampfen lassen. Dann den Spinat in ein feines Sieb abgießen, mit den Händen gut ausdrücken, abkühlen lassen und feiner hacken.

2 Inzwischen die Tomaten waschen und halbieren, dabei die Stielansätze entfernen. Die Kerne mit einem Löffel herauslösen, das Fruchtfleisch klein würfeln und in eine Schüssel geben. Basilikum abbrausen und trocken schütteln, die Blättchen abzupfen, in feine Streifen schneiden und mit dem Oregano unter die Tomaten mischen. Mozzarella trocken tupfen und klein würfeln. Mit Spinat und Ricotta unter die Tomaten heben, mit Salz, Pfeffer, Muskatnuss und Paprikapulver pikant abschmecken.

3 Den Backofen auf 200° vorheizen, ein Backblech mit Backpapier auslegen. Den Blätterteig in 6 etwa gleich große Quadrate schneiden. Das Ei trennen und das Eigelb mit der Milch verquirlen. Die Ränder des Blätterteigs ca. 1 cm breit dünn mit Eiweiß bepinseln. Die Spinatmasse in 6 Portionen teilen, jeweils 1 Portion in die Mitte eines Teigquadrats geben und die Seiten diagonal zu einem Dreieck darüberklappen, die Ränder fest andrücken. Die Teigtaschen auf das Blech legen und mit der Eigelbmischung bepinseln. Im Ofen (Mitte, Umluft 180°) in 20–25 Min. goldbraun backen. Herausnehmen und vor dem Servieren etwas abkühlen lassen.

VARIANTE **Blätterteigtaschen mit Tomatenfüllung**

Dafür 4 große Fleischtomaten waschen und halbieren, die Kerne herauslösen, das Fruchtfleisch fein würfeln. 1 kleine Knoblauchzehe schälen und fein würfeln. 4 Stängel Oregano und 1 Stängel Minze abbrausen und trocken schütteln, die Blättchen abzupfen und fein hacken. Knoblauch und Kräuter unter die Tomaten mischen. In einer Pfanne 2 EL Pinienkerne ohne Fett hellbraun rösten und abkühlen lassen. 8 in Öl eingelegte getrocknete Tomaten und 1 TL Kapern gut abtropfen lassen und fein würfeln bzw. hacken. 200 g Schafskäse (Feta) grob zerbröckeln und mit getrockneten Tomaten, Kapern, Pinienkernen und 80 g frisch geriebenem Hartkäse (z. B. Pecorino, siehe Info Seite 8) unter die Tomatenmasse mischen. Alles mit Salz, Pfeffer und 2–3 Msp. Chilipulver würzen. Die Blätterteigtaschen wie beschrieben füllen, mit Eigelb-Milch-Mischung bepinseln und im Ofen goldbraun backen.

SUPPEN UND EINTÖPFE

Sie sind nicht nur im Winter heiß begehrt:
Feine Suppen und deftige Eintöpfe tun einfach gut
und wärmen Magen und Seele in jeder Jahreszeit.
Das Beste dabei: Alles gart zusammen in einem
Topf und bringt gute Laune auf den Tisch.

Sie ist die Grundlage jeder guten Suppe und auch solo eine wahre Delikatesse: eine selbst gemachte Brühe, aus der man den ganzen Gemüsegarten schmecken kann – und das je nach Jahreszeit immer wieder überraschend neu.

BASISREZEPT – KALORIENARM

🌿 Sommer-Gemüsebrühe

3 Zwiebeln | 1 Knoblauchzehe
2 Möhren | 3 Stangen Staudensellerie
1 Stange Lauch | 1 Knolle Fenchel
4 Tomaten | 3 EL Olivenöl
¼ l Weißwein (nach Belieben)
3 Zweige Thymian | ⅓ Bund Petersilie
6 Zweige Majoran (oder 1 TL getrockneter Majoran)
1 Lorbeerblatt
½ TL schwarze Pfefferkörner | Salz

Für ca. 1,5 l Brühe | ca. 30 Min. Zubereitung
40 Min. Garen | pro Liter: ca. 20 kcal

1 Zwiebeln, Knoblauch und Möhren schälen und getrennt grob würfeln. Sellerie waschen, putzen und in Scheiben schneiden, eventuell vorhandenes Grün beiseitelegen. Lauch längs halbieren, waschen, putzen und in schmale Streifen schneiden. Fenchel waschen, putzen und in Stücke schneiden. Tomaten waschen und achteln.

2 Das Öl in einem Suppentopf erhitzen, darin die Zwiebeln goldgelb andünsten. Alle Gemüse – bis auf Tomaten und Knoblauch – dazugeben und unter Rühren 2–3 Min. mitdünsten. Nach Belieben mit dem Wein oder derselben Menge Wasser ablöschen und die Flüssigkeit fast vollständig verkochen lassen. Kräuter waschen und mit Tomaten, Knoblauch, Lorbeer, Pfefferkörnern und eventuell Sellerieblättern unterrühren. 2 l Wasser dazugießen und langsam aufkochen. Alles zugedeckt bei kleiner Hitze ca. 40 Min. köcheln lassen, dabei anfangs den aufsteigenden Schaum ab und zu abschöpfen. Die fertige Brühe leicht abkühlen lassen und durch ein mit einem Mulltuch ausgelegtes Sieb in einen zweiten Topf gießen. Nochmals bei mittlerer bis großer Hitze auf ca. 1,5 l einkochen lassen, erst dann salzen. Nach Belieben mit Kräuter-Quarknocken oder Gemüsestreifen als Einlage servieren.

WINTER-VARIANTE

Im Winter kann man die Brühe mit einer Mischung aus Lauch, Möhren, Knollensellerie, Petersilienwurzel, Pastinake und Champignons (oder ca. 10 g getrockneten Steinpilzen) zubereiten. Anstelle der Kräuter passt dann eine Würzmischung aus je ½ TL Wacholder-, Pfeffer- und Pimentkörnern, 2 Lorbeerblättern und 1 Zweig Rosmarin.

FEINE EINLAGE

Kräuter-Quarknocken

je ½ Bund Schnittlauch und Petersilie
1 Handvoll Kerbel
100 g altbackenes Weißbrot ohne Rinde (fast schon hart)
60 g weiche Butter | 2 Eier (M)
250 g Magerquark
2 EL frisch geriebener Hartkäse (z. B. Montello, siehe Info Seite 8)
Salz | Pfeffer | frisch geriebene Muskatnuss
2 Msp. abgeriebene Bio-Zitronenschale
2–3 EL Mehl

Für 4 Personen (ca. 16 Nocken)
ca. 35 Min. Zubereitung | 30 Min. Kühlen
Pro Person: ca. 295 kcal

1 Kräuter abbrausen und trocken schütteln, Petersilien- und Kerbelblättchen abzupfen und fein hacken, Schnittlauch in Röllchen schneiden. Das Brot ca. 5 mm groß würfeln. Die Butter mit den Schneebesen des Handrührgeräts cremig rühren. Nacheinander die Eier, dann Quark und Käse unterrühren. Die Kräuter und Brotwürfel unterheben, kräftig mit Salz, Pfeffer, Muskatnuss und Zitronenschale würzen. Mehl darüberstäuben und unterrühren und die Quarkmasse 30 Min. kühl ruhen lassen.

2 In einem großen Topf reichlich Wasser zum Kochen bringen und salzen. Aus der Quarkmasse mit zwei Esslöffeln ca. 16 kleine Nocken formen und ins kochende Salzwasser geben. Die Hitze reduzieren und die Nocken im leicht siedenden Wasser in 10–15 Min. gar ziehen lassen.

TIPPS zum Servieren und für den Vorrat

Anstelle der Nocken (oder zusätzlich) kann man die Brühe auch mit feinen Gemüsestreifen als Einlage servieren. Dafür z. B. Möhren-, Lauch- und Knollenselleriestreifen in Salzwasser 1–3 Min. blanchieren, kalt abschrecken und in die Brühe geben. Auch als Einlagen perfekt: Suppennudeln, Backerbsen oder in Streifen geschnittene übrig gebliebene Pfannkuchen vom Vortag (Flädle). Die Brühe ist auch eine tolle Alternative zu Gemüsefond oder -brühe aus dem Glas. Sie lässt sich gut auf Vorrat vorbereiten und in kleineren Portionen einfrieren. Wer Biogemüse verwendet, kann ruhig auch Schalen und Gemüseabschnitte, die bei anderen Gerichten anfallen, mitkochen.

Asiatische Nudelsuppe mit Gemüse

Suppen wie diese genießt man in Asien schon zum Frühstück. Nudeln und Tofu sorgen dafür, dass die leichte Brühe Energie und Power für den Tag gibt.

RAFFINIERT – AROMATISCH

1 dicke Möhre
1 Stück Lauch (ca. 80 g)
80 g Zuckerschoten
8 Shii-Take-Pilze (ersatzweise braune Champignons)
150 g Sojasprossen (Mungbohnensprossen)
1 Stück frischer Ingwer (ca. 4 cm)
⅓ Bund Schnittlauch (nach Belieben)
160 g Mie-Nudeln
250 g Tofu | 100 g Speisestärke
1 l Gemüsebrühe
4 EL Sherry | 2–3 EL Sojasauce
½–1 TL Sambal oelek
Öl zum Frittieren

Für 4 Personen | ca. 40 Min. Zubereitung
Pro Portion: ca. 425 kcal

1 Die Möhre schälen und in ca. 4 cm lange Stücke schneiden, die Stücke zuerst längs in feine Scheiben und dann in schmale Streifen schneiden. Den Lauch längs halbieren, waschen und putzen, die Hälften zuerst ebenfalls in ca. 4 cm lange Stücke und dann längs in schmale Streifen schneiden. Zuckerschoten waschen, putzen und längs in schmale Streifen schneiden. Die Shii-Take-Pilze sauber abreiben und putzen, die Stiele herausdrehen und wegwerfen, die Hüte in schmale Streifen schneiden. Die Sprossen in einem Sieb abbrausen und abtropfen lassen. Ingwer schälen und fein hacken. Nach Wunsch Schnittlauch abbrausen, trocken schütteln und in Röllchen schneiden.

2 Mie-Nudeln nach Packungsanweisung garen, in ein Sieb abgießen und abtropfen lassen. Den Tofu in ca. 2 cm große Würfel schneiden. Die Stärke in einen tiefen Teller geben und den Tofu darin wälzen. Öl zum Frittieren erhitzen – es ist heiß genug, wenn am Stiel eines Holzkochlöffels, den man hineinhält, kleine Bläschen aufsteigen. Die Tofuwürfel im heißen Fett in 2–3 Min. goldbraun frittieren, herausheben und auf Küchenpapier abtropfen lassen.

3 Inzwischen die Brühe aufkochen. Ingwer, Sherry, 2 EL Sojasauce und Sambal oelek unterrühren, die Hitze reduzieren. Gemüse – bis auf die Sprossen – dazugeben und zugedeckt bei kleiner Hitze 2 Min. garen. Sprossen und Nudeln hinzufügen und 2 Min. weitergaren. Eventuell mit Sojasauce und Sambal oelek abschmecken. Die Suppe auf Schälchen verteilen, Tofu daraufgeben und eventuell mit Schnittlauch bestreuen.

Misosuppe mit Spinat und Tofu

Misosuppe kennt man aus der Sushi-Bar. Ihr Plus: Sie wird nur mit wenigen Zutaten zubereitet und schmeckt dank Algen und Misopaste unverwechselbar.

KALORIENARM – SCHNELL

120 g Seidentofu
3 Frühlingszwiebeln
200 g junger Blattspinat
1 l Gemüsebrühe
2–3 EL Sojasauce
4 EL Misopaste (rotes Miso »Akamiso«, siehe unten)
1 EL Instant-Wakame-Algen (siehe unten)

Für 4 Personen | ca. 20 Min. Zubereitung
Pro Portion: ca. 60 kcal

1 Den Tofu auf ein Küchenbrett stürzen, vorsichtig trocken tupfen und in ca. 1 cm große Würfel schneiden. Die Frühlingszwiebeln waschen, putzen und nur die grünen, knackigen Blätter in feine Streifen schneiden. Spinat verlesen, waschen und abtropfen lassen.

2 Die Brühe in einem Topf aufkochen und mit Sojasauce würzen, dann die Hitze reduzieren. Miso in die Brühe geben und unter Rühren auflösen (die Brühe sollte jetzt nicht mehr kochen). Algen und Spinat ebenfalls dazugeben und bei kleiner Hitze ca. 2 Min. ziehen lassen. Tofu hinzufügen und kurz heiß werden lassen. Die Suppe auf Schälchen verteilen und mit dem Zwiebelgrün bestreuen.

INFO Algen und Miso
Wakame und Miso sind aus der japanischen Küche nicht wegzudenken. Die jodhaltige Wakame-Alge schmeckt intensiv nach Meer und wird inzwischen auch in Frankreich angebaut. Man muss sie vor dem Verarbeiten eigentlich einweichen – das entfällt bei der praktischen Instant-Variante. Miso, die äußerst proteinreiche Sojabohnenpaste, wird gern in Suppen oder Saucen verwendet. Es gibt unterschiedliche Sorten; die gebräuchlichsten sind das würzige bräunliche Akamiso (»rotes Miso«) und das mildere, leicht süßliche helle Shiromiso (»weißes Miso«). Man bekommt die Algen und Pasten im Asienladen.

Schwarzwurzel-Cremesuppe mit Vanille

Die außergewöhnliche Kombination aus herben Schwarzwurzeln und süßlicher Vanille wärmt nicht nur den Magen, sondern hebt auch die Laune an trüben Wintertagen.

FEINE VORSPEISE

500 g Schwarzwurzeln
Saft von 1 Zitrone
1 mehligkochende Kartoffel (ca. 80 g)
2 Schalotten | 1 EL Butter
¾ l Gemüsebrühe | ¼ l Milch
2 Zweige Thymian
1 Stück Vanilleschote (ca. 5 cm)
Salz | Pfeffer
150 g Sahne
frisch geriebene Muskatnuss
1–2 EL trockener Wermut (z. B. Noilly Prat, nach Belieben)

Für 4 Personen | ca. 1 Std. Zubereitung
Pro Portion: ca. 210 kcal

1 Die Schwarzwurzeln schälen (dabei unbedingt Einweghandschuhe tragen, ihr Saft hinterlässt dunkle Flecken auf der Haut), waschen und in ca. 4 cm lange Stücke schneiden. Sofort in eine Schüssel mit Wasser und drei Viertel des Zitronensafts geben. Die Kartoffel schälen und klein würfeln. Schalotten schälen und fein würfeln.

2 Die Butter in einem Suppentopf schmelzen, darin die Schalotten goldgelb andünsten. Brühe und Milch dazugießen. Schwarzwurzeln abgießen, mit den Kartoffelwürfeln in den Topf geben und langsam erhitzen. Inzwischen den Thymian abbrausen und trocken schütteln. Die Vanilleschote längs aufschlitzen, das Mark herauskratzen und mit der Schote und dem Thymian in die Suppe geben. Salzen, pfeffern und zugedeckt bei mittlerer Hitze 20–25 Min. garen.

3 Die Sahne dazugießen und heiß werden lassen. Thymian und Vanilleschote entfernen und die Suppe mit dem Pürierstab schaumig pürieren. Mit Muskatnuss, restlichem Zitronensaft und nach Wunsch Wermut abschmecken. Nach Belieben frittierte Rote-Bete-Sticks (siehe unten) darüberstreuen.

PERFEKT DAZU Knuspriges Gemüse-Topping
Frittierte Gemüsesticks oder -chips sind das ideale Topping auf Gemüse-Cremesuppen. Dafür einfach (möglichst nicht zu große) Rote Beten, Topinambur, Petersilienwurzeln, Pastinaken oder Süßkartoffeln schälen, in feine Streifen schneiden oder in Scheiben hobeln und gut trocken tupfen. In heißem Öl in 3–4 Min. knusprig frittieren, auf Küchenpapier abtropfen lassen und salzen. Ebenfalls sehr dekorativ: frittierte Rote-Bete- oder Kräuterblätter.

TOMATENSUPPE

FRÜHLINGSSUPPE

LEICHT – AUS ITALIEN

Tomatensuppe mit Basilikumricotta

1 kg reife Tomaten (ersatzweise 800 g Dosentomaten)
1 Stange Staudensellerie
1 Zwiebel
1 Knoblauchzehe
3 EL Olivenöl
50 ml Weißwein (ersatzweise Gemüsebrühe)
400 ml Gemüsebrühe
Salz | Pfeffer | Zucker
½ TL getrockneter Oregano
1 Bund Basilikum
2–3 EL Sahne | 200 g Ricotta
1 Msp. Chilipulver

Für 4 Personen | ca. 45 Min. Zubereitung
Pro Portion: ca. 245 kcal

1 Die Tomaten waschen und in Stücke schneiden, dabei die Stielansätze entfernen und den Saft auffangen. Den Sellerie waschen, putzen und in feine Scheiben schneiden. Zwiebel und Knoblauch schälen und fein würfeln.

2 In einem Suppentopf 2 EL Öl erhitzen, darin Zwiebel und Knoblauch goldgelb andünsten. Sellerie dazugeben und kurz mitdünsten. Mit dem Wein ablöschen und den Wein fast vollständig verkochen lassen. Tomaten samt Saft und die Brühe hinzufügen, mit Salz, Pfeffer, 2–3 Prisen Zucker und Oregano würzen. Die Tomatensuppe offen bei kleiner Hitze ca. 30 Min. köcheln lassen.

3 Inzwischen Basilikum abbrausen und trocken schütteln, die Blättchen abzupfen und grob zerschneiden, dabei einige Blätter beiseitelegen und in feine Streifen schneiden. Basilikum mit übrigem Öl und Sahne fein pürieren und unter den Ricotta mischen, mit Salz, Pfeffer und Chilipulver würzen. Die Ricottamischung kühl stellen.

4 Die fertige Suppe mit dem Pürierstab fein pürieren, nach Belieben durch ein feines Sieb streichen und auf tiefe Teller oder Schälchen verteilen. Von der Ricottamasse mit einem Löffel Nocken abstechen und auf die Suppe geben. Mit übrigem Basilikum bestreuen.

KRÄUTERFEIN – FÜRS OSTERMENÜ

Frühlingssuppe mit Ei

200 g junger Blattspinat
50 g Sauerampfer
4 Frühlingszwiebeln
200 g kleine braune Champignons
4 Eier (M)
1 EL Butter
50 ml Weißwein (ersatzweise Gemüsebrühe)
800 ml Gemüsebrühe
150 g Sahne | 3 Eigelb
Salz | Pfeffer
frisch geriebene Muskatnuss
1–2 Spritzer frisch gepresster Zitronensaft

Für 4 Personen | ca. 30 Min. Zubereitung
Pro Portion: ca. 305 kcal

1 Spinat und Sauerampfer verlesen, waschen und in feine Streifen schneiden. Frühlingszwiebeln waschen und putzen, den grünen und weißen Teil getrennt in feine Ringe schneiden. Die Pilze sauber abreiben, putzen und in Scheiben schneiden. Die Eier in 4–5 Min. wachsweich garen, kalt abschrecken, sofort pellen und in heißes Wasser legen, damit sie warm bleiben.

2 Die Butter in einem Suppentopf schmelzen, darin weiße Zwiebelringe und Pilze bei großer Hitze anbraten, mit Wein ablöschen und den Wein vollständig verkochen lassen. Dann die Brühe angießen und alles zugedeckt bei mittlerer Hitze ca. 4 Min. kochen lassen. Inzwischen Sahne und Eigelbe in einer Schüssel verquirlen.

3 Spinat, Sauerampfer und Zwiebelgrün (etwas davon zurückbehalten) in die Suppe geben und in ca. 1 Min. zusammenfallen lassen. Den Topf vom Herd nehmen. 1 Schöpfkelle Suppe abnehmen, mit der Eier-Sahne-Mischung verrühren, zurück in die Suppe geben und einrühren. Mit Salz, Pfeffer, Muskatnuss und Zitronensaft würzen. Die Suppe rasch auf tiefe Teller oder Schälchen verteilen. Die Eier längs halbieren und jeweils 2 Hälften in die Mitte der Suppe geben, salzen, pfeffern und mit dem übrigen Zwiebelgrün bestreuen.

Gemüsesuppe mit Grießnocken

Nockerlfischen aus dem bunten Gemüseeintopf ist nicht nur bei Kindern der Hit. Mit den Klößchen wird übrigens auch eine einfache Brühe zur feinen Vorspeise.

KLASSIKER NEU AUFGELEGT

Für die Nocken:
¼ l Milch
1 EL Butter | Salz
frisch geriebene Muskatnuss
100 g Hartweizengrieß
2 Handvoll Kerbel (oder 3 EL Schnittlauchröllchen)
2 Eier

Für die Suppe:
1 Zwiebel
2 Knoblauchzehen
2 Tomaten
ca. 1 kg Saisongemüse (z. B. Kohlrabi, Brokkoli, reichlich Möhren, grüne Bohnen, Erbsen, Fenchel)
3 vorwiegend festkochende Kartoffeln (ca. 250 g)
1,2 l Gemüsebrühe (siehe Basisrezept Seite 99)
4 EL Olivenöl
2 EL Tomatenmark
1 kleine getrocknete Chilischote
1 TL getrockneter Oregano
Salz | Pfeffer

Für 4 Personen
ca. 1 Std. Zubereitung
25 Min. Garen
Pro Portion: ca. 425 kcal

1 Für die Nocken die Milch mit der Butter in einen Topf geben und unter Rühren aufkochen, mit Salz und Muskatnuss würzen. Grieß unter Rühren einrieseln lassen und bei kleiner Hitze ca. 5 Min. quellen lassen, dabei ab und zu umrühren, damit die Grießmasse nicht anbrennt.

2 Inzwischen den Kerbel abbrausen und trocken schütteln, die Blättchen abzupfen und fein hacken. Den Grieß vom Herd nehmen und die Eier nacheinander gründlich unterrühren. Die Hälfte des Kerbels ebenfalls unterrühren und die Grießmasse abkühlen lassen.

3 Für die Suppe Zwiebel und Knoblauch schälen und fein würfeln. Tomaten waschen und fein würfeln, dabei die Stielansätze entfernen und den Saft auffangen. Das Gemüse waschen, putzen, je nach Sorte schälen und klein schneiden (Kohlrabi, Möhren, Fenchel und Brokkolistiele in ca. 1 cm große Würfel schneiden, Bohnen – am besten bündelweise – in 1 cm große Stücke schneiden, Brokkoliröschen etwas kleiner brechen, Erbsen auspalen). Die Kartoffeln schälen und ebenfalls in 1 cm große Würfel schneiden.

4 In einem Topf die Brühe aufkochen, dann die Hitze reduzieren. Von der Grießmasse mit zwei Teelöffeln kleine Nocken abstechen, formen und in die Brühe geben. Die Nocken in ca. 5 Min. gar ziehen lassen, mit dem Schaumlöffel herausheben und beiseitestellen.

5 In einem zweiten, großen Topf das Öl erhitzen, darin Zwiebel und Knoblauch goldgelb andünsten. Tomatenmark dazugeben und unter Rühren 1 Min. mitrösten, dann die Tomatenwürfel hinzufügen und unter Rühren 2 Min. andünsten. Etwas heiße Brühe dazugießen und bei großer Hitze verkochen lassen. Anschließend übrige Brühe, Gemüse, Kartoffeln und Chilischote in den Topf geben. Mit Oregano, Salz und Pfeffer würzen. Zugedeckt bei kleiner Hitze 20–25 Min. garen. Am Ende die Klößchen in die Suppe geben und kurz heiß werden lassen. Die Gemüsesuppe mit Kerbel bestreuen und servieren.

TÜRKISCHE LINSENSUPPE

POLENTASUPPE

SCHNELL – RAFFINIERT

Türkische Linsensuppe mit Würzbutter

2 Möhren
2 Stangen Staudensellerie
2 kleine Zwiebeln
2 EL Olivenöl
250 g rote Linsen
1,2 l Gemüsebrühe
Salz | Pfeffer
200 g griechischer Joghurt (10 % Fett)
2–3 EL frisch gepresster Zitronensaft
1 Knoblauchzehe
50 g Butter
je ½ TL gemahlener Kreuzkümmel
½ TL Chilipulver

Für 4 Personen | ca. 20 Min. Zubereitung | 25 Min. Garen.
Pro Portion: ca. 400 kcal

1 Die Möhren schälen, längs vierteln und in kleine Stücke schneiden. Den Sellerie waschen, putzen und längs halbieren, die Hälften ebenfalls in Stücke schneiden. Zwiebeln schälen und fein würfeln. Das Öl in einem Suppentopf erhitzen, darin Zwiebeln und Gemüse unter Rühren 3–4 Min. andünsten. Linsen dazugeben und kurz mitdünsten, dann die Brühe angießen. Mit Salz und Pfeffer würzen und zugedeckt ca. 25 Min. garen.

2 Joghurt in die Suppe geben und alles mit dem Pürierstab fein pürieren. Mit Zitronensaft abschmecken und die Suppe zugedeckt warm halten – sie schmeckt leicht abgekühlt eh am besten. Den Knoblauch schälen. Die Butter in einem Pfännchen schmelzen, Knoblauch hineinpressen und die Gewürze unterrühren. Die Butter unter Rühren kurz aufschäumen lassen und leicht salzen. Die Linsensuppe auf tiefe Teller oder Schälchen verteilen und die Würzbutter darüberträufeln.

MEDITERRAN – SOMMERLICH

Polentasuppe mit gebratenen Tomaten

1 Zwiebel
1 Knoblauchzehe
4 EL Olivenöl
80 g Instant-Polenta
¾ l Gemüsebrühe
100 ml Weißwein
60 g Greyerzer (siehe Info Seite 8)
250 g Kirschtomaten
1 Zweig Rosmarin
Salz | Pfeffer
1 TL Zucker
3 Stängel Basilikum
frisch geriebene Muskatnuss

Für 4 Personen | ca. 30 Min. Zubereitung
Pro Portion: ca. 260 kcal

1 Zwiebel und Knoblauch schälen und getrennt fein würfeln. In einem Suppentopf 2 EL Öl erhitzen, darin die Zwiebel und die Hälfte des Knoblauchs goldgelb andünsten. Polenta darüberstreuen und unter Rühren kurz anrösten, dann die Brühe langsam unter ständigem Rühren dazugießen. Die Suppe zugedeckt bei kleiner Hitze 15 Min. kochen lassen. Dann den Wein hinzufügen und alles zugedeckt weitere 10 Min. köcheln lassen.

2 Inzwischen den Käse fein reiben. Tomaten waschen und halbieren. Rosmarin abbrausen und trocken schütteln, die Nadeln abzupfen und fein hacken. Übriges Öl in einer beschichteten Pfanne erhitzen, restlichen Knoblauch, Tomaten und Rosmarin hinzufügen, mit Salz, Pfeffer und Zucker würzen. Die Tomaten unter gelegentlichem Rühren bei mittlerer Hitze ca. 10 Min. schmoren.

3 Währenddessen Basilikum abbrausen, trocken schütteln und die Blättchen abzupfen, die Hälfte der Blättchen grob zerschneiden, den Rest beiseitelegen. Den Käse unter die Suppe rühren und unter Rühren schmelzen. Die Suppe mit Salz, Pfeffer und Muskatnuss würzen und auf tiefe Teller oder Schälchen verteilen. Das geschnittene Basilikum unter die Tomaten mischen und die Tomaten auf die Suppe verteilen. Mit dem restlichen Basilikum bestreut servieren.

🌿 Chili con Soja

Mit diesem herrlich deftigen, würzigen Eintopf ist das Suppenglück perfekt. Ideal dazu: Weißbrot oder Tortilla-Chips und als Krönung ein Klecks saure Sahne.

WÄRMENDER SATTMACHER

200 g getrocknete Kidney- oder Pintobohnen | Salz
100 g feine Sojaschnetzel (siehe Info Seite 10)
150 ml heiße Gemüsebrühe
2 Zwiebeln
2 Knoblauchzehen
100 g Knollensellerie
1 dicke Möhre
2 Paprikaschoten (rot und/ oder gelb)
3–4 EL Olivenöl | Pfeffer
je 1 ½ TL getrockneter Oregano und Thymian
1 EL Tomatenmark
50 ml Weißwein (nach Belieben)
1 Dose stückige Tomaten (400 g Füllgewicht)
1 EL gekörnte Gemüsebrühe
1 TL gemahlener Kreuzkümmel
1–3 TL Chili-Gewürzmischung (siehe Info)
einige Korianderblättchen zum Bestreuen (nach Belieben)

Für 4 Personen
12 Std. Einweichen
ca. 40 Min. Zubereitung
2 Std. 45 Min Garen
Pro Portion: ca. 365 kcal

1 Die Bohnen in reichlich kaltem Wasser 12 Std. – am besten über Nacht – einweichen. Dann in ein Sieb abgießen, abbrausen und in einem Topf mit ca. 1,5 l Wasser aufkochen. Bei mittlerer Hitze zugedeckt 1 Std. 15 Min.– 2 Std. garen. Wenn die Bohnen gar sind, salzen und noch kurz ziehen lassen, danach abgießen und das Kochwasser auffangen.

2 Die Sojaschnetzel in eine Schüssel geben und mit heißer Brühe übergießen, durchrühren und 10 Min. quellen lassen. Inzwischen Zwiebeln und Knoblauch schälen und fein würfeln. Sellerie und Möhre schälen und mit der Küchenmaschine oder auf der Rohkostreibe in feine Streifen (Julienne) hobeln. Paprikaschoten halbieren, putzen, waschen und in ca. 1,5 cm große Stücke schneiden.

3 In einer beschichteten Pfanne 2 EL Öl erhitzen, darin die Zwiebeln und die Hälfte des Knoblauchs goldgelb andünsten. Sellerie und Möhre dazugeben und unter Rühren 2–3 Min. andünsten, bis sie leicht bräunen. Mit Salz und Pfeffer würzen, je ½ TL Oregano und Thymian und das Tomatenmark unterrühren und kurz mit anrösten. Nach Wunsch mit Wein ablöschen und den Wein vollständig verkochen lassen. Die Sojaschnetzel in ein Sieb abgießen und kräftig ausdrücken, in die Pfanne geben und unter Rühren braten, bis sie leicht bräunen und knuspriger werden. Die Pfanne vom Herd nehmen.

4 In einem Suppentopf das restliche Öl erhitzen, darin übrigen Knoblauch und Paprika unter Rühren 2–3 Min. anbraten, salzen und pfeffern. Tomaten und etwa 350 ml Bohnenkochwasser, gekörnte Brühe sowie übrigen Oregano und Thymian unterrühren, mit Salz, Pfeffer, Kreuzkümmel und Chiligewürz würzen. Zugedeckt bei mittlerer Hitze 15–20 Min. leicht kochen lassen. Die Sojaschnetzelmischung unterrühren und alles weitere 15 Min. kochen lassen – eventuell noch etwas Bohnenkochwasser hinzufügen.

5 Zuletzt die Bohnen dazugeben, erneut mit Salz, Pfeffer und Chiligewürz abschmecken und die Bohnen bei kleiner Hitze weitere 5–10 Min. mitkochen lassen. Das Chili in Schälchen füllen und nach Belieben mit Koriandergrün bestreuen.

INFO Chilischärfe
Fertige Gewürzmischungen für Chiligerichte gibt es von unterschiedlichen Herstellern; sie variieren etwas in Geschmack und vor allem Schärfe. Neben reichlich Chili sind in den meisten Mischungen Kreuzkümmel, Oregano, Piment, Koriander und Nelken enthalten. Wer noch mehr Chilipep will, kann natürlich zusätzlich Chilipulver oder klein gehackte frische Chilischoten dazugeben. Und: Einige Mischungen sind schon sehr salzig, daher genau die Packungsangabe lesen und eventuell erst einmal eher vorsichtig mit dem Salzstreuer umgehen!

🌿 Erbseneintopf mit Rosenkohl und Räuchertofu

Erbsen und Speck sind eine klassische Kombi. Für den feinen Räuchergeschmack sorgt bei diesem Eintopf natürlich kein Fleisch, sondern Räuchertofu.

WINTERLICH – DEFTIG

1 große Zwiebel
1 Knoblauchzehe
2 EL Sonnenblumenöl
1,3 l kräftige Gemüsebrühe
350 g getrocknete gelbe Erbsen (halbiert und geschält)
400 g Rosenkohl
2 festkochende Kartoffeln
1 Stange Lauch | 2 Möhren
200 g Knollensellerie
Salz | Pfeffer
1–2 Prisen gemahlener Piment
200 g Räuchertofu
4 Stängel Liebstöckel

Für 4 Personen | ca. 25 Min. Zubereitung
1 Std. 20 Min. Garen | pro Portion: ca. 520 kcal

1 Zwiebel und Knoblauch schälen und fein würfeln. Das Öl in einem Suppentopf erhitzen und darin beides goldgelb andünsten. Die Brühe dazugießen und die Erbsen einrühren, einmal aufkochen und die Erbsen dann bei mittlerer Hitze ca. 40 Min. garen.

2 Inzwischen den Rosenkohl putzen, waschen und längs halbieren. Die Kartoffeln schälen und in ca. 2 cm große Stücke schneiden. Den Lauch längs halbieren, waschen, putzen und in schmale Streifen schneiden. Möhren und Sellerie schälen, Möhren in dünne Scheiben, den Sellerie in ca. 1 cm große Würfel schneiden. Alles zu den Erbsen geben, mit Salz, Pfeffer und Piment würzen und weitere 30–40 Min. zugedeckt garen, bis die Erbsen weich sind und sich mit einem Löffel zerdrücken lassen.

3 Den Tofu in Würfel schneiden. Liebstöckel abbrausen, trocken schütteln und mit den Stängeln fein hacken. Beides in den Eintopf geben und in 2–3 Min. warm werden lassen.

Bohneneintopf mit Tomaten und Reisnudeln

Hier kann man beim Löffeln von Griechenland, Sonne und Meer träumen: ein richtig üppiger Eintopf, der auch bei sommerlichen Temperaturen gut schmeckt.

MEDITERRANER SATTMACHER

200 g getrocknete, große weiße Bohnen
6 Zweige Thymian
3 Knoblauchzehen | Salz
2 Möhren | 3 Stangen Staudensellerie
2 Zwiebeln | 2 EL Olivenöl
1 ½ EL Tomatenmark
1 Dose stückige Tomaten (400 g Füllgewicht)
½ l Gemüsebrühe
1 TL getrocknetes Bohnenkraut | Pfeffer
350 g grüne Bohnen (ersatzweise TK)
100 g griechische Reisnudeln (Kritharaki-Nudeln)

Für 4 Personen | 12 Std. Einweichen
ca. 25 Min. Zubereitung | 3 Std. Garen
Pro Portion: ca. 380 kcal

1 Die weißen Bohnen in reichlich kaltem Wasser 12 Std. – am besten über Nacht – einweichen. Danach in ein Sieb abgießen, abbrausen und mit ca. 1 ¼ l Wasser in einen Topf geben. Thymian abbrausen und trocken schütteln. 1 Knoblauchzehe schälen, halbieren und mit 3 Thymianzweigen zu den Bohnen geben. Die Bohnen zugedeckt 1 Std. 30 Min. – 2 Std. köcheln lassen, bis sie gar sind. Salzen und kurz ziehen lassen, dann abgießen, dabei das Kochwasser auffangen.

2 Möhren schälen, Sellerie waschen und putzen und beides ca. 1 cm groß würfeln. Zwiebeln und übrigen Knoblauch schälen und fein würfeln. Das Öl in einem Suppentopf erhitzen, Zwiebeln und Knoblauch darin bei mittlerer Hitze goldgelb andünsten. Möhren und Sellerie dazugeben und unter Rühren bei großer Hitze 3–4 Min. mit andünsten. Tomatenmark hinzufügen und unter Rühren kurz anrösten. Mit etwas Bohnenkochwasser ablöschen und einkochen lassen. Den Vorgang wiederholen. Tomaten, Brühe und Bohnenkraut dazugeben, salzen, pfeffern und zugedeckt bei kleiner Hitze 20 Min. kochen.

3 Inzwischen die grünen Bohnen waschen, putzen und in 4–5 cm lange Stücke schneiden. Nudeln nach Packungsanweisung in Salzwasser garen, abgießen und abtropfen lassen. Die Bohnen in den Eintopf geben und alles weitere 30–35 Min. garen. Dann weiße Bohnen und Nudeln unterrühren und in 5 Min. heiß werden lassen, eventuell mit etwas Bohnenkochwasser aufgießen.

Eigentlich wird der berühmte Rote-Bete-Eintopf aus Russland mit Rindfleisch gekocht. Aber auch diese Veggie-Variante ist ein kräftiges Wintergericht, das wärmt und mit knusprigen Buchweizenschnitten garantiert satt macht.

WINTERLICH – KLASSIKER NEU ENTDECKT

🌿 Vegetarischer Borschtsch

500 g Rote Beten
300 g Weißkohl
150 g Knollensellerie
2 große Möhren
2 große Zwiebeln
2 Knoblauchzehen
3 EL Sonnenblumenöl
2 EL Mehl
1,2 l Gemüsebrühe
1 ½ TL getrockneter Majoran
1 Lorbeerblatt
Salz | Pfeffer
2–3 EL Weißweinessig

Für 4–6 Personen | ca. 30 Min. Zubereitung
25 Min. Garen | pro Portion (bei 6 Personen): ca. 115 kcal

1 Die Roten Beten waschen und schälen (dabei Einweghandschuhe tragen, die Beten färben!). Den Kohl längs vierteln und den Strunk herausschneiden, die Blätter in feine Streifen schneiden, waschen und abtropfen lassen. Sellerie und Möhren schälen und mit der Küchenmaschine oder auf der Rohkostreibe in feine Stifte (Julienne) hobeln. Rote Beten ebenfalls in feine Stifte hobeln.

2 Zwiebeln und Knoblauch schälen und fein würfeln. Das Öl in einem Suppentopf erhitzen, darin Zwiebeln und Knoblauch goldgelb andünsten. Sellerie und Möhren dazugeben und unter Rühren 2 Min. mit andünsten. Den Kohl hinzufügen und weitere 2 Min. dünsten. Dann die Roten Beten dazugeben, Mehl darüberstäuben und unter Rühren nochmals 2 Min. dünsten. Die Brühe dazugießen, Majoran und Lorbeer unterrühren, salzen, pfeffern und alles zugedeckt bei mittlerer Hitze ca. 25 Min. garen. Das Lorbeerblatt entfernen und den Eintopf mit Essig und eventuell Salz und Pfeffer abschmecken. Mit den Buchweizenecken und der Dillsahne servieren oder auch einmal grob zerstampfte Salzkartoffeln dazu reichen.

VOLLWERTIG – EINFACH

Buchweizenecken mit Dillsahne

400 g Buchweizen
1 Zwiebel
100 g Butter
800 ml Gemüsebrühe
½ TL getrockneter Majoran
Salz | ½ Bund Dill
200 g saure Sahne | Pfeffer

Für 1 Springform (24 cm Ø), 6–8 Personen
ca. 30 Min. Zubereitung | 30 Min. Quellen | 1 Std. Kühlen
Pro Portion (bei 8 Personen): ca. 300 kcal

1 Den Buchweizen in einem Sieb abbrausen. Die Zwiebel schälen und fein würfeln. In einem Topf 40 g Butter schmelzen, darin die Zwiebel goldgelb andünsten. Die Brühe dazugießen und aufkochen. Buchweizen und Majoran hinzufügen und leicht salzen, dann den Buchweizen bei kleiner Hitze zugedeckt 25–30 Min. quellen lassen, bis er die Flüssigkeit vollständig aufgesogen hat.

2 Eine Springform mit etwas Butter einfetten. Den Buchweizen einfüllen, glatt in die Form drücken und im Kühlschrank 1 Std. auskühlen lassen.

3 Den Backofen auf 200° vorheizen. Die übrige Butter in einem Pfännchen bei großer Hitze aufschäumen und leicht bräunen lassen. Den Buchweizen damit bepinseln und im Ofen (Mitte, Umluft 180°) in ca. 15 Min. goldbraun backen. Inzwischen den Dill abbrausen und trocken schütteln, die Spitzen abzupfen, fein hacken und unter die saure Sahne mischen, mit Salz und Pfeffer würzen. Den Buchweizen aus dem Ofen nehmen und kurz abkühlen lassen. Am Rand mit einem Messer lösen, dann in Stücke schneiden und mit der Dillsahne zum Borschtsch servieren.

HERBSTLICH – PREISWERT

Kartoffel-Kürbis-Eintopf

750 g mehligkochende Kartoffeln
700 g Kürbis (z. B. Moschuskürbis, geputzt ca. 500 g)
1 Stück Lauch (ca. 150 g)
2 große Möhren
2 Zwiebeln | 1 Knoblauchzehe
8 Zweige Thymian
3 EL Butter
1,5 l Gemüsebrühe
1 TL getrockneter Majoran
Salz | Pfeffer
frisch geriebene Muskatnuss
5 EL Kürbiskerne | 150 g Sahne
2–3 EL Aceto balsamico
1 Kästchen Gartenkresse
3–4 EL Kürbiskernöl

Für 4 Personen | ca. 50 Min. Zubereitung
Pro Portion: ca. 505 kcal

1 Kartoffeln schälen und in ca. 1,5 cm große Würfel schneiden. Kürbis schälen, Kerne und fasriges Fleisch entfernen und das Fruchtfleisch ca. 2 cm groß würfeln. Lauch längs halbieren, waschen, putzen und in feine Streifen schneiden. Möhren schälen, längs halbieren und in feine Scheiben schneiden. Zwiebeln und Knoblauch schälen und fein würfeln. Thymian abbrausen und trocken schütteln, die Blättchen abzupfen und grob hacken.

2 Die Butter in einem Suppentopf schmelzen, darin Zwiebeln und Knoblauch bei mittlerer Hitze goldgelb andünsten. Lauch und Möhren dazugeben und bei größerer Hitze unter Rühren 2–3 Min. braten, bis der Lauch leicht bräunt. Brühe dazugießen und aufkochen, Kartoffeln, Kürbis, Thymian und Majoran hinzufügen. Mit Salz, Pfeffer und Muskatnuss würzen und zugedeckt bei kleiner Hitze 20–25 Min. garen.

3 Inzwischen die Kürbiskerne in einer Pfanne ohne Fett bei mittlerer Hitze rösten, bis sie duften und leicht knistern, und abkühlen lassen. Die Sahne in die Suppe rühren, mit Essig, Salz, Pfeffer und Muskatnuss abschmecken. Kresse abbrausen, trocken schütteln und vom Beet schneiden. Die Suppe auf tiefe Teller oder Suppentassen verteilen, mit Kürbiskernöl beträufeln und mit Kresse und Kürbiskernen bestreuen.

ÜPPIG – WINTERLICH

Graupeneintopf mit Steckrüben

180 g Gerstengraupen (Perlgraupen) | Salz
1 kleine Steckrübe (ca. 600 g)
3 kleine Möhren
2 Petersilienwurzeln
1 Stück Lauch (ca. 100 g)
2 Zwiebeln
2 EL Butter
1 TL Currypulver
1 l Gemüsebrühe | Pfeffer
1 Bund Schnittlauch
2 EL körniger Senf

Für 4 Personen | ca. 1 Std. Zubereitung
Pro Portion: ca. 295 kcal

1 Die Graupen in einem Sieb abbrausen und nach Packungsanweisung in Salzwasser in ca. 30 Min. leicht bissfest garen. Anschließend in ein Sieb abgießen und abtropfen lassen.

2 Inzwischen die Steckrübe schälen und in 2–3 cm große und 5 mm dicke Scheiben schneiden. Möhren und Petersilienwurzeln schälen und ebenfalls in ca. 5 mm dicke Scheiben schneiden (sehr dicke Petersilienwurzeln vorher längs halbieren oder vierteln). Lauch längs halbieren, waschen, putzen und in ca. 1 cm breite Streifen schneiden. Zwiebeln schälen und fein würfeln.

3 Die Butter in einem Suppentopf schmelzen, darin die Zwiebeln goldgelb andünsten. Das Gemüse dazugeben und unter Rühren 2–3 Min. mitdünsten. Currypulver darüberstäuben und kurz anschwitzen. Mit Brühe ablöschen, salzen, pfeffern und alles zugedeckt 25–30 Min. garen.

4 Schnittlauch abbrausen, trocken schütteln und in Röllchen schneiden. Die Graupen in den Eintopf geben und warm werden lassen. Den Eintopf mit Senf, Salz und Pfeffer abschmecken und mit Schnittlauch bestreuen.

HAUPT-GERICHTE

Hier wird garantiert jeder satt und fleischlos glücklich, dank Milch- oder Sojaprodukten, Hülsenfrüchten, Getreide und natürlich jeder Menge saisonal ausgewähltem Gemüse. Die Gerichte lassen sich nach Lust und Laune immer wieder neu kombinieren.

Sehnsüchtig warten wir jedes Jahr auf den ersten Spargel – mit ihm wird das kunterbunte Gemüsejahr eröffnet. Wir läuten die Saison mit einem raffiniert verfeinerten Klassiker und einer edlen Ragout-Variante mit Tofu ein.

EDEL – FRÜHLINGSFRISCH

Spargel mit Sauerampfer-Hollandaise

1 kg weißer Spargel | Salz
220 g Butter
50 g Sauerampfer (ersatzweise gemischte Frühlingskräuter)
4 Eigelb
4 EL Weißwein (nach Belieben)
2 EL frisch gepresster Zitronensaft
Salz | Pfeffer | Honig

Für 4 Personen | ca. 45 Min. Zubereitung
Pro Portion: ca. 530 kcal

1 Spargel schälen, holzige Enden abschneiden. Reichlich Wasser in einem großen Topf aufkochen und salzen, Spargel mit 20 g Butter dazugeben und zugedeckt bei mittlerer Hitze je nach Dicke der Stangen 20–25 Min. garen.

2 Inzwischen den Sauerampfer abbrausen, trocken schütteln und die Blätter in feine Streifen schneiden. Die restliche Butter in einem Topf schmelzen und so lange leicht köcheln lassen, bis sich die weißliche Molke vom Fett absetzt, dabei den aufsteigenden Schaum abschöpfen. Das Butterfett durch ein mit Küchenpapier ausgelegtes Sieb gießen, in einem sauberen Topf auffangen und dann warm halten.

3 Die Eigelbe, nach Belieben Wein oder Wasser und 2 EL Zitronensaft in einer kleinen Rührschüssel aus Glas oder Metall mit dem Schneebesen verquirlen. Auf einen Topf mit leicht kochendem Wasser setzen und über dem Wasserbad bei langsam ansteigender Hitze in ca. 8 Min. cremig aufschlagen (dabei darf der Topf das Wasser nicht berühren). Die warme Butter erst tröpfchenweise, dann in dünnem Strahl unterrühren. Mit Salz, Pfeffer und wenig Honig würzen, den Sauerampfer unterrühren. Den Spargel abtropfen lassen und mit der Hollandaise servieren. Dazu passen junge Pellkartoffeln (eventuell auch gepellt, in Butter gebraten und mit Petersilie bestreut) oder die Bärlauchplinsen von Seite 126.

FEIN – FÜR GÄSTE

Tofuklößchen-Spargelragout in Safransauce

2 Schalotten | 2 EL Butter
250 g Tofu | 1 Ei (S)
3 EL Hartweizengrieß
Salz | Pfeffer
Chilipulver | frisch geriebene Muskatnuss
½ TL getrockneter Thymian
2 EL gehackte krause Petersilie
je 250 g weißer und grüner Spargel
100 ml Weißwein (ersatzweise Gemüsebrühe)
200 g Sahne
1 Msp. Safranfäden
Saft von 1 Orange
¾ TL gehackter Estragon

Für 4 Personen | ca. 45 Min. Zubereitung
Pro Portion: ca. 340 kcal

1 Schalotten schälen und fein würfeln. In einem Pfännchen ½ EL Butter schmelzen, darin die Hälfte der Schalotten goldgelb andünsten. Tofu in grobe Würfel schneiden und mit Ei, Grieß und Schalotten fein pürieren, kräftig mit Salz, Pfeffer, Chili, Muskatnuss, Thymian und Petersilie würzen. Die Tofumasse 15 Min. ziehen lassen. Anschließend aus der Masse 16 Klößchen formen. In einem Topf Wasser aufkochen, die Hitze reduzieren und die Klößchen im siedenden Wasser in ca. 10 Min. gar ziehen lassen, herausheben und abtropfen lassen.

2 Inzwischen weißen Spargel schälen, grünen Spargel waschen, holzige Enden abschneiden und die Stangen in ca. 4 cm lange Stücke schneiden. In einem Topf ausreichend Wasser aufkochen und salzen, Spargel mit ½ EL Butter hineingeben und zugedeckt bei mittlerer Hitze 20–25 Min. garen. Abgießen, dabei den Kochsud auffangen und den Spargel in etwas Sud warm halten.

3 Die restliche Butter schmelzen, darin die übrigen Schalotten goldgelb andünsten. Mit Wein ablöschen und den Wein bei großer Hitze verkochen lassen. 350 ml Spargelwasser und die Sahne dazugießen, Safran hineinbröseln und bei großer Hitze in 5–7 Min. um gut die Hälfte einkochen lassen. Orangensaft in die Sauce rühren, salzen, pfeffern und Estragon einrühren. Klößchen und Spargel in die Sauce geben und warm werden lassen. Dazu passt Reis.

AUS DER THAI-KÜCHE

Limettencurry mit Tofu

3 Schalotten
1 Knoblauchzehe
1 Stück Galgant (ca. 6 cm, aus dem Asienladen; ersatzweise junger Ingwer)
4–5 grüne Thai-Chilischoten
3 Stängel Zitronengras
2 EL Sojaöl
¾ TL gemahlener Kreuzkümmel
½ TL Kurkumapulver | Salz
1 großer Zucchino
2 rote Paprikaschoten
200 g Mini-Maiskölbchen
4 Stangen Staudensellerie | 250 g Tofu
10 Kaffir-Limettenblätter (aus dem Asienladen)
400 ml Kokosmilch
1 EL Sojasauce
3–4 EL frisch gepresster Limettensaft
½ TL Zucker

Für 4 Personen | ca. 50 Min. Zubereitung
Pro Portion: ca. 175 kcal

1 Für die Currypaste Schalotten, Knoblauch und Galgant schälen und grob zerschneiden. Chilischoten waschen, putzen und mit den Kernen grob hacken. Vom Zitronengras die Strünke und äußersten Blätter abschneiden, das untere Drittel fein hacken. Alle zerkleinerten Zutaten mit Öl, Gewürzen und ½ TL Salz im Blitzhacker fein pürieren.

2 Gemüse waschen und putzen. Zucchino längs vierteln und in 1 cm breite Stücke schneiden, Paprika längs in 1 cm breite Streifen schneiden. Maiskölbchen schräg in zwei Stücke, Sellerie schräg in 5 mm dünne Scheiben schneiden. Den Tofu klein würfeln. Limettenblätter waschen und trocken tupfen.

3 Currypaste mit 5 EL Kokosmilch in einem Topf unter Rühren bei mittlerer Hitze rösten, bis die Flüssigkeit völlig verdampft ist. Restliche Kokosmilch und Limettenblätter unterrühren, mit Sojasauce und 2–3 EL Limettensaft würzen. Maiskölbchen hineingeben und bei mittlerer Hitze zugedeckt 5 Min. garen. Übriges Gemüse hinzufügen und in 12–15 Min. fertig garen. Tofu dazugeben und warm werden lassen, die Sauce mit Salz, Zucker und Limettensaft abschmecken. Mit Jasmin- oder Basmatireis servieren.

LEICHT – KNACKIG-FRISCH

Gebratener Tofu mit Zuckerschoten

500 g Tofu
100 g Semmelbrösel
5 EL helle und schwarze Sesamsamen
2 Eier (M) | 1 EL Sojasauce
Salz | Pfeffer
100 g Mehl
600 g Zuckerschoten
200 g Erdbeeren
6–7 EL Sojaöl
1 EL Butter
1–2 TL Currypulver

Für 4 Personen | ca. 30 Min. Zubereitung
Pro Portion: ca. 625 kcal

1 Den Tofu in ca. 1 cm dicke Scheiben schneiden. Semmelbrösel und Sesam in einem tiefen Teller mischen. Eier mit der Sojasauce in einem tiefen Teller verquirlen, mit Salz und Pfeffer würzen. Das Mehl ebenfalls in einen tiefen Teller geben.

2 Zuckerschoten waschen, putzen und jeweils bündelweise schräg halbieren. Erdbeeren waschen, trocken tupfen und die Kelchblätter entfernen, die Beeren je nach Größe halbieren oder vierteln.

3 Die Tofuscheiben erst im Mehl, dann in den Eiern und zuletzt in der Brösel-Sesam-Mischung wenden, die Brösel leicht andrücken. In einer beschichteten Pfanne 4–5 EL Öl erhitzen, darin den Tofu bei mittlerer Hitze auf beiden Seiten in jeweils 3–4 Min. goldbraun braten. Herausnehmen und auf Küchenpapier abtropfen lassen. Gleichzeitig in einer zweiten Pfanne das übrige Öl erhitzen, darin die Zuckerschoten bei mittlerer Hitze unter Rühren ca. 5 Min. anbraten, salzen und pfeffern. Butter dazugeben, Curry und Erdbeeren unterrühren und ca. 1 Min. durchschwenken. Das Gemüse mit den gebratenen Tofuschnitten anrichten. Dazu passt Reis.

KALORIENARM – FRÜHLINGSFRISCH

🌿 Gedämpftes Gemüse

2 Kohlrabi
6 Mairübchen (Navetten, ca. 300 g)
3 dicke Möhren
300 g grüner Spargel
150 g junger Blattspinat
¼ Bund Petersilie | 2 Schalotten
1 kleine mehligkochende Kartoffel
1 EL Pflanzenöl
2–3 EL trockener Wermut (z. B. Noilly Prat, ersatzweise 2–3 Spritzer frisch gepresster Zitronensaft)
¼ l Gemüsebrühe | 200 g Sojacreme
Salz | Pfeffer
frisch geriebene Muskatnuss

Für 4 Personen | ca. 45 Min. Zubereitung
Pro Portion: ca. 200 kcal

1 Kohlrabi, Rübchen und Möhren schälen, Kohlrabi in 12 Spalten schneiden, Rübchen und Möhren längs vierteln. Den Spargel waschen und die holzigen Enden abschneiden.

2 Für die Sauce den Spinat verlesen, waschen und trocken schütteln. Petersilie abbrausen, trocken schütteln und mit den Stängeln klein schneiden. Schalotten schälen und fein würfeln. Kartoffel schälen und auf der Rohkostreibe fein reiben. Das Öl in einem Topf erhitzen, darin die Schalotten goldgelb andünsten. Mit Wermut und 80 ml Brühe ablöschen und die Flüssigkeit bei großer Hitze verkochen lassen. Übrige Brühe, Kartoffel und Sojacreme unterrühren und zugedeckt bei kleiner Hitze 15 Min. köcheln lassen, dabei gelegentlich umrühren.

3 Inzwischen in einem Topf ausreichend Wasser erhitzen, den Dämpfeinsatz hineinstellen und das Gemüse darauf verteilen, dabei den Spargel obenauf legen. Mit Salz und Pfeffer bestreuen und zugedeckt bei mittlerer Hitze in 15–18 Min. gar dämpfen.

4 Spinat und Petersilie in die Sauce geben und bei großer Hitze zusammenfallen lassen, anschließend alles fein pürieren. Mit Salz, Pfeffer, Muskatnuss und Wermut abschmecken und zum Gemüse und den Bärlauchplinsen (oder jungen Kartoffeln) servieren.

LUFTIG – FEIN

Bärlauchplinsen

220 ml Milch
½ Würfel Hefe (ca. 21 g)
½ TL Zucker
50 g weiche Butter
2 Eier (M)
250 g Magerquark
250 g Mehl
Salz | Pfeffer
3 Msp. edelsüßes Paprikapulver
1 Bund Bärlauch (ca. 60 g)
Butterschmalz zum Braten

Für 4 Personen | ca. 20 Min. Zubereitung
45 Min. Quellen | pro Portion: ca. 455 kcal

1 Die Milch lauwarm erhitzen. Die Hefe in ein Schälchen bröckeln, den Zucker und ein Drittel der Milch dazugeben und leicht verrühren. Den Hefeansatz zugedeckt an einem warmen Ort 15 Min. gehen lassen.

2 Die Butter mit den Schneebesen des Handrührgeräts cremig rühren. Die Eier nacheinander hineingeben und gründlich unterrühren, dann den Quark sorgfältig unterheben. Mehl mit gut ½ TL Salz, Pfeffer und Paprikapulver mischen und auf die Buttermasse geben. Übrige möglichst lauwarme Milch und Hefeansatz dazugeben und gründlich unterrühren. Den Teig zugedeckt ca. 30 Min gehen lassen.

3 Inzwischen den Bärlauch abbrausen und trocken schütteln, die Stiele abschneiden und die Blätter in feine Streifen schneiden. Bärlauch unter den gegangenen Teig rühren. Reichlich Butterschmalz in einer beschichteten Pfanne schmelzen. Den Teig esslöffelweise mit etwas Abstand zueinander in die Pfanne geben und leicht zu kleinen Küchlein verstreichen. Die Plinsen bei mittlerer Hitze braten, bis sie auf der Oberseite fast fest und an den Rändern leicht gebräunt sind. Dann wenden und auch die zweite Seite goldbraun backen. So den gesamten Teig verarbeiten, fertige Bärlauchplinsen eventuell im Backofen bei 60° warm halten.

Gemüsestrudel mit Brokkoli, Fenchel und Kohlrabi

Hier zählen die inneren Werte: Umhüllt von hauchdünnem, knusprigem Strudelteig warten buntes Gemüse und aromatische Kräuter auf ihre Entdeckung.

FÜR GÄSTE – MILD

Für den Teig:
250 g Mehl | 1 TL Salz
1 ½ EL Olivenöl
1 EL Weißweinessig
1 Ei (M)
2–3 EL Butter
Mehl zum Arbeiten

Für die Füllung:
300 g Brokkoli
1 Kohlrabi
1 Knolle Fenchel
1 Stange Lauch
1 Bund Frühlingszwiebeln
1 Knoblauchzehe | Salz
2 EL Butter | Pfeffer
1 TL gekörnte Gemüsebrühe
100 g Greyerzer (siehe Info Seite 8)
1 Handvoll Kerbel
250 g Magerquark
1 TL Currypulver

Für 4–6 Personen (2 Strudel von je ca. 30 cm Länge)
ca. 1 Std. Zubereitung
30 Min. Ruhen
35 Min. Backen
Pro Portion (bei 6 Personen):
ca. 360 kcal

1 Für den Teig Mehl und Salz in einer Schüssel mischen. 1 EL Öl, Essig, Ei und ca. ⅛ l lauwarmes Wasser dazugeben und alles zügig mit einem Holzkochlöffel mischen. Dann mit den Händen zu einem elastischen Teig kneten. Den Teig halbieren, zu zwei Kugeln formen, mit dem übrigen Öl bepinseln und auf einen Teller legen. Einen großen Topf auf der Herdplatte erhitzen, bis er richtig warm ist, und über den Teller stülpen. Den Teig unter dem warmen Topf ca. 30 Min. ruhen lassen.

2 Inzwischen für die Füllung das Gemüse waschen und putzen. Den Brokkoli in kleine Röschen teilen, den Stiel in ca. 3 cm lange Stifte schneiden. Kohlrabi ebenfalls in ca. 3 cm lange Stifte schneiden. Fenchel vierteln und den Strunk herausschneiden, die Viertel quer halbieren und in kleine Stücke schneiden. Lauch in ca. 1 cm breite Ringe schneiden. Frühlingszwiebeln mit Grün ebenfalls in 1 cm breite Ringe schneiden. Knoblauch schälen und fein würfeln.

3 In einem Topf ausreichend Wasser aufkochen und salzen, darin Brokkoli, Kohlrabi und Fenchel in 5–6 Min. bissfest garen. In ein Sieb abgießen, kalt abschrecken und abtropfen lassen. Die Butter in einer großen Pfanne schmelzen, darin Lauch, weiße Zwiebelringe und Knoblauch andünsten. Das abgetropfte Gemüse dazugeben, mit Salz und Pfeffer würzen und unter Rühren 2 Min. anbraten. Gekörnte Brühe mit 1 Schuss Wasser hinzufügen und das Gemüse unter Rühren braten, bis das Wasser völlig verdampft ist. Vom Herd nehmen und leicht abkühlen lassen.

4 Den Backofen auf 200° vorheizen. Für den Teig die Butter in einem Pfännchen schmelzen. Ein sauberes Küchentuch glatt auslegen und dünn mit Mehl bestäuben. Eine Teigkugel mittig darauflegen und mit den Händen zu einem Rechteck drücken bzw. ziehen. Dann mit einem Nudelholz so dünn wie möglich rechteckig ausrollen, dabei immer wieder mit den Händen an den vier Ecken in Form ziehen. Zuletzt mit beiden Händen unter den Teig fahren und den Teig mit den Handflächen vorsichtig nach und nach dünner und rechteckig in Form ziehen. Den Teig dünn mit Butter bepinseln.

5 Für die Füllung den Käse fein reiben. Den Kerbel abbrausen und trocken schütteln, die Blättchen abzupfen und fein hacken. Beides mit Quark und grünen Zwiebelringen unter das Gemüse rühren, kräftig mit Curry, Salz und Pfeffer würzen. Die Hälfte der Masse auf dem Strudelteig verteilen, dabei rundum einen ca. 3 cm breiten Rand frei lassen. Den Strudel mithilfe des darunterliegenden Tuchs von einer Längsseite her aufrollen, die Seiten einschlagen und nach unten festdrücken. Den Strudel mit der Nahtseite nach unten auf ein mit Backpapier ausgelegtes Blech legen und dünn mit flüssiger Butter bepinseln. Den zweiten Strudel genauso zubereiten und mit etwas Abstand neben den ersten auf das Blech legen. Im Ofen (Mitte, Umluft 180°) in ca. 35 Min. goldbraun backen. Herausnehmen und ca. 5 Min. abkühlen lassen, dann in Stücke schneiden und z. B. mit der Schnittlauchsauce mit Kapern von Seite 130 servieren.

Schnittlauchsauce mit Kapern

Ein echter Allrounder: Die cremige Sauce passt zu geschmortem oder gedünstetem Gemüse und ist auch zu Reis oder Kartoffeln der ideale Begleiter.

AROMATISCH – UNKOMPLIZIERT

3 Schalotten
½ Bio-Zitrone
1 EL Butter | 2 EL Mehl
50 ml Weißwein (ersatzweise Gemüsebrühe)
150 ml Gemüsebrühe
120 g Sahne
Salz | Pfeffer
frisch geriebene Muskatnuss
½ Bund Schnittlauch
1 ½ EL Kapern

Für 4 Personen | ca. 30 Min. Zubereitung
Pro Portion: ca. 145 kcal

1 Die Schalotten schälen und fein würfeln. Die Zitrone heiß waschen und abtrocknen, die Schale abreiben und den Saft auspressen. Die Butter in einem Topf schmelzen, darin die Schalotten goldgelb andünsten. Das Mehl darüberstäuben und unter Rühren anschwitzen. Den Wein dazugießen, dabei kräftig weiterrühren, damit keine Klümpchen entstehen. Dann nach und nach Brühe und Sahne unter ständigem Rühren hinzufügen. Die Sauce mit Salz, Pfeffer, Muskatnuss und 2 Msp. Zitronenschale würzen und zugedeckt bei kleiner Hitze 15–20 Min. köcheln lassen, dabei ab und zu umrühren.

2 Inzwischen den Schnittlauch abbrausen, trocken schütteln und in Röllchen schneiden. Kapern nach Belieben gröber oder feiner hacken. Die Sauce nach Wunsch pürieren und mit Zitronensaft abschmecken. Die Kapern unterrühren und 1–2 Min. ziehen lassen. Vor dem Servieren den Schnittlauch unterrühren.

GRAUPENRISOTTO MIT SPARGEL

SPAGHETTI MIT GEMÜSE

EINFACH – ÜPPIG

Graupenrisotto mit Spargel und Champignons

500 g grüner Spargel
250 g braune Champignons
2 Zweige Thymian
2 Schalotten
600 ml Gemüsebrühe
50 g Butter oder 3 EL Olivenöl
1 getrocknete Chilischote
250 g Gerstengraupen (Perlgraupen)
75 ml Weißwein
2 EL Olivenöl
Salz | Pfeffer
50 g frisch geriebener Hartkäse
  (z. B. Montello, siehe Info Seite 8)
frisch geriebene Muskatnuss
2–3 Spritzer frisch gepresster Zitronensaft

Für 4 Personen | ca. 50 Min. Zubereitung
Pro Portion: ca. 445 kcal

1 Den Spargel waschen und die holzigen Enden abschneiden, die Stangen schräg in ca. 1 cm breite Stücke schneiden, die Köpfe beiseitelegen. Pilze sauber abreiben, putzen und je nach Größe halbieren oder vierteln. Den Thymian abbrausen und trocken schütteln, die Blättchen abzupfen und fein hacken. Schalotten schälen und fein würfeln.

2 Die Brühe aufkochen und heiß halten. Die Butter in einem Topf schmelzen, darin die Schalotten goldgelb andünsten. Die Chilischote fein zerbröseln, mit den Graupen dazugeben und kurz andünsten. Mit dem Wein ablöschen und den Wein vollständig verkochen lassen. Den Thymian hinzufügen und ein Drittel der Brühe dazugießen. Die Graupen zugedeckt bei mittlerer Hitze 20 Min. garen, dabei nach und nach die restliche Brühe dazugießen und umrühren. Die Spargelstücke unterrühren und die Graupen in weiteren 10 Min. weich garen.

3 Inzwischen das Öl in einer beschichteten Pfanne erhitzen, darin Spargelköpfe und Pilze unter Rühren in 3–4 Min. braun braten. Mit Salz und Pfeffer würzen. Mit dem Käse unter den Risotto heben, den Risotto mit Salz, Pfeffer, Muskatnuss und Zitronensaft abschmecken.

SCHNELL – KNACKIG-WÜRZIG

🌿 Spaghetti mit Gemüse und Chilibröseln

1 Knolle Fenchel (ca. 200 g)
3 Stangen Staudensellerie
1 rote Spitzpaprika
1 kleine rote Zwiebel
1 große Knoblauchzehe
1 rote Chilischote | Salz
500 g Spaghetti
4 EL Olivenöl | Pfeffer
3 EL Semmelbrösel
3 EL gemahlene Mandeln
1 EL gehackter Thymian

Für 4 Personen | ca. 40 Min. Zubereitung
Pro Portion: ca. 635 kcal

1 Gemüse waschen und putzen. Fenchel vierteln und den Strunk herausschneiden, die Viertel quer in schmale Streifen schneiden. Sellerie in dünne Scheiben, Paprika in Streifen schneiden. Zwiebel schälen, halbieren und ebenfalls in Streifen schneiden. Knoblauch schälen und fein würfeln. Chilischote längs halbieren und die Kerne entfernen, die Hälften waschen und fein hacken.

2 Für die Nudeln in einem großen Topf reichlich Wasser aufkochen und salzen. Die Spaghetti hineingeben und nach Packungsanweisung bissfest garen. Anschließend in ein Sieb abgießen und abtropfen lassen. Inzwischen 2 EL Öl im Wok oder in einer beschichteten Pfanne erhitzen, darin Gemüse, Zwiebelstreifen und die Hälfte des Knoblauchs unter Rühren 3–4 Min. anbraten. Salzen, pfeffern, 3–4 EL Wasser unterrühren und alles zugedeckt bei mittlerer Hitze weitere 3–5 Min. garen.

3 Das restliche Öl in einem Pfännchen erhitzen, darin Semmelbrösel, Mandeln, Thymian, übrigen Knoblauch und Chili unter Rühren 2–3 Min. anrösten. Das Gemüse mit den abgetropften Nudeln mischen und mit den Chilibröseln bestreuen.

Quinoa-Mangold-Pastete mit Paprikasauce

Ein deftiger Sattmacher, der garantiert der ganzen Familie schmeckt und auch bei Gästen was hermacht. Nicht nur farblich perfekt dazu: die rote Paprikasauce.

GUT VORZUBEREITEN

Für die Pastete:
120 g Quinoa | Salz
250 g Mangold
300 g Brokkoli
2 kleine Zwiebeln
1 Knoblauchzehe
½ Bund Petersilie
2 EL Olivenöl
3 EL Weißwein (nach Belieben)
Pfeffer
1 TL gekörnte Gemüsebrühe
frisch geriebene Muskatnuss
3–4 EL frisch gepresster Zitronensaft
100 g würziger Hartkäse (z. B. Bergkäse, siehe Info Seite 8)
4 Eier (M) | 250 g Magerquark
2 EL Mehl
edelsüßes Paprikapulver
Butter und Semmelbrösel für die Form

Für die Sauce:
5 Tomaten
3 große rote Paprikaschoten
1 Zwiebel | 1 Knoblauchzehe
2 EL Olivenöl | 4 EL Sherry
1 TL getrockneter Thymian
1 TL edelsüßes Paprikapulver
1 ½ EL gesalzene Rauchmandeln | Zucker

Für 1 Kastenform (30 cm),
6 Personen
ca. 50 Min. Zubereitung
1 Std. Backen
Pro Portion: ca. 385 kcal

1 Für die Pastete Quinoa in einem Sieb heiß abbrausen und abtropfen lassen. 300 ml Wasser aufkochen und salzen, Quinoa hineingeben und zugedeckt bei mittlerer Hitze ca. 10 Min. leicht sprudelnd kochen lassen. Danach bei kleinster Hitze oder auf der ausgeschalteten Herdplatte weitere 10 Min. quellen und auskühlen lassen.

2 Inzwischen den Mangold waschen und putzen, Stängel und Blätter getrennt in ca. 5 mm breite Stücke schneiden. Den Brokkoli waschen, putzen und in kleine Röschen teilen, den Stiel in ca. 2 cm große Stücke schneiden. Zwiebeln und Knoblauch schälen und fein würfeln. Petersilie abbrausen und trocken schütteln, die Blättchen abzupfen und fein hacken.

3 Ausreichend Wasser aufkochen und salzen, darin den Brokkoli etwas mehr als bissfest garen, abgießen, kalt abschrecken und abtropfen lassen. Das Öl in einer beschichteten Pfanne erhitzen, darin Zwiebeln und Knoblauch goldgelb andünsten. Mangoldstiele dazugeben und unter Rühren anbraten. Nach Wunsch mit Wein und 3–4 EL Wasser ablöschen, mit Salz, Pfeffer und gekörnter Brühe würzen und bei mittlerer Hitze 6–8 Min. garen. Mangoldblätter dazugeben und unter Rühren bei großer Hitze zusammenfallen lassen. Mit Salz, Pfeffer, Muskatnuss und 2 EL Zitronensaft würzen und abkühlen lassen.

4 Den Backofen auf 200° vorheizen. Eine Kastenform mit Butter einfetten und mit Semmelbröseln ausstreuen. Den Käse fein reiben. Eier trennen, Eiweiße mit 1 Prise Salz steif schlagen. Quark und Eigelbe mit dem Schneebesen glatt verrühren. Käse, Quinoa, Mehl, Brokkoli, Mangoldmasse und Petersilie unterrühren, kräftig mit Salz, Pfeffer, Muskatnuss, Paprikapulver und eventuell Zitronensaft würzen, dann den Eischnee unterheben. Die Masse in die Form füllen, glatt streichen und im Ofen (Mitte, Umluft 180°) ca. 1 Std. garen, eventuell gegen Garzeitende mit Backpapier abdecken.

5 Inzwischen für die Sauce die Tomaten kreuzweise einritzen, in einer Schüssel mit kochend heißem Wasser übergießen und kurz ziehen lassen, dann häuten und klein würfeln, dabei die Stielansätze entfernen und den Saft auffangen. Paprika halbieren, putzen, waschen und in Stücke schneiden. Zwiebel und Knoblauch schälen und fein würfeln.

6 Das Öl in einem Topf erhitzen, darin Zwiebel und Knoblauch goldgelb andünsten, Paprika dazugeben und kurz mit anbraten. Mit Sherry ablöschen, Tomaten samt Saft, Thymian und Paprikapulver hinzufügen, salzen, pfeffern und zugedeckt bei kleiner Hitze 25–30 Min. garen, dabei eventuell 3–4 EL Wasser dazugeben. Mandeln grob hacken, in die Sauce geben und alles schaumig pürieren, mit 1 Prise Zucker abschmecken. Die Pastete aus dem Ofen nehmen und 10 Min. in der Form abkühlen lassen. Auf eine Platte stürzen, in dicke Scheiben schneiden und mit der Paprikasauce servieren.

Quarkkuchen mit Kräutern und Frühlingszwiebeln

Käsekuchen mal pikant – und er kommt garantiert so locker und luftig wie sein süßer Bruder daher. Trotzdem macht er richtig schön satt.

FÜR GÄSTE

Für den Teig:
250 g Mehl | Salz
150 g kalte Butter
1 Eigelb
2 EL Weißweinessig
Mehl für die Arbeitsfläche
Butter für die Form

Für den Belag:
2 Bund Frühlingszwiebeln
1 Knoblauchzehe
2 Bund Frühlingskräuter (z. B. Kerbel, Sauerampfer, Borretsch, Estragon, Petersilie)
2 EL Olivenöl
750 g Magerquark
150 g Sahne
4 Eier (M) | 1 Eiweiß
1 TL gekörnte Gemüsebrühe
Salz | Pfeffer
je 3 Msp. edelsüßes Paprika- und Currypulver
frisch geriebene Muskatnuss
2 EL frisch gepresster Zitronensaft

Für 1 Springform
(26 cm Ø), 12 Stücke
ca. 40 Min. Zubereitung
30 Min. Ruhen
1 Std. Backen
Pro Stück: ca. 315 kcal

1 Für den Teig das Mehl mit 1 Prise Salz mischen, Butter in Flöckchen, Eigelb und Essig dazugeben. Alles zuerst mit einem Messer fein zerhacken, dann zwischen den Händen zu Bröseln zerreiben und zuletzt zu einem glatten Teig kneten. Teig zu einer Kugel formen, in Frischhaltefolie wickeln und im Kühlschrank 30 Min. ruhen lassen.

2 Inzwischen für den Belag die Frühlingszwiebeln waschen und putzen, den weißen Teil und die Hälfte des Grüns getrennt in Ringe schneiden (nach Belieben 3 Frühlingszwiebeln längs halbieren, beiseitelegen und vor dem Backen in die Quarkmasse drücken). Knoblauch schälen und fein hacken. Kräuter abbrausen und trocken schütteln, die Blättchen abzupfen und fein zerschneiden. Das Öl in einer kleinen Pfanne erhitzen, darin die weißen Zwiebelringe und den Knoblauch andünsten und abkühlen lassen. Quark, Sahne, Eier und Eiweiß gründlich verrühren. Mit gekörnter Brühe, Salz, Pfeffer, Paprika, Curry und Muskatnuss kräftig abschmecken. Zwiebel-Knoblauch-Mischung, Zwiebelgrün, Kräuter und Zitronensaft unterrühren.

3 Den Backofen auf 200° vorheizen, eine Springform mit Butter einfetten. Den Teig auf einer bemehlten Arbeitsfläche ausrollen und in die Form legen, dabei einen Rand formen. Den Teigboden mehrmals mit einer Gabel einstechen und die Füllung darauf verteilen. Den Kuchen im Ofen (Mitte, Umluft 180°) in 50–60 Min. goldbraun backen, eventuell nach gut der Hälfte der Backzeit mit Backpapier abdecken. Vor dem Anschneiden 5–10 Min. abkühlen lassen.

VARIANTE Grüne Spargeltarte

Dafür den Teig wie links beschrieben zubereiten und kühlen. 500 g grünen Spargel waschen, holzige Enden abschneiden, die Köpfe abschneiden und beiseitelegen. Die Spargelstangen in Salzwasser ca. 5 Min. garen, dann die Köpfe dazugeben und weitere 2 Min. garen. Abgießen und kalt abschrecken. 250 g Mascarpone mit 2 Eiern (M) verrühren. 2 EL gehackte Petersilie und 1 TL gehackten Estragon unterrühren, mit Salz, Pfeffer, Muskatnuss und 1–2 Spritzern frisch gepresstem Zitronensaft kräftig würzen. Eine Tarteform (26 cm Ø) mit dem Teig auslegen, Spargel darauf auslegen und den Guss darauf verteilen. 3 EL Pinienkerne darüberstreuen und die Tarte im 200° heißen Ofen (Mitte, Umluft 180°) in 30–35 Min. goldbraun backen

VARIANTE Zwiebel-Oliven-Tarte

Dafür den Teig wie links beschrieben zubereiten und kühlen. 250 g kleine Zwiebeln schälen und in Ringe schneiden. 1 Knoblauchzehe schälen und fein würfeln. Zwiebeln in 3 EL Olivenöl bei kleiner Hitze 8–10 Min. andünsten, bis sie weich sind, dabei kurz vor Garzeitende Knoblauch und 1½ EL gehackten Thymian unterrühren und kurz mitdünsten, dann alles abkühlen lassen. 125 g grüne Oliven (ohne Stein) in Scheiben schneiden. 350 g Ricotta mit 150 g Sahne und 70 g frisch geriebenem würzigem Hartkäse und 3 Eiern (M) verrühren. Mit Salz, Pfeffer und Chilipulver würzen. Eine Tarteform mit Teig auslegen, Schalotten und Oliven darauf verteilen und mit dem Guss begießen. Im 200° heißen Ofen (Mitte, Umluft 180°) 35–40 Min. backen.

Überbackene Zucchini-Crespelle mit Gorgonzolaguss

Hauchdünn, aber üppig gefüllt – so liebt man Pfannkuchen in Italien. Die Crespelle schmecken mit Gorgonzolaguss oder einfach nur mit einer knusprigen Käsekruste.

FÜR GÄSTE

Für die Pfannkuchen:
1 EL Butter
125 g Mehl | Salz
¼ l Milch
2 Eier (M)
Öl zum Braten

Für die Füllung:
2 Zucchini (ca. 450 g)
1 dünne Stange Lauch
   (ca. 150 g)
1 Zwiebel
1 Knoblauchzehe
2 EL Olivenöl
Salz | Pfeffer
250 g Ricotta
2 EL gehackte Petersilie
1 EL gehackter Dill
frisch geriebene Muskatnuss
½ TL edelsüßes Paprikapulver
Saft und abgeriebene Schale
   von ½ Bio-Zitrone

Für den Guss:
1 ½ EL Butter
1 ½ EL Mehl
100 ml Gemüsebrühe
200 ml Milch
150 g Gorgonzola
Salz | Pfeffer
Butter für die Form

Für 4 Personen
ca. 1 Std. 10 Min. Zubereitung
30 Min. Backen
Pro Portion: ca. 675 kcal

1 Für die Pfannkuchen die Butter in einem Pfännchen schmelzen. Das Mehl in einer Schüssel mit 1 kräftigen Prise Salz mischen, zuerst die Milch, dann Eier und flüssige Butter mit dem Schneebesen gründlich unterrühren, bis ein glatter Teig entstanden ist (bei Mehlklümpchen den Teig einfach kurz mit den Schneebesen des Handrührgeräts durchrühren). Den Teig zugedeckt 20–30 Min. quellen lassen. Anschließend in einer beschichteten Pfanne mit wenig Öl aus dem Teig 8 möglichst dünne Pfannkuchen bei mittlerer bis großer Hitze ausbacken, dabei darauf achten, dass sie nicht zu sehr bräunen.

2 Inzwischen für die Füllung die Zucchini waschen, putzen und auf der Rohkostreibe grob raspeln. Lauch längs vierteln, waschen und putzen, die Viertel in schmale Stücke schneiden. Zwiebel und Knoblauch schälen und fein würfeln. Das Öl in einer großen beschichteten Pfanne erhitzen, darin Zwiebel und Lauch bei mittlerer Hitze andünsten. Knoblauch und Zucchini dazugeben und bei großer Hitze unter gelegentlichem Rühren 5–7 Min. braten, bis die Zucchini ganz leicht bräunen und möglichst viel Flüssigkeit verdampft ist. Kräftig mit Salz und Pfeffer würzen und abkühlen lassen.

3 Für den Guss die Butter in einem Topf schmelzen, Mehl darüberstäuben und unter Rühren anschwitzen. Etwas Brühe dazugießen und gründlich mit dem Schneebesen verrühren, dann nach und nach die restliche Brühe und die Milch unter Rühren hinzufügen. Die Sauce bei mittlerer Hitze 8–10 Min. köcheln lassen, dabei gelegentlich umrühren. Gorgonzola in Stücke schneiden, in die Sauce geben und unter Rühren schmelzen. Mit Salz, Pfeffer und eventuell etwas Zitronensaft (siehe Step 4) abschmecken.

4 Backofen auf 200° vorheizen. Eine Auflaufform mit Butter einfetten. Zucchini-Lauch-Masse mit Ricotta, Kräutern und Zitronenschale mischen. Mit Salz, Pfeffer, Muskatnuss, Paprikapulver und ca. 2 EL Zitronensaft abschmecken.

5 Jeweils etwas von der Ricottamasse auf die Mitte der Pfannkuchen geben und längs zu einem Streifen verteilen, dann die Pfannkuchen aufrollen und mit der Nahtseite nach unten dicht an dicht in die Form legen. Die Pfannkuchen mit dem Gorgonzolaguss übergießen und im Ofen (unten, Umluft 180°) in ca. 30 Min. goldbraun backen. Herausnehmen und vor dem Servieren kurz abkühlen lassen.

VARIANTE mit Käsekruste
Wer möchte, kann die Crespelle auch ohne Guss, nur mit einer Käsekruste zubereiten. Dafür unter die Ricotta-Zucchini-Masse noch zusätzlich 150 g zerbröckelten Schafskäse (Feta) oder Gorgonzola mischen und die Pfannkuchen wie oben beschrieben füllen, aufrollen und in die Form legen. 80 g frisch geriebenen Appenzeller (siehe Info Seite 8) mit 1 EL Semmelbrösel mischen und darüberstreuen. Die Crespelle wie beschrieben überbacken.

MEDITERRAN – UNKOMPLIZIERT

🌿 Ofengemüse vom Blech

500 g kleine junge Kartoffeln
1 Gemüsezwiebel
2 Knoblauchzehen
je 1 rote, grüne und gelbe Paprikaschote
2 Zucchini
3 Stangen Staudensellerie
1 Stange Lauch
300 g Kirschtomaten
3 Zweige Rosmarin
½ Bund Thymian
Salz | Pfeffer | Olivenöl zum Beträufeln
100 ml Weißwein (ersatzweise Gemüsebrühe)
100 ml Gemüsebrühe
je 2 EL Pinien- und Sonnenblumenkerne

Für 4 Personen | ca. 25 Min. Zubereitung
55 Min. Garen | pro Portion: ca. 215 kcal

1 Die Kartoffeln unter fließendem Wasser gründlich abbürsten und längs halbieren. Gemüsezwiebel schälen und längs vierteln, die Viertel in je 3 Spalten schneiden. Knoblauch schälen und in feine Scheiben schneiden. Paprikaschoten halbieren, putzen, waschen und in ca. 4 cm große Stücke schneiden. Zucchini, Sellerie und Lauch waschen und putzen, Zucchini längs halbieren und in ca. 4 cm lange Stücke schneiden, Sellerie schräg in ca. 3 cm lange Stücke, Lauch in ca. 2 cm breite Ringe schneiden. Tomaten waschen und halbieren.

2 Backofen auf 200° vorheizen. Kartoffeln und Gemüse – bis auf die Tomaten – mit Zwiebel und Knoblauch auf ein Backblech geben. Kräuter abbrausen und trocken schütteln, Rosmarin in kleinere Zweigchen zupfen, Thymianzweige grob hacken. Beides zum Gemüse geben, salzen, pfeffern, mit Öl beträufeln und alles gut mischen. Im Ofen (Mitte, Umluft 180°) ca. 15 Min. garen. Dann die Tomaten, Wein und Brühe dazugeben und alles weitere 30–40 Min. garen, dabei das Gemüse während der gesamten Garzeit zwei- bis dreimal mit einem Löffel durchrühren. Ca. 10 Min. vor Ende der Garzeit die Pinien- und Sonnenblumenkerne über das Gemüse streuen. Das Ofengemüse passt zum gebratenen Halloumi oder zu gebratenem Tofu (Seite 125), schmeckt aber auch einfach nur mit zerbröckeltem Schafskäse bestreut zu Brot.

SCHNELL – EINFACH

Gebratener Halloumi

500 g Halloumi (zyprischer Schafskäse)
4 Zweige Thymian
8 Stängel Petersilie
2 EL frisch gepresster Zitronensaft
6 EL Olivenöl
1 Knoblauchzehe
1 getrocknete Chilischote
½ TL gemahlener Kreuzkümmel

Für 4 Personen | ca. 25 Min. Zubereitung
2 Std. Marinieren | pro Portion: ca. 540 kcal

1 Den Käse in ca. 1 cm dicke Scheiben schneiden. Die Kräuter abbrausen und trocken schütteln, die Blättchen abzupfen, fein hacken und mit Zitronensaft und 4 EL Öl mischen. Knoblauch schälen und dazupressen, die Chilischote fein zerbröseln und mit dem Kreuzkümmel hinzufügen. Alles gut verrühren und die Käsescheiben darin wenden. Den Käse zugedeckt im Kühlschrank 2 Std. marinieren.

2 Das übrige Öl in einer großen Pfanne oder einer Grillpfanne erhitzen, darin die Käsescheiben – eventuell portionsweise – auf beiden Seite in jeweils 2–3 Min. goldbraun braten. Heiß mit dem Ofengemüse servieren.

VARIANTE **Gegrillter Scamorza**
Dafür braucht man 500 g geräucherten Scamorza. Diesen mit Mozzarella verwandten birnenförmigen, festen Käse gibt es inzwischen in fast jeder gut sortierten Käsetheke. Den Käse längs in 4–5 Scheiben schneiden, dabei die beiden äußeren Enden mit viel Rinde dünn abschneiden. Den Käse mit Olivenöl bepinseln und mit etwas getrocknetem Thymian bestreuen, dann in einer Grillpfanne auf beiden Seiten in jeweils 2–3 Min. goldbraun braten. Zum Ofengemüse oder auf Brot zu Salat servieren.

Zucchini-Tofu-Spieße

Grillspaß für Feinschmecker: Die Zucchiniröllchen machen optisch was her und überraschen geschmacklich mit einer Füllung aus würziger Olivenpaste.

FÜRS GARTENFEST

2 Zucchini (à ca. 300 g) | Salz
400 g Tofu
150 g Schalotten
200 g kleine Kirschtomaten
6 EL Olivenöl
2 TL Kräuter der Provence
1 TL abgeriebene Bio-Zitronenschale
2 Knoblauchzehen | Pfeffer
3 EL schwarze Olivenpaste (siehe Seite 57 oder aus dem Glas)
12 Holz- oder Metallspieße

Für 12 Spieße | ca. 20 Min. Zubereitung
20 Min. Garen | pro Portion: ca. 100 kcal

1 Zucchini waschen, putzen und längs in dünne Scheiben hobeln. In einem Topf ausreichend Wasser aufkochen und salzen, darin die Zucchinischeiben 1 Min. sprudelnd kochen. In ein Sieb abgießen, kalt abschrecken und gut trocken tupfen. Den Tofu in Stücke schneiden, die so breit wie die Zucchinistreifen sind – es sollte gleich viele Tofustücke wie Zucchinistreifen ergeben. Schalotten schälen und halbieren. Tomaten waschen.

2 Das Öl mit Kräutern der Provence und Zitronenschale verrühren. Knoblauch schälen, dazupressen und unterrühren, mit Salz und Pfeffer würzen. Zucchinischeiben auslegen und dünn mit Olivenpaste bestreichen. Jeweils 1 Tofustück auf das untere Ende legen und die Zucchinistreifen mit dem Tofu aufrollen.

3 Zucchiniröllchen jeweils abwechselnd mit Tomaten und Schalotten auf Spieße stecken. Den Gas- oder Holzkohlengrill gut anheizen. Die Spieße mit Marinade bepinseln und in einer Grillschale auf dem Grillrost 15–20 Min. grillen, dabei ab und zu wenden und mit Marinade bepinseln. Wer will, kann die Spieße natürlich auch im Backofengrill oder in der Grillpfanne braten.

Schafskäse im Päckchen

Gut in Alufolie verpackt, kann der Schafskäse während des Garens alle Aromen aufnehmen: feine Kräuter und Gewürze, die nach Sonne und Süden schmecken.

FÜR DEN GRILL – MEDITERRAN

2 Fleischtomaten
1 kleine Knolle Fenchel
1 rote Zwiebel
je 1 TL Fenchelsamen und Korianderkörner
1 TL Blütenhonig
2 EL Ouzo (griechischer Anisschnaps, nach Belieben)
5 EL Olivenöl
Salz | Pfeffer
12 schwarze Oliven (ohne Stein)
400 g Schafskäse (Feta)
je 3 Stängel Dill und Minze
½ Bund Petersilie
Alufolie

Für 4 Personen | ca. 25 Min. Zubereitung
20 Min. Garen | pro Portion: ca. 425 kcal

1 Tomaten waschen und quer in dünne Scheiben schneiden, dabei die Stielansätze entfernen. Fenchel waschen, putzen und vierteln, den Strunk herausschneiden und die Viertel quer in hauchdünne Scheiben hobeln. Zwiebel schälen und ebenfalls in dünne Scheiben hobeln. Die Gewürze im Mörser grob zerstoßen und mit Honig, nach Belieben Ouzo und Öl verrühren, salzen und pfeffern. Die Oliven in Scheiben schneiden. Den Schafskäse gut trocken tupfen und in 4 Stücke schneiden.

2 Kräuter abbrausen und trocken schütteln, die Blättchen bzw. Spitzen abzupfen und fein hacken. Die Hälfte der Kräuter mit Tomaten, Fenchel, Zwiebel, jeweils der Hälfte der Oliven und der Marinade mischen, salzen und pfeffern. 4 Stücke Alufolie zurechtschneiden (ca. 25 x 25 cm), jeweils ein Viertel der Tomatenmischung in die Mitte geben und je 1 Stück Käse darauflegen. Mit der restlichen Marinade beträufeln, die übrigen Oliven und Kräuter darauf verteilen. Die Folie zu Päckchen verschließen. Den Gas- oder Holzkohlengrill gut anheizen. Die Päckchen auf den Grillrost legen und den Käse 15–20 Min. garen. Dazu schmecken Ofenkartoffeln oder der Couscoussalat mit Kichererbsen von Seite 39.

Die vegetarische Konkurrenz zu Döner: »Kumpir«, ofenheiße Kartoffeln mit unterschiedlichsten bunten Beilagen, sind in der Türkei beliebtes und noch dazu gesundes Fast Food. Perfekt dazu: ein erfrischender Bulgursalat.

LEICHT – PARTYTAUGLICH

Türkische Ofenkartoffeln

4 dünnschalige mehligkochende Kartoffeln (à ca. 400 g)
2 EL Olivenöl
grobes Meersalz
120 g junger Gouda (siehe Info Seite 8)
2 EL Butter
Alufolie

Für 4 Personen | ca. 10 Min. Zubereitung
1 Std. 15 Min. Garen | pro Portion: ca. 435 kcal

1 Den Backofen auf 225° vorheizen. Kartoffeln unter fließendem Wasser gründlich sauber bürsten, dann mit einer Gabel rundum mehrmals tief einstechen. Aus Alufolie 4 Rechtecke so zuschneiden, dass sich die Kartoffeln gut darin einwickeln lassen. Die Folie dünn mit Öl bestreichen und mit Salz bestreuen, die Kartoffeln darauflegen und fest einschlagen. Auf den Backofenrost legen (Mitte, Umluft 200°) und 1 Std. 15 Min. garen.

2 Kartoffeln aus dem Ofen nehmen, Folie auf einer Seite öffnen und die Kartoffeln im Ofen weitere 15 Min. garen. Inzwischen den Käse grob raspeln. Kartoffeln aus dem Ofen nehmen und auf Teller verteilen. Oben längs aufschneiden, mit einem Löffel gut ein Drittel des Kartoffelfleischs herauslösen und in eine Schüssel geben. Käse und Butter dazugeben, salzen, pfeffern und mit einer Gabel grob zerdrücken. Die Masse zurück in die Kartoffeln füllen.

Die Kartoffeln werden dann ganz nach Geschmack mit allen möglichen Zutaten belegt: z. B. in Streifen geschnittenem Römersalat, Tomaten-, Gurken- oder Paprikawürfeln, mild eingelegten Peperoni, Oliven oder in Paprikapulver gewendeten Zwiebelringen. Darauf kann man zusätzlich noch kalte Dips wie Hummus (Seite 53), Sesamdip (Seite 85) oder Auberginendip (Seite 47) geben. Ebenfalls passend als warme Beilage: das Bohnengemüse von Seite 167.

EINFACH – ERFRISCHEND

Petersiliensalat mit Bulgur

4 EL Olivenöl | Salz
50 g Instant-Bulgur
2 Frühlingszwiebeln
100 g Petersilie
3 Tomaten
1 grüne Spitzpaprika
2–3 EL frisch gepresster Zitronensaft
Pfeffer

Für 4 Personen | ca. 25 Min. Zubereitung
20 Min. Marinieren | pro Portion: ca. 165 kcal

1 In einem kleinen Topf 50 ml Wasser und 1 EL Öl aufkochen und leicht salzen. Bulgur einstreuen und kurz aufkochen lassen. Vom Herd nehmen und zugedeckt 10 Min. quellen, anschließend offen auskühlen lassen.

2 Inzwischen Frühlingszwiebeln waschen, putzen und mit dem Grün in Ringe schneiden. Petersilie abbrausen und trocken schütteln, die Blättchen abzupfen und grob zerschneiden. Tomaten waschen und vierteln, dabei die Stielansätze entfernen, die Kerne mit einem Löffel herauslösen und das Fruchtfleisch klein würfeln. Paprika halbieren, putzen, waschen und ebenfalls in kleine Würfel schneiden. Übriges Öl mit 2 EL Zitronensaft mischen, mit Salz und Pfeffer würzen. Bulgur mit einer Gabel auflockern und mit den restlichen Zutaten mischen, eventuell nochmals mit Salz und Zitronensaft abschmecken und möglichst 20 Min. durchziehen lassen.

VARIANTE Tabouleh (libanesischer Bulgursalat)
Dafür 200 g Instant-Bulgur in 400 ml kochendes Wasser geben, aufkochen und zugedeckt 10 Min. ausquellen lassen. Mit einer Gabel auflockern und auskühlen lassen. Dann mit 3 klein gewürfelten Tomaten, 1 klein gewürfelten Salatgurke, 1 großen Bund gehackter Petersilie und nach Belieben den gehackten Blättchen von 5 Stängeln Minze mischen. 6 EL frisch gepressten Zitronensaft mit 6 EL Olivenöl mischen, salzen, pfeffern und unter den Bulgur mischen. 1–2 Std. durchziehen lassen, vor dem Servieren nochmals mit Salz, Pfeffer und nach Wunsch etwas Chilipulver abschmecken.

Weiße Bohnen in Tomatensauce

Ein Klassiker der Mittelmeerküche, der im Sommer auch kalt gut schmeckt. Er ist leicht zuzubereiten, man braucht aber etwas Geduld beim Garen.

MEDITERRAN – FÜR GÄSTE

250 g getrocknete, große weiße Bohnen
2 Zwiebeln | 3 Knoblauchzehen
8 Zweige Thymian | 2 Lorbeerblätter
Salz | 3 reife Tomaten
1 Stange Staudensellerie
3 EL Olivenöl
2 EL Tomatenmark
Pfeffer | Chilipulver | Zucker

Für 4 Personen | 12 Std. Einweichen
ca. 20 Min. Zubereitung | 1 Std. 55 Min. Garen
Pro Portion: ca. 235 kcal

1 Bohnen in reichlich kaltem Wasser 12 Std. – am besten über Nacht – einweichen. Dann in ein Sieb abgießen, abbrausen und mit reichlich Wasser in einen Topf geben, aufkochen und bei mittlerer Hitze 15 Min. kochen, dabei den aufsteigenden Schaum abschöpfen.

2 Inzwischen Zwiebeln und Knoblauch schälen. Thymian abbrausen und trocken schütteln. 1 Zwiebel und 2 Knoblauchzehen halbieren, mit dem Lorbeer und der Hälfte des Thymians zu den Bohnen geben. Die Bohnen zugedeckt bei mittlerer Hitze ca. 40 Min. garen (sie sollten auf keinen Fall zu weich werden oder gar aufplatzen), salzen und abkühlen lassen. In ein Sieb abgießen, dabei den Sud auffangen, Thymian, Knoblauch und Zwiebel entfernen.

3 Inzwischen die Tomaten kreuzweise einritzen, in einer Schüssel mit kochendem Wasser übergießen und kurz ziehen lassen. Dann häuten und das Fruchtfleisch in kleine Würfel schneiden, dabei die Stielansätze entfernen und den Saft auffangen. Sellerie waschen, putzen und in möglichst feine Würfel schneiden. Übrige Zwiebel und Knoblauchzehe fein würfeln. Von den restlichen Thymianzweigen die Blättchen abzupfen und fein hacken.

4 Das Öl in einem Topf erhitzen, darin Zwiebel, Knoblauch und Sellerie andünsten. Das Tomatenmark unterrühren und kurz anrösten, dann Tomaten samt Saft und Thymian hinzufügen und dünsten, bis alle Flüssigkeit verkocht ist. ⅛ l Bohnensud dazugießen und offen bei mittlerer Hitze in 15 Min. einkochen lassen. Die Sauce mit Salz, Pfeffer und 1–2 Prisen Chilipulver würzen. Die Bohnen dazugeben und alles bei kleiner Hitze ca. 45 Min. garen, dabei ab und zu umrühren. Mit Salz, Pfeffer und Zucker abschmecken. Lauwarm oder im Sommer auch kalt servieren.

SCHARF GEWÜRZT

🌿 Bohnen-Chili-Burger

2 Dosen Kidneybohnen (à ca. 240 g Abtropfgewicht)
1 große Zwiebel
1 Knoblauchzehe
2 EL Tomatenmark
1 ½ TL getrockneter Oregano
1 TL gemahlener Kreuzkümmel
3 EL Barbecuesauce mit Rauchgeschmack
   (z. B. HP-Woodsmoke-Flavour)
Salz | Pfeffer
50 g Chili-Nacho-Chips
5–6 eingelegte mittelscharfe Chilischoten
⅓ Bund Koriandergrün
5–6 EL Maismehl
Olivenöl zum Braten

Für 4–6 Personen | ca. 35 Min. Zubereitung
Pro Portion (bei 6 Personen): ca. 190 kcal

1 Bohnen in ein Sieb abgießen, dabei den Bodensatz mit etwas Flüssigkeit auffangen. Zwiebel und Knoblauch schälen und fein würfeln. In einem Topf 1–2 EL Öl erhitzen, darin Zwiebel und Knoblauch goldgelb andünsten. Tomatenmark, Oregano und Kreuzkümmel dazugeben und unter Rühren 1 Min. anbraten, dann die Bohnen und 10–12 EL von der Abtropfflüssigkeit hinzufügen. Barbecuesauce unterrühren und alles zugedeckt bei kleiner Hitze 3–4 Min. köcheln lassen. Salzen, pfeffern und etwas abkühlen lassen.

2 Inzwischen die Chips im Blitzhacker zerkleinern (oder in eine Plastiktüte geben und mit dem Nudelholz zerkrümeln). Chilischoten abtropfen lassen und in dünne Ringe schneiden. Koriander abbrausen und trocken schütteln, die Blättchen abzupfen und fein hacken.

3 Die Bohnen mit dem Pürierstab nicht zu fein pürieren, dann Nacho-Krümel, Chilischoten, Koriander und 4–4 ½ EL Maismehl unterrühren, bis eine weiche, formbare Masse entstanden ist. Daraus 6 flache Burger formen und im restlichen Maismehl wenden. Reichlich Öl in einer großen Pfanne erhitzen, darin die Burger bei mittlerer Hitze auf beiden Seiten in 3–4 Min. knusprig braun braten.

EINFACH – SCHNELL

🌿 Mexikanische Hirse

1 Zwiebel | 1 Knoblauchzehe
2 grüne Chilischoten
2 EL Olivenöl | ¾ TL Kreuzkümmelsamen
200 g Hirse
400 ml Gemüsebrühe
2 Tomaten
⅓ Bund Koriandergrün
2–3 EL frisch gepresster Limettensaft

Für 4 Personen | ca. 30 Min. Zubereitung
Pro Portion: ca. 240 kcal

1 Zwiebel und Knoblauch schälen und fein würfeln. Chilischoten waschen, putzen und mit den Kernen fein hacken. Das Öl in einem Topf erhitzen, darin Zwiebel, Knoblauch und Kreuzkümmel andünsten. Chilis und Hirse dazugeben und unter Rühren kurz anbraten. Die Brühe hinzufügen und die Hirse 5 Min. offen kochen, dann bei kleinster Hitze ca. 15 Min. ausquellen lassen.

2 Inzwischen Tomaten waschen und vierteln, dabei die Stielansätze entfernen, die Kerne herauslösen und das Fruchtfleisch klein würfeln. Den Koriander abbrausen und trocken schütteln, die Blättchen abzupfen, fein hacken und mit dem Limettensaft und den Tomaten unter die Hirse mischen. Sofort servieren.

PERFEKT DAZU Avocado-Melonen-Salsa
Dafür ½ Bio-Limette heiß waschen und abtrocknen, die Schale abreiben und den Saft auspressen. 1 feste, reife Avocado halbieren und den Stein entfernen, das Fruchtfleisch aus der Schale heben, in Würfel schneiden und sofort mit 2 EL Limettensaft mischen. ½ kleine Charentais-Melone (ca. 500 g) entkernen, das Fruchtfleisch von der Schale schneiden und ebenfalls klein würfeln. 1 rote Zwiebel schälen und grob würfeln. 1 rote Chilischote längs halbieren und die Kerne entfernen, die Hälften waschen und fein hacken. Zwiebel und Chili mit Avocado, Melone und Limettenschale mischen. Mit Salz, Pfeffer und ½ TL gemahlenem Kreuzkümmel würzen. ½ EL gehacktes Koriandergrün unterheben und die Salsa 20 Min. durchziehen lassen.

Griechischer Auberginen-Kartoffel-Auflauf

Diese fleischlose Variante der Moussaka wird in Griechenland ebenfalls gern gegessen. Mit einem kleinen grünen Salat ist sie das perfekte Sommergericht.

FÜR GÄSTE

4 Auberginen (ca. 800 g)
3 Knoblauchzehen
Salz | Pfeffer
800 g festkochende Kartoffeln
2 Zwiebeln
100 ml Weißwein (nach Belieben)
2 Dosen stückige Tomaten (à 400 g Füllgewicht)
1 TL getrockneter Oregano
2 Msp. Chilipulver
1 Bund Petersilie
Zucker | 3 EL Butter
3 EL Mehl | ¾ l Milch
1 TL gekörnte Gemüsebrühe
frisch geriebene Muskatnuss
1–2 EL frisch gepresster Zitronensaft
150 g würziger Hartkäse (z. B. Pecorino, siehe Info Seite 8)
3 Eier (M)
Olivenöl zum Braten

Für 4–6 Personen
ca. 1 Std. Zubereitung
50 Min. Garen
Pro Portion (bei 6 Personen): ca. 425 kcal

1 Auberginen waschen, putzen und längs in ca. 1 cm dicke Scheiben schneiden. Knoblauch schälen, 1 Zehe fein würfeln. In einer großen beschichteten Pfanne 2–3 EL Öl erhitzen, darin die erste Lage Auberginen bei mittlerer Hitze auf beiden Seiten braun anbraten, dabei salzen, pfeffern und vor dem Wenden wenig Knoblauch dazugeben. Eventuell während des Bratens noch etwas Öl oder einige Esslöffel Wasser hinzufügen (das spart Fett), damit die Auberginen nicht anbrennen. Aus der Pfanne nehmen und die restlichen Auberginenscheiben ebenso braten.

2 Kartoffeln waschen und in einem Topf in ausreichend Salzwasser in 20–25 Min. so garen, dass sie innen noch einen leicht festen Kern haben (zum Prüfen mit einem spitzen Messer hineinstechen). Abgießen, ausdampfen und abkühlen lassen, dann pellen und in ca. 5 mm dicke Scheiben schneiden.

3 Inzwischen die Zwiebeln schälen und mit dem übrigen Knoblauch fein würfeln. In einem Topf 2 EL Öl erhitzen, darin beides goldgelb andünsten. Nach Belieben mit Wein ablöschen und den Wein fast vollständig verkochen lassen, dann die Tomaten hinzufügen. Mit Salz, Pfeffer, Oregano und Chilipulver würzen und alles offen in ca. 25 Min. einköcheln lassen, dabei gelegentlich umrühren. Die Petersilie abbrausen und trocken schütteln, die Blättchen abzupfen und fein hacken. Die Tomatensauce mit ca. 1 TL Zucker abschmecken, die Petersilie unterrühren.

4 Für die Béchamelsauce die Butter in einem Topf schmelzen, Mehl darüberstäuben und kurz anschwitzen. Die Milch nach und nach dazugießen, dabei ständig mit dem Schneebesen gut rühren, damit es keine Klümpchen gibt. Die gekörnte Brühe einrühren und die Sauce bei kleiner Hitze 5 Min. köcheln lassen. Mit Salz, Pfeffer, Muskatnuss und Zitronensaft würzen und leicht abkühlen lassen. Den Käse fein reiben und 3 EL unter die Sauce rühren.

5 Den Backofen auf 175° vorheizen. Eine hohe Auflaufform mit einer Lage Auberginen auslegen und mit etwas Käse bestreuen. Darauf Kartoffelscheiben legen und Tomatensauce darübergießen. Darüber eine zweite Lage Auberginen, Käse und Kartoffeln schichten. Die Eier unter die Béchamelsauce rühren und die Sauce auf dem Auflauf verteilen. Den Auflauf im Ofen (Mitte, Umluft 160°) in 45–50 Min. goldbraun backen. 10–15 Min. abkühlen lassen, dann in Stücke schneiden und servieren.

TIPP Auberginen schnell gebraten
Man kann die Auberginen auch im Ofen vorgaren. Dazu die Scheiben auf beiden Seiten mit Olivenöl (etwas zerdrückten Knoblauch unter das Öl rühren) bepinseln und nebeneinander auf ein mit Backpapier ausgelegtes Backblech legen, salzen und pfeffern. Im 200° heißen Ofen (oben, Umluft nicht empfehlenswert) ca. 20 Min. garen, dabei einmal wenden.

ORIENTALISCH – RAFFINIERT GEWÜRZT

Auberginen mit Bulgurfüllung

4 Auberginen (à ca. 250 g)
6–8 EL Olivenöl
4 Tomaten | 2 Zwiebeln
1 Knoblauchzehe
2 grüne Spitzpaprika
10 Walnusskerne | 100 g Schafskäse (Feta)
2 ½ EL Tomatenmark
200 g Bulgur | Salz | Pfeffer
1 TL gemahlener Kreuzkümmel
je 1–2 Msp. Chili- und Zimtpulver
2 EL gehackte Minze

Für 4 Personen | ca. 30 Min. Zubereitung
35 Min. Garen | pro Portion: ca. 540 kcal

1 Auberginen waschen, putzen und längs halbieren. In einer großen beschichteten Pfanne 2 EL Öl erhitzen, darin die Hälfte der Auberginen auf beiden Seiten (zuerst auf der Hautseite) jeweils 3–4 Min. anbraten, dabei ab und zu 1–3 EL Wasser dazugeben, damit sie nicht anbrennen. Übrige Auberginen ebenso braten und abkühlen lassen.

2 Inzwischen eine Auflaufform dünn mit Öl auspinseln. Tomaten waschen und quer in dünne Scheiben schneiden, dabei die Stielansätze entfernen und den Saft auffangen. Zwiebeln und Knoblauch schälen und fein würfeln. Paprika halbieren, putzen, waschen und in kleine Stücke schneiden. Walnüsse grob hacken, Schafskäse klein würfeln.

3 Backofen auf 180° vorheizen. In einem Topf 2 EL Öl erhitzen, darin die Zwiebeln andünsten. Knoblauch und Paprika dazugeben und kurz mitdünsten. Tomatenmark und Bulgur hinzufügen und unter Rühren anrösten. 400 ml Wasser und Tomatensaft dazugeben, mit Salz, Pfeffer, Kreuzkümmel, Chili und Zimt würzen. Bulgur zugedeckt bei kleiner Hitze 8 Min. quellen lassen.

4 Aus den Auberginen das Fleisch herauskratzen, dabei einen 5 mm breiten Rand stehen lassen. Die Auberginen nebeneinander in die Form setzen. Auberginenfleisch fein hacken und mit Walnüssen, Minze und Schafskäse unter den Bulgur mischen. Die Masse in die Auberginenhälften füllen. Tomatenscheiben überlappend auf der Füllung verteilen, mit übrigem Öl beträufeln, salzen und pfeffern. Im Ofen (Mitte, Umluft 160°) 30–35 Min. garen.

MEDITERRAN – EINFACH

Gefüllte Tomaten

8 große Tomaten (besonders dekorativ:
   Ochsenherztomaten)
2 kleine Zucchini
1 große Zwiebel
1 Knoblauchzehe
10 schwarze Oliven (ohne Stein)
4 EL Olivenöl
120 g Hirse | Salz | Pfeffer
350–400 ml Gemüsebrühe | Zucker
200 g Schafskäse (Feta)
½ Bund Petersilie
6 Stängel Oregano (ersatzweise 1 TL getrockneter Oregano)
2–3 Msp. Chilipulver

Für 4 Personen | ca. 30 Min. Zubereitung
1 Std. Garen | pro Portion: ca. 405 kcal

1 Die Tomaten waschen und oben jeweils einen »Deckel« abschneiden, das Tomatenfruchtfleisch herauslösen und klein hacken, dabei den Saft auffangen. Zucchini waschen, putzen und in kleine Würfel schneiden. Zwiebel und Knoblauch schälen und fein würfeln. Oliven klein hacken.

2 In einem Topf 2 EL Öl erhitzen, darin Zwiebel und Knoblauch goldgelb andünsten. Zucchini dazugeben und bei großer Hitze unter Rühren 2–3 Min. leicht braun braten. Hirse und Tomatenfleisch samt Saft unterrühren, kurz unter Rühren mitdünsten, salzen und pfeffern. 225 ml Brühe angießen und alles offen bei mittlerer Hitze 5 Min. garen. Vom Herd nehmen und die Hirsemasse kurz abkühlen lassen.

3 Den Backofen auf 180° vorheizen. Eine Auflaufform mit etwas Öl auspinseln. Tomaten innen mit Salz, Pfeffer und 1 Prise Zucker würzen. Schafskäse klein würfeln. Kräuter abbrausen und trocken schütteln, die Blättchen abzupfen und fein hacken. Beides mit den Oliven unter die Hirse mischen, mit Salz, Pfeffer und Chilipulver abschmecken. Die Hirsemasse in die Tomaten füllen und die »Deckel« auflegen. Die Tomaten in die Form setzen und mit dem übrigen Öl beträufeln, restliche Brühe angießen (je nach Größe der Form mehr oder weniger). Tomaten im Ofen (Mitte, Umluft 160°) 50–60 Min. garen. Nach Wunsch mit Joghurt, Tomatensauce (Seite 165), Paprikasauce (Seite 135) oder Ziegenkäsecreme (Seite 26) servieren.

Gemüsepastete mit Joghurtguss

Hier wird gleich ein ganzes Blech für viele gebacken, denn die saftige Pastete schmeckt auch kalt. Man kann sie auch einfrieren und später wieder aufbacken.

FÜR GÄSTE

500 g Spitzkohl
2 große rote Paprikaschoten
2 Knollen Fenchel
1 große Aubergine
1 große Gemüsezwiebel
4 Knoblauchzehen
1 Bund Petersilie
Salz | Pfeffer
1 EL getrockneter Oregano
¾ TL getrockneter Thymian
1 EL gemahlener Kreuzkümmel
1 TL Ras el Hanout (aus dem Bioladen, siehe Info Seite 17)
500 g griechischer Joghurt (10 % Fett)
5 Eier (M)
1 geh. EL Speisestärke
½ TL edelsüßes Paprikapulver
Chilipulver
100 g Butter
1 Packung Yufka- oder Filoteig (ca. 500 g)
Olivenöl zum Braten

Für 8 Personen
ca. 1 Std. 10 Min. Zubereitung
50 Min. Backen
Pro Portion: ca. 520 kcal

1 Gemüse waschen und putzen. Spitzkohl halbieren oder vierteln und den Strunk herausschneiden, die Kohlstücke in ca. 5 mm breite Streifen schneiden. Paprikaschoten vierteln und ebenfalls in 5 mm breite Streifen schneiden. Fenchel längs vierteln, die Strünke herausschneiden und die Viertel in dünne Streifen schneiden. Aubergine längs vierteln und in ca. 4 mm breite Scheiben schneiden. Gemüsezwiebel und Knoblauch schälen, die Zwiebel längs in feine Spalten schneiden, den Knoblauch fein würfeln. Die Petersilie abbrausen, trocken schütteln und mit den Stängeln fein hacken.

2 Reichlich Öl in einer großen beschichteten Pfanne erhitzen, darin die Gemüsesorten getrennt und in kleineren Portionen braun anbraten, dabei immer nach einiger Zeit etwas Knoblauch dazugeben, salzen und pfeffern. Zuletzt Zwiebel und restlichen Knoblauch goldgelb andünsten. Mit dem gebratenen Gemüse in eine Schüssel geben und etwas abkühlen lassen. Mit Salz, Pfeffer, Oregano, Thymian, der Hälfte des Kreuzkümmels und Ras el Hanout würzen, die Petersilie untermischen.

3 In einer Schüssel Joghurt, Eier und Stärke mit dem Schneebesen gut verrühren. Übrigen Kreuzkümmel und Paprikapulver dazugeben und kräftig mit Salz, Pfeffer und Chilipulver abschmecken.

4 Den Backofen auf 200° vorheizen. Die Butter in einem Pfännchen schmelzen. Ein (möglichst tiefes) Backblech mit etwas Butter auspinseln. Etwa die Hälfte der Teigblätter so in das Blech legen, dass der Boden gut bedeckt ist und die Teigblätter an den Rändern überhängen. Sollten dabei schon Teigblätter übereinandergelegt werden, diese immer auch mit Butter bepinseln. Das Gemüse auf dem Teig verteilen und den Guss gleichmäßig darübergießen. Die überhängenden Teigblätter nach innen über die Füllung schlagen, mit dem restlichen Teig abdecken und gegebenenfalls leicht nach unten in den Blechrand einschlagen (die einzelnen Blätter ebenfalls immer mit Butter bepinseln).

5 Die Pastete im Ofen (Umluft 180°, Mitte) in 45–50 Min. goldbraun backen, dabei eventuell die ersten 20–30 Min. mit Backpapier abdecken, damit sie nicht zu sehr bräunt. Aus dem Ofen nehmen, etwas abkühlen lassen und in Stücke schneiden. Die Pastete schmeckt am besten lauwarm, aber auch kalt.

INFO Yufka- oder Filoteig
Den türkischen bzw. griechischen Fertigteig gibt es in unterschiedlichsten Formen und Größen besonders preiswert in türkischen Lebensmittelgeschäften zu kaufen. Größe und Form (rund oder eckig) spielen bei diesem Rezept keine Rolle, da man die Blätter einfach beliebig auf Blechgröße übereinander auslegen und vorher zurechtschneiden kann.

VOLLWERTIG – KERNIG

Getreidebratlinge mit Käse und Sprossen

100 g Knollensellerie
1 große Möhre
1 Stück Lauch (ca. 60 g)
1 Zwiebel | 1 Knoblauchzehe
Salz | Pfeffer
180 g Dreikorn-Grütze (aus dem Bioladen)
480 ml Gemüsebrühe
100 g Lauchsprossen (ersatzweise Alfalfasprossen)
1 Ei (M)
3 EL frisch geriebener Hartkäse (z. B. alter Gouda oder Ziegengouda, siehe Info Seite 8)
frisch geriebene Muskatnuss
4–5 EL Mehl
Raps- oder Sonnenblumenöl zum Braten

Für 4 Personen | ca. 30 Min. Zubereitung
20 Min. Quellen | pro Portion: ca. 280 kcal

1 Sellerie und Möhre schälen und auf der Rohkostreibe fein reiben. Lauch längs halbieren, waschen und putzen, die Hälften längs in feine Streifen und diese in kleine Stücke schneiden. Zwiebel und Knoblauch schälen und fein würfeln.

2 In einem Topf 3 EL Öl erhitzen, darin Zwiebel und Knoblauch goldgelb andünsten. Sellerie, Möhre und Lauch dazugeben, salzen, pfeffern und unter Rühren 2–4 Min. anbraten, bis sie leicht bräunen. Grütze und Brühe unterrühren und 2 Min. kochen lassen. Dann vom Herd nehmen und 20 Min. nachquellen lassen.

3 Die Sprossen in einem Sieb abbrausen und abtropfen lassen. Die gequollene Grütze mit Ei, Käse und Sprossen mischen, nochmals mit Salz, Pfeffer und Muskatnuss würzen und gerade so viel Mehl unterrühren, dass die Masse sich formen lässt. Reichlich Öl in einer beschichteten Pfanne erhitzen. Mit bemehlten Händen aus der Masse 8 flache Bratlinge formen und im heißen Öl auf beiden Seiten in jeweils 4–5 Min. knusprig braun braten (je nach Größe der Pfanne eventuell in zwei Portionen). Heiß mit den Schnippelbohnen oder anderem Gemüse und nach Wunsch einem Dip servieren.

EINFACH – DEFTIG

Schnippelbohnen mit Frischkäse-Meerrettich-Sauce

1 kg Schneidebohnen
1 große Zwiebel | 1 Knoblauchzehe
Salz | 2 EL Butter
¼ l Milch | ¼ l Gemüsebrühe
2 EL heller Saucenbinder
6 Stängel Bohnenkraut
150 g Doppelrahmfrischkäse
2 EL Meerrettich aus dem Glas
½ TL Senf | Pfeffer

Für 4 Personen | ca. 35 Min. Zubereitung
Pro Portion: ca. 330 kcal

1 Bohnen waschen, putzen und schräg in ca. 4 cm breite Stücke schneiden. Zwiebel und Knoblauch schälen und fein würfeln. Ausreichend Wasser in einem Topf zum Kochen bringen und salzen, darin die Bohnen 10–12 Min. garen. Anschließend in ein Sieb abgießen, kalt abschrecken und abtropfen lassen.

2 Inzwischen die Butter in einem Topf schmelzen, darin Zwiebel und Knoblauch goldgelb andünsten. Milch und Brühe dazugießen und aufkochen. Saucenbinder einrühren und die Sauce köcheln lassen, bis sie bindet. Das Bohnenkraut abbrausen und trocken schütteln, die Blättchen abzupfen und fein hacken.

3 Frischkäse, Bohnenkraut, Meerrettich und Senf in die Sauce rühren, mit Salz und Pfeffer abschmecken. Die Bohnen in die Sauce geben und heiß werden lassen. Die Bohnen zu den Getreidebratlingen servieren. Sie passen auch zu Basilikumgnocchi (Seite 168), Salz- oder Blechkartoffeln (siehe unten).

BEILAGENVARIANTE Blechkartoffeln
Dafür 1 kg kleine, junge Kartoffeln gründlich waschen, abbürsten und je nach Größe halbieren oder vierteln. Backofen auf 180° vorheizen. 3 Knoblauchzehen schälen und in Scheiben schneiden. 3 Zweige Rosmarin abbrausen, trocken schütteln und die Nadeln abzupfen. Beides in einer Schüssel mit 4 EL Olivenöl und den Kartoffeln mischen. Kartoffeln mit den Schnittflächen nach oben auf ein Backblech setzen, salzen und pfeffern und im Ofen (Mitte, Umluft 160°) in 45–50 Min. goldbraun backen.

ORECCHIETTE MIT ZUCCHINI

LINSEN-QUINOA MIT OFENTOMATEN

SOMMERLICH – SCHNELL

Orecchiette mit Zucchini

450 g Orecchiette | Salz
2 große Zucchini
1 Knoblauchzehe
1 rote Chilischote
12 schwarze Oliven (ohne Stein)
150 g Schafskäse (Feta)
2 Stängel Minze
je 5 Stängel Basilikum und Petersilie
2 EL Olivenöl
je 2 EL Rosinen und Pinienkerne | Pfeffer
75 ml Weißwein (ersatzweise Gemüsebrühe)

Für 4 Personen | ca. 25 Min. Zubereitung
Pro Portion: ca. 590 kcal

1 Für die Nudeln in einem großen Topf reichlich Wasser aufkochen und salzen. Die Orecchiette hineingeben und nach Packungsanweisung bissfest garen. Anschließend in ein Sieb abgießen und abtropfen lassen.

2 Inzwischen Zucchini waschen, putzen, längs halbieren oder vierteln und in dünne Scheiben schneiden. Knoblauch schälen und fein würfeln. Chilischote längs halbieren und die Kerne entfernen, die Hälften waschen und fein hacken. Oliven längs in dünne Streifen schneiden, den Schafskäse grob zerbröckeln. Kräuter abbrausen und trocken schütteln, die Blättchen abzupfen und nach Belieben in Streifen schneiden.

3 Das Öl in einer beschichteten Pfanne erhitzen, darin die Zucchini bei großer Hitze hellbraun anbraten. Knoblauch, Chili, Rosinen und Pinienkerne hinzufügen und braten, bis die Zucchini schön gebräunt sind. Salzen, pfeffern und mit Wein ablöschen, den Wein vollständig verkochen lassen. Oliven unterrühren und die Zucchini bei kleiner Hitze 2–3 Min. weitergaren, eventuell etwas Nudelkochwasser hinzufügen, damit sie nicht anbrennen.

4 Die Nudeln in die Pfanne geben, alles gut durchrühren und warm werden lassen, dann die Kräuter und den Schafskäse unterheben. Pfeffer grob darübermahlen und sofort servieren.

UNKOMPLIZIERT – MEDITERRAN

Linsen-Quinoa mit Ofentomaten

Für die Tomaten:
1 kg größere Kirsch- oder Datteltomaten
2 Knoblauchzehen
6 Stängel Oregano
4 Zweige Thymian
Salz | Pfeffer | 1 TL Zucker
7–8 EL Olivenöl

Für den Linsen-Quinoa:
150 g Quinoa
120 g gelbe Linsen
¾ l Gemüsebrühe
4 EL rote Linsen
1 Bund Rucola

Für 4 Personen | ca. 55 Min. Zubereitung
Pro Portion: ca. 470 kcal

1 Für die Tomaten den Backofen auf 175° vorheizen. Tomaten waschen, halbieren und mit den Schnittflächen nach oben nebeneinander dicht an dicht in eine Auflaufform setzen. Knoblauch schälen, quer in feine Scheiben schneiden und diese zwischen die Tomaten stecken. Kräuter abbrausen und trocken schütteln, die Blättchen abzupfen und fein hacken. Tomaten zunächst mit Salz, Pfeffer und Zucker, dann mit den Kräutern bestreuen und zuletzt mit Olivenöl beträufeln. Im Ofen (Mitte, Umluft 160°) ca. 45 Min. garen, dabei zwei- bis dreimal mit dem austretenden Saft beträufeln.

2 Inzwischen für den Linsen-Quinoa in einem Sieb Quinoa und gelbe Linsen abbrausen. Mit der Brühe in einen Topf geben und aufkochen, dann bei kleiner Hitze 15 Min. garen, dabei nach 5 Min. die roten Linsen unterrühren. Danach auf der ausgeschalteten Herdplatte weitere 10 Min. ausquellen lassen. Währenddessen Rucola abbrausen, trocken schütteln und grobe Stiele entfernen. Die Rucolablättchen fein zerschneiden, mit einer Gabel unter den Linsen-Quinoa mischen und so das Getreide auflockern. Auf eine Platte geben, Tomaten darauf verteilen und mit Garsud beträufeln. Wer mag, kann noch grob gehobelten Hartkäse (z. B. Pecorino, siehe Info Seite 8) oder zerbröckelten Schafskäse darübergeben.

Linsen-Mangold-Lasagne

*Genau das Richtige, wenn viele satt werden sollen:
Dank Linsen und Mangold kräftig im Geschmack, bewahrt
die Lasagne doch ihren mediterranen Charakter.*

FÜR GÄSTE

*120 g Le-Puy-Linsen (ersatz-
    weise Belugalinsen) | Salz
600 g Mangold
2 kleine Zwiebeln
2 Knoblauchzehen
4 EL Olivenöl
200 ml Weißwein
    (nach Belieben)
2 Dosen stückige Tomaten
    (à 400 g Füllgewicht)
½ TL getrockneter Oregano
Pfeffer | Chilipulver | Zucker
½ TL gekörnte Gemüsebrühe
frisch geriebene Muskatnuss
2 EL Butter | 2 EL Mehl
400 ml Milch
200 ml Gemüsebrühe
150 g frisch geriebener
    Allgäuer Emmentaler
    (siehe Info Seite 8)
12 Lasagneblätter
    (ohne Vorkochen)
Butter für die Form*

*Für 6 Personen
ca. 1 Std. 15 Min. Zubereitung
30 Min. Garen
Pro Portion: ca. 525 kcal*

1 Linsen in einem Sieb abbrausen und in einem Topf mit reichlich Wasser zum Kochen bringen. Bei mittlerer Hitze zugedeckt in 25–30 Min. bissfest garen, gegen Garzeitende salzen. In ein Sieb abgießen und abtropfen lassen. Inzwischen den Mangold waschen und putzen, Stiele und Blätter getrennt in ca. 5 mm breite Stücke schneiden. Zwiebeln und Knoblauch schälen und getrennt fein würfeln.

2 In einem Topf 2 EL Öl erhitzen, darin Zwiebeln und die Hälfte des Knoblauchs goldgelb andünsten. Nach Wunsch mit 1 Schuss Wein ablöschen, dann Tomaten und Oregano dazugeben. Mit Salz, Pfeffer und Chilipulver würzen und offen bei kleiner Hitze in ca. 20 Min. leicht sämig einkochen lassen, zum Schluss mit 1–2 Prisen Zucker abschmecken.

3 In einer Pfanne 1 ½–2 EL Öl erhitzen, darin die Mangoldstiele unter Rühren bei großer Hitze 3 Min. braten. Übrigen Knoblauch hinzufügen und kurz mitbraten, dann mit 1 Schuss Wein (nach Belieben) und 4–5 EL Wasser ablöschen, die gekörnte Brühe unterrühren und die Mangoldstiele zugedeckt bei mittlerer Hitze in 3–5 Min. leicht bissfest dünsten. Mangoldblätter dazugeben und bei großer Hitze unter Rühren zusammenfallen lassen. Mit Salz, Pfeffer und Muskatnuss würzen und mit den Linsen unter die Tomatensauce mischen.

4 Für die Béchamelsauce die Butter in einem Topf schmelzen, Mehl darüberstäuben und unter Rühren mit dem Schneebesen anschwitzen. Nach Belieben mit dem restlichen Wein und der Hälfte der Milch ablöschen. Dann nach und nach unter kräftigem Rühren die restliche Milch und die Brühe dazugießen und die Sauce offen bei kleiner Hitze 10 Min. köcheln lassen. Ein Drittel des Käses dazugeben und unter Rühren schmelzen, mit Salz, Pfeffer und Muskatnuss würzen.

5 Den Backofen auf 200° vorheizen. Eine hohe Auflaufform mit Butter einfetten. Wenig Béchamelsauce auf dem Boden der Form verstreichen und mit 3 Lasagneblättern belegen. Diese mit etwas Béchamelsauce bestreichen, darauf ein Drittel der Linsen-Mangold-Masse verteilen. Wiederum mit 3 Lasagneblättern belegen und so fortfahren, bis alle Zutaten aufgebraucht sind. Die letzte Lage Lasagneblätter mit der restlichen Béchamelsauce begießen und mit dem übrigen Käse bestreuen. Die Lasagne im Ofen (unten, Umluft 180°) ca. 20 Min. garen. Dann die Hitze auf 220° erhöhen, den Auflauf in die Mitte setzen und weitere 15 Min. garen, damit der Käse schön bräunt. Die fertige Lasagne vor dem Anschneiden noch 5–10 Min. ruhen lassen.

Tomatensauce mit Oregano und Basilikum

Einfach unschlagbar: die kräuterwürzige italienische Allroundsauce für Nudeln, Lasagne und, und, und ... Schlau, wer gleich eine doppelte Portion kocht und einfriert.

KLASSIKER UND GRUNDREZEPT

1 kg vollreife Tomaten (ersatzweise 800 g geschälte Tomaten aus der Dose)
1 Zwiebel | 1 Knoblauchzehe
6 Stängel Oregano (ersatzweise 1 TL getrockneter Oregano)
3 EL Olivenöl
50 ml Weißwein (nach Belieben)
Salz | Pfeffer | Zucker
3 Stängel Basilikum

*Für 4–6 Personen | ca. 25 Min. Zubereitung
40 Min. Garen | pro Portion (bei 6 Personen):
ca. 80 kcal*

1 Die Tomaten kreuzweise einritzen, in einer Schüssel mit kochend heißem Wasser übergießen und kurz ziehen lassen. Dann mit einem spitzen Messer häuten und das Fruchtfleisch in kleine Würfel schneiden, dabei die Stielansätze entfernen und den Saft auffangen. Zwiebel und Knoblauch schälen und fein würfeln. Oregano abbrausen und trocken schütteln, die Blättchen abzupfen und fein hacken.

2 Das Öl in einem Topf erhitzen, darin Zwiebel und Knoblauch bei mittlerer Hitze langsam goldgelb andünsten. Nach Wunsch mit Wein ablöschen und den Wein fast vollständig verkochen lassen, dann die Tomaten samt Saft und Oregano dazugeben. Mit Salz, Pfeffer und ¼ TL Zucker würzen und offen bei kleiner Hitze in 35–40 Min. sämig einkochen lassen, dabei öfter umrühren. Basilikum abbrausen und trocken schütteln, die Blättchen abzupfen und in Streifen schneiden. Die Sauce mit Salz, Pfeffer und Zucker abschmecken, Basilikum unterrühren und z. B. zu Spaghetti servieren.

TIPP Für den Vorrat
Wer die Sauce auf Vorrat zubereiten möchte, kann sie abgekühlt in Gefrierdosen füllen und tiefkühlen. Oder man gibt die Tomatensauce heiß in saubere Twist-off-Gläser und bewahrt sie im Kühlschrank auf – so ist sie etwa 2 Wochen haltbar.

Pizza mit Pilzen und buntem Gemüse

Hier macht's das bunte Gemüse. Wer möchte, kann die Pizza aber auch nach eigenem Geschmack immer wieder anders belegen – Teig und Sugo bleiben dann gleich.

FÜR GÄSTE

Für den Teig:
¼ Würfel Hefe (ca. 10 g)
2 Prisen Zucker
300 g Mehl (Type 550)
80 g Mehl (Type 1050)
1 TL Salz | 5 EL Olivenöl
Mehl zum Arbeiten

Für den Sugo:
1 Knoblauchzehe
2 EL Olivenöl
400 g passierte Tomaten
   (aus dem Tetrapak)
Salz | Pfeffer
1 TL getrockneter Oregano

Für den Belag:
300 g TK-Blattspinat
1 Gemüsezwiebel
1 Knoblauchzehe
je 1 rote und gelbe Paprikaschote
250 g Champignons
125 g schwarze Oliven
   (ohne Stein)
250 g Mozzarella
8 Zweige Thymian
6 EL Olivenöl
Salz | Pfeffer
1 TL getrockneter Oregano

Für 4–6 Personen
ca. 1 Std. 10 Min. Zubereitung
1 Std. 45 Min. Ruhen
Pro Portion (bei 6 Personen):
ca. 590 kcal

1 Für den Teig die Hefe in ein Schälchen bröckeln, mit Zucker bestreuen und mit knapp 50 ml lauwarmem Wasser begießen. Den Hefeansatz zugedeckt an einem warmen Ort 15 Min. ruhen lassen.

2 Beide Mehlsorten und Salz in einer Rührschüssel mischen. Ca. 150 ml lauwarmes Wasser und Öl mischen und zum Mehl gießen. Den Hefeansatz dazugeben und alles kurz mit einem Löffel verrühren. Danach entweder mit den Knethaken des Handrührgeräts ca. 6 Min. kneten oder mit den Händen, dann allerdings ruhig 2–3 Min. länger. Der Teig sollte eher weich und klebrig sein.

3 Den Teig auf eine bemehlte Arbeitsfläche geben und mit allen zehn Fingern von oben her immer wieder einstechen, sodass viele kleine Dellen entstehen. Auf diese Weise ein ca. 25 x 25 cm großes Stück formen. Danach erst die rechte, dann die linke Seite des Teigs zur Mitte schlagen, anschließend das dicke Teigstück wiederum mit den Fingern breit stechen – so wird der Hefeteig später schön luftig. Den Teigfladen wieder zusammenklappen, mit einem Teigschaber von der Arbeitsfläche lösen und in einer Schüssel zugedeckt 30 Min. gehen lassen.

4 Anschließend den Teig auf der bemehlten Arbeitsfläche zu einem knapp 1,5 cm dicken Kreis ausrollen und auf ein mit Backpapier ausgelegtes Blech legen. Den Teig zugedeckt an einem kühlen Ort 1 Std. ruhen lassen.

5 Inzwischen für den Sugo Knoblauch schälen und fein würfeln. Das Öl in einem Topf erhitzen und darin den Knoblauch andünsten. Tomaten hinzufügen, mit Salz, Pfeffer und Oregano würzen. Den Sugo offen bei kleiner Hitze in 30–45 Min. dickflüssig einkochen lassen, dabei ab und zu umrühren.

6 Für den Belag den Spinat auftauen lassen, anschließend gut ausdrücken. Zwiebel und Knoblauch schälen, die Zwiebel in Ringe schneiden. Paprikaschoten halbieren, putzen, waschen und in dünne Streifen schneiden. Pilze sauber abreiben, putzen und in Scheiben schneiden. Oliven abtropfen lassen. Mozzarella trocken tupfen und in Würfel schneiden. Thymian abbrausen und trocken schütteln, die Blättchen abzupfen und fein hacken. In einer beschichteten Pfanne 2 EL Öl erhitzen, darin Zwiebel und Paprika bei großer Hitze unter Rühren 2–3 Min. braten. Knoblauch dazupressen, Pilze hinzufügen, mit Salz, Pfeffer, Oregano und Thymian würzen. Weitere 2–3 Min. braten, dann vom Herd nehmen.

7 Den Backofen auf 270° (Umluft 250°) vorheizen. Den Teig mit dem Sugo bestreichen, dabei ringsum einen kleinen Rand frei lassen. Die Paprika-Pilz-Mischung abwechselnd mit Spinathäufchen und Oliven auf dem Teig verteilen, nochmals salzen und pfeffern. Mit dem Mozzarella bestreuen und das übrige Öl darüberträufeln. Die Pizza im Ofen (Mitte) in 15–20 Min. goldbraun backen.

GELINGT LEICHT

Maispfannkuchen

100 g Maismehl
50 g Mehl (Type 550)
Salz | Pfeffer
2 Msp. Chilipulver
½ TL edelsüßes Paprikapulver
300 ml Milch | 2 Eier (M)
100 g saure Sahne (nach Belieben)
80 g grob geraspelter Gouda (nach Belieben, siehe Info Seite 8)
Olivenöl zum Backen

Für 4 Personen | ca. 45 Min. Zubereitung
30 Min. Ruhen | pro Portion: ca. 260 kcal

1 Beide Mehlsorten mit 1 gestrichenen TL Salz, Pfeffer, Chili- und Paprikapulver in einer Schüssel mischen. Zuerst die Milch, dann die Eier mit dem Schneebesen sorgfältig unterrühren. Den Teig zugedeckt 30 Min. quellen lassen.

2 Den Pfannkuchenteig nochmals kräftig durchrühren. Eine beschichtete Pfanne erhitzen und dünn mit Öl bepinseln. Etwas Teig hineingeben und durch Schwenken der Pfanne möglichst dünn verteilen. Den Pfannkuchen auf beiden Seiten bei mittlerer Hitze in 2–3 Min. goldbraun backen. So nacheinander den ganzen Teig verarbeiten, fertige Pfannkuchen eventuell im Backofen bei 60° warm halten. Jeweils etwas Bohnengemüse (siehe Rezept rechts) auf die Pfannkuchen geben, nach Wunsch etwas saure Sahne darübergeben und Käse darüberstreuen und die Pfannkuchen zusammenklappen.

VARIANTE Maispuffer
Für ca. 18 Puffer (4–6 Personen) 2 Dosen Mais (à ca. 280 g Abtropfgewicht) in einem Sieb abtropfen lassen. Etwa zwei Drittel davon mit dem Pürierstab pürieren, ganze Maiskörner, 4 Eigelbe und 250 g Schmand untermischen. 200 g Mehl mit 2 TL Backpulver, ¼ TL Chilipulver, ½ TL Kurkumapulver, ¾ TL Salz und Pfeffer mischen und unter die Maismasse rühren. 4 Eiweiße steif schlagen und mit je 3 EL gehackter Petersilie und Koriandergrün unter den Teig heben. Sonnenblumenöl oder Butterschmalz in einer beschichteten Pfanne erhitzen, den Teig esslöffelweise hineingeben, zu Puffern verstreichen (ca. 12 cm Ø) und auf beiden Seiten goldbraun braten.

UNKOMPLIZIERT

🌿 Zweierlei Bohnengemüse

600 g grüne Bohnen
4 Eiertomaten
1 große Zwiebel
1 Knoblauchzehe
2 EL Olivenöl
1 EL Tomatenmark
200 ml Gemüsebrühe
Salz | Pfeffer
1 Dose Kidney- oder Pintobohnen (ca. 250 g Abtropfgewicht)
½ Bund Koriandergrün
1 TL gemahlener Kreuzkümmel
2–3 Msp. Chilipulver

Für 4 Personen | ca. 30 Min. Zubereitung
35 Min. Garen | pro Portion: ca. 180 kcal

1 Die grünen Bohnen waschen, putzen und in ca. 4 cm lange Stücke schneiden. Tomaten kreuzweise einritzen, in einer Schüssel mit kochend heißem Wasser übergießen und kurz ziehen lassen. Dann mit einem spitzen Messer häuten und das Fruchtfleisch in kleine Würfel schneiden, dabei die Stielansätze entfernen und den Saft auffangen. Zwiebel und Knoblauch schälen und fein würfeln.

2 Das Öl in einem Topf erhitzen, darin Zwiebel und Knoblauch goldgelb andünsten. Tomatenmark hinzufügen und unter Rühren ca. 1 Min. anrösten. Bohnen und Tomaten samt Saft dazugeben und durchrühren, die Brühe angießen, salzen und pfeffern. Die Bohnen zugedeckt bei mittlerer Hitze in ca. 30 Min. garen.

3 Die Kidneybohnen in ein Sieb abgießen, abbrausen und abtropfen lassen. Koriander abbrausen und trocken schütteln, die Blättchen abzupfen und fein hacken. Kidneybohnen, Kreuzkümmel und Chilipulver unter die grünen Bohnen rühren und das Gemüse offen 5 Min. kochen lassen. Mit Koriandergrün bestreuen.

ITALIENISCH – KRÄUTERFRISCH

Basilikumgnocchi

600 g mehligkochende Kartoffeln
Salz | 5 Stängel Basilikum
1 Ei (L) | 150 g Mehl
Pfeffer | frisch geriebene Muskatnuss
Mehl zum Arbeiten

Für 4 Personen | ca. 25 Min. Zubereitung
35 Min. Garen | pro Portion: ca. 235 kcal

1 Die Kartoffeln waschen und in ausreichend Salzwasser 20–25 Min. garen. Das Wasser abgießen und die Kartoffeln auf der ausgeschalteten Herdplatte ausdampfen und etwas abkühlen lassen. Inzwischen Basilikum abbrausen und trocken schütteln, die Blättchen abzupfen und fein hacken.

2 Die Kartoffeln pellen und noch warm durch die Kartoffelpresse flach auf eine Arbeitsfläche drücken. Das Ei verquirlen und darauf verteilen. Darüber ca. 130 g Mehl und Basilikum streuen, mit Salz, Pfeffer und Muskatnuss würzen. Alles mit den Händen zügig ohne zu viel Druck zu einem lockeren Teig vermischen – sollte der Teig zu feucht und klebrig sein, übriges Mehl einarbeiten.

3 Den Kartoffelteig vierteln. Jede Portion zu einer ca. 3 cm dicken Rolle formen und diese in gut 1 cm dicke Stücke schneiden. Diese Teigstücke leicht in Mehl wenden, zu kleinen, länglichen Klößchen formen und nach Wunsch noch mit einer Gabel leicht eindrücken. Reichlich Wasser in einem großen Topf zum Kochen bringen und salzen. Die Hitze reduzieren und die Gnocchi im leicht siedenden Wasser in 4–7 Min. gar ziehen lassen. Sie sind fertig, wenn sie nach oben steigen. Mit dem Schaumlöffel herausheben, abtropfen lassen und heiß servieren, z. B. mit dem Sizilianischen Sommergemüse oder dem Ofengemüse von Seite 141 oder einfach mit Tomatensauce (Seite 163), Paprikasauce (Seite 134) oder Pesto (Seite 57).

SOMMERLICH – SCHMECKT AUCH KALT

Sizilianisches Sommergemüse

4 Tomaten | 2 kleine Auberginen
4 Stangen Staudensellerie
2 rote Paprikaschoten
1 große Zwiebel | 1 Knoblauchzehe
Salz | Pfeffer | 1 EL Kapern
12 grüne Oliven (ohne Stein)
je 4 Stängel Basilikum und Petersilie
2 EL Pinienkerne
3–4 EL Rotweinessig | Zucker
Olivenöl zum Braten

Für 4 Personen | ca. 25 Min. Zubereitung
25 Min. Garen | pro Portion: ca. 130 kcal

1 Tomaten kreuzweise einritzen, in einer Schüssel mit kochend heißem Wasser übergießen und kurz ziehen lassen. Dann häuten und das Fruchtfleisch in kleine Würfel schneiden, dabei die Stielansätze entfernen. Auberginen waschen, putzen, längs vierteln und in ca. 1 cm dicke Stücke schneiden. Den Sellerie waschen, putzen und in ca. 5 mm breite Stücke schneiden. Paprika halbieren, putzen, waschen und in ca. 2 cm große Stücke schneiden. Zwiebel und Knoblauch schälen, Zwiebel halbieren und längs in feine Streifen schneiden, Knoblauch fein hacken.

2 Reichlich Öl in einer beschichteten Pfanne erhitzen, darin die Auberginen und die Hälfte des Knoblauchs bei großer Hitze leicht braun anbraten, dabei ab und zu umrühren. Salzen, pfeffern und vom Herd nehmen. In einem Topf 2 EL Öl erhitzen, darin Zwiebel und übrigen Knoblauch andünsten. Paprika und Sellerie dazugeben und kurz mit andünsten. Tomaten hinzufügen, salzen, pfeffern und zugedeckt bei mittlerer Hitze ca. 10 Min. garen.

3 Inzwischen Kapern fein hacken und Oliven in Scheiben schneiden. Kräuter abbrausen und trocken schütteln, die Blättchen abzupfen und grob hacken. Auberginen, Kapern, Oliven und Pinienkerne zum Gemüse geben, mit Essig und ca. ½ TL Zucker würzen. Zugedeckt ca. weitere 15 Min. garen, dabei ab und zu umrühren. Eventuell mit Salz, Pfeffer, Essig und Zucker abschmecken. Kurz abkühlen lassen und die Kräuter unterrühren. Das Gemüse schmeckt zu den Basilikumgnocchi oder zu frischem Weißbrot.

BULGUR MIT KÜRBIS

CURRY-HIRSE-PFANNE

ORIENTALISCH – EINFACH

Bulgur mit Kürbis und Sauerkirschen

200 g Bulgur | Salz
3 EL getrocknete Sauerkirschen
750 g Kürbis (z. B. Moschuskürbis, geputzt ca. 650 g)
2 rote Paprikaschoten
1 große Zwiebel
1 Knoblauchzehe
1 Stück frischer Ingwer (ca. 5 cm)
2 EL Olivenöl
½ TL Kurkumapulver
1 TL gemahlener Kreuzkümmel
⅓ TL Zimtpulver
2–3 Msp. Chilipulver
Saft von 1 Orange
150 ml Gemüsebrühe | Pfeffer
½ Bund Koriandergrün
200 g Naturjoghurt

Für 4 Personen | ca. 45 Min. Zubereitung
Pro Portion: ca. 365 kcal

1 Bulgur und ½ l Wasser in einem Topf aufkochen, salzen und zugedeckt bei mittlerer Hitze ca. 5 Min. kochen lassen. Kirschen unterrühren und zugedeckt bei kleinster Hitze 15–20 Min. ausquellen lassen.

2 Inzwischen den Kürbis schälen, Kerne und faseriges Fleisch entfernen und das Fruchtfleisch in ca. 1,5 cm große Würfel schneiden. Paprikaschoten halbieren, putzen und waschen, längs in 2 cm dicke Streifen schneiden und diese halbieren. Zwiebel, Knoblauch und Ingwer schälen und getrennt fein würfeln.

3 Das Öl in einer beschichteten Pfanne erhitzen, darin Zwiebel und Knoblauch goldgelb andünsten. Kürbis, Paprika und Ingwer hinzufügen und unter Rühren 1 Min. anbraten. Mit den Gewürzen bestreuen, 1 Min. weiterbraten, dann mit Orangensaft und Brühe ablöschen, salzen und pfeffern. Zugedeckt ca. 15–20 Min. garen, dabei ab und zu umrühren. Gegen Garzeitende den Deckel abnehmen, damit möglichst viel Flüssigkeit verdampft. Inzwischen den Koriander abbrausen und trocken schütteln, die Blättchen abzupfen und fein hacken. Den Joghurt mit der Hälfte des Korianders glatt rühren und salzen. Den Bulgur unter das Gemüse heben und kurz ziehen lassen. Mit übrigem Koriander bestreuen und mit dem Joghurt servieren.

UNKOMPLIZIERT – SCHNELL

🌿 Curry-Hirse-Pfanne mit Gemüse

1 Brokkoli (ca. 250 g)
1 Zucchino
2 rote Paprikaschoten
1 große Zwiebel
2 EL Olivenöl
2–2 ½ TL indische Currypaste
200 g Hirse
450 ml Gemüsebrühe
Salz | Pfeffer
1 Dose Kidneybohnen (ca. 250 g Abtropfgewicht)
½ Bund Petersilie
4 EL Mandelblättchen

Für 4 Personen | ca. 45 Min. Zubereitung
Pro Portion: ca. 385 kcal

1 Brokkoli waschen, putzen und in kleine Röschen teilen, den Stiel in ca. 1 cm große Würfel schneiden. Den Zucchino waschen, putzen, längs vierteln und in 1 cm große Stücke schneiden. Die Paprikaschoten halbieren, putzen, waschen und in ca. 2 cm große Stücke schneiden. Die Zwiebel schälen und fein würfeln.

2 Das Öl in einer hohen beschichteten Pfanne erhitzen, darin die Zwiebel bei mittlerer Hitze goldgelb andünsten. Currypaste und Hirse dazugeben und unter Rühren 1 Min. mitbraten. Zucchino- und Paprikastücke mit den Brokkoliwürfeln unterrühren und die Brühe angießen, salzen und pfeffern. Die Brokkoliröschen auf das Gemüse legen und in die Flüssigkeit drücken. Zugedeckt bei mittlerer Hitze 8 Min. kochen lassen.

3 Inzwischen die Bohnen in ein Sieb abgießen, abbrausen und abtropfen lassen. Petersilie abbrausen und trocken schütteln, die Blättchen abzupfen und fein hacken. Die Mandelblättchen in einer Pfanne ohne Fett goldgelb anrösten. Die Bohnen unter die Hirse rühren und alles bei kleinster Hitze weitere 20 Min. quellen lassen, dabei eventuell noch etwas Wasser oder Brühe hinzufügen, damit nichts anbrennt. Die Petersilie unterheben, die Hirsepfanne mit den Mandeln bestreuen und sofort servieren. Wer möchte, kann Joghurt als Dip dazu servieren oder die Hirsepfanne mit zerbröckeltem Schafskäse oder Parmesanspänen bestreuen.

Die indische Küche ist berühmt für ihre vegetarischen Gerichte – eine ausgewogene Zusammenstellung ist dort höchstes Ziel. Hier mildern eine säuerliche Joghurt-Raita und würziger Reis die sanfte Schärfe der Küchlein.

WÜRZIG – AUS INDIEN

Blumenkohl-Kartoffelplätzchen

600 g mehligkochende Kartoffeln | Salz
450 g Blumenkohl
1 Knoblauchzehe
1 Stück frischer Ingwer (ca. 3 cm)
1 TL Kreuzkümmelsamen
je ½ TL gemahlener Koriander und Kurkumapulver
1–2 Msp. Chilipulver
3 EL frisch gepresster Zitronensaft
2 EL gehacktes Koriandergrün | Pfeffer
Butterschmalz oder Öl zum Braten (siehe Tipp Seite 177)

Für 4 Personen | ca. 1 Std. Zubereitung
Pro Portion: ca. 140 kcal

1 Kartoffeln waschen und in ausreichend Salzwasser 20–25 Min. garen. Dann abgießen, kurz ausdampfen lassen, pellen und noch warm durch die Kartoffelpresse drücken oder zerstampfen.

2 Inzwischen den Blumenkohl putzen und waschen. Den ganzen Kopf zuerst in ca. 5 mm breite Scheiben schneiden, diese dann quer zerschneiden und klein hacken. Knoblauch und Ingwer schälen und fein würfeln. In einer beschichteten Pfanne 2 EL Butterschmalz schmelzen, darin den Kreuzkümmel bei kleiner Hitze rösten, bis er knistert und duftet. Knoblauch und Blumenkohl dazugeben, salzen und bei großer Hitze 2–3 Min. unter Rühren braten – der Blumenkohl darf ruhig leicht bräunen. Ingwer, Koriander, Kurkuma und Chili darüberstäuben und unter Rühren weitere 5–7 Min. garen, dabei ab und zu 1–3 EL Wasser unterrühren und verdampfen lassen. Wenn der Blumenkohl gar ist, aber noch ein wenig Biss hat, vom Herd nehmen und leicht abkühlen lassen.

3 Zerdrückte Kartoffeln, Blumenkohl, Zitronensaft und Koriandergrün gründlich mischen, salzen und pfeffern. Aus der Masse 4 gleich große Plätzchen formen. Reichlich Butterschmalz oder Öl in einer beschichteten Pfanne erhitzen und die Plätzchen darin auf beiden Seiten in jeweils ca. 6 Min. braun braten.

AROMATISCH – LEICHT

Indischer Gewürzreis

250 g Basmatireis | 1 Zwiebel
2 EL Butterschmalz (siehe Tipp Seite 177)
je 5 Nelken und grüne Kardamomkapseln
1 Zimtstange | Salz

Für 4 Personen | ca. 45 Min. Zubereitung
Pro Portion: ca. 265 kcal

1 Reis in einem Sieb abbrausen, bis das Wasser klar abläuft, und abtropfen lassen. Zwiebel schälen und in feine Ringe schneiden. Butterschmalz in einer Pfanne schmelzen, darin die Zwiebelringe in 8–10 Min. goldbraun anbraten. Gewürze dazugeben und bei kleiner Hitze 2–3 Min. mitbraten. Reis unterrühren, ½ l Wasser hinzufügen, salzen und aufkochen. Umrühren und den Reis zugedeckt bei kleinster Hitze ca. 15 Min. garen. Danach auf der ausgeschalteten Herdplatte 10 Min. ausquellen lassen. Vor dem Servieren mit einer Gabel auflockern.

ERFRISCHEND – EINFACH

Tomaten-Raita

2 große Tomaten
1 Knoblauchzehe
1 EL Sonnenblumenöl
je ½ TL Kreuzkümmelsamen und schwarze Senfkörner
300 g Naturjoghurt
Salz | Pfeffer
2 EL gehacktes Koriandergrün

Für 4 Personen | ca. 15 Min. Zubereitung
2 Std. Kühlen | pro Portion: ca. 85 kcal

1 Tomaten waschen und vierteln, dabei die Stielansätze entfernen, die Kerne mit einem Löffel herauslösen und das Fruchtfleisch klein würfeln. Knoblauch schälen und fein würfeln. Das Öl in einem beschichteten Pfännchen erhitzen, darin Kreuzkümmel und Senfkörner bei kleiner Hitze rösten. Knoblauch dazugeben und unter Rühren kurz mitbraten. Den Pfanneninhalt und die Tomatenwürfel unter den Joghurt mischen, salzen und pfeffern. Die Raita zugedeckt im Kühlschrank 1–2 Std. durchziehen lassen. Vor dem Servieren Koriandergrün unterrühren.

Süßkartoffelcurry mit Kichererbsen und Spinat

Natürlich kommen in dieses Curry typisch indische Gewürze. Damit sie ihr unverwechselbares Aroma voll entfalten können, werden sie zuvor in Butterschmalz gebraten.

WÜRZIG – DEFTIG

1 große Zwiebel
1 Knoblauchzehe
1 Stück frischer Ingwer (ca. 3 cm)
2 EL Butterschmalz oder Öl (siehe Tipp Seite 177)
1 TL Kreuzkümmelsamen
1 Zimtstange
½ TL Kurkumapulver
¼ TL Chilipulver
1 Dose stückige Tomaten (400 g Füllgewicht)
Salz | Pfeffer
1 Süßkartoffel (ca. 500 g)
200 g Blattspinat (ersatzweise 150 g aufgetauter TK-Blattspinat)
1 Dose Kichererbsen (240 g Abtropfgewicht)
1 TL Garam Masala (siehe Info Seite 17)
3 EL gehacktes Koriandergrün

Für 4 Personen | ca. 20 Min. Zubereitung
50 Min. Garen | pro Portion: ca. 240 kcal

1 Zwiebel, Knoblauch und Ingwer schälen und getrennt fein würfeln. Das Butterschmalz in einem Topf schmelzen, darin die Zwiebel goldgelb andünsten. Knoblauch, Ingwer, Kreuzkümmel und Zimt dazugeben und mitdünsten, bis die Gewürze duften. Kurkuma und Chili darüberstäuben und kurz mitrösten. Die Tomaten unterrühren, salzen, pfeffern und offen bei mittlerer Hitze in 20 Min. leicht einkochen lassen, dabei ab und zu umrühren.

2 Die Süßkartoffel schälen und in ca. 1 cm große Würfel schneiden. Mit 100 ml Wasser zum Curry geben und alles weitere ca. 20 Min. garen.

3 Inzwischen den Spinat verlesen, waschen und in einem Sieb abtropfen lassen (TK-Spinat gut ausdrücken). Die Kichererbsen in ein Sieb abgießen, abbrausen und abtropfen lassen. Beides vorsichtig unter das Curry heben und alles zugedeckt 5–8 Min. weitergaren, bis die Kichererbsen heiß und der Spinat zusammengefallen ist, dabei ein- bis zweimal umrühren. Mit Salz, Pfeffer und Garam Masala abschmecken und mit Koriander bestreuen. Wer mag, gibt noch etwas Joghurt auf das Curry und serviert es mit Reis oder Fladenbrot.

AUS INDIEN – EINFACH

Gelbes Linsen-Dal mit Röstzwiebeln

250 g gelbe Linsen
1 Stück frischer Ingwer (ca. 3 cm)
¼ TL Kurkumapulver | Salz
2 Zwiebeln
1 Knoblauchzehe
5 grüne Kardamomkapseln
3–4 EL Butterschmalz (oder Ghee, siehe Tipp)
2 Lorbeerblätter
4 Stücke Zimtrinde (oder 1 Zimtstange)
2–3 getrocknete Chilischoten
1 TL Kreuzkümmelsamen

Für 4 Personen | ca. 35 Min. Zubereitung
Pro Portion: ca. 260 kcal

1 Linsen mit ¾ l Wasser in einen Topf geben und aufkochen. Inzwischen den Ingwer schälen und fein würfeln. Den aufsteigenden Schaum von den Linsen abschöpfen, Ingwer und Kurkumapulver dazugeben und die Linsen zugedeckt bei mittlerer Hitze 15–20 Min. garen.

2 Währenddessen die Zwiebeln schälen und in feine Ringe schneiden. Knoblauch schälen und fein würfeln. Kardamomkapseln aufschneiden und leicht auseinanderdrücken. In einer kleinen Pfanne 2 EL Butterschmalz schmelzen, darin Knoblauch, Kardamomkapseln, Lorbeer, Zimt, Chilis und Kreuzkümmel bei mittlerer Hitze unter Rühren rösten, bis der Kreuzkümmel zu knistern beginnt. Die Gewürze vorsichtig über die Linsen gießen und unterrühren, dabei möglichst viel Schmalz in der Pfanne zurückbehalten. Linsen salzen und in weiteren 5–10 Min. breiig garen.

3 Inzwischen nochmals etwas Schmalz in die Pfanne geben, darin die Zwiebelringe bei mittlerer Hitze dunkelbraun und leicht knusprig braten. Einen Teil der Röstzwiebeln samt Schmalz unter die Linsen rühren, den Rest vor dem Servieren über das Linsen-Dal streuen. Dazu passt Reis oder Fladenbrot und der Tandoori-Tofu.

TOFU AUF INDISCH

Tandoori-Tofu

300 g Tofu
1 Stück frischer Ingwer (ca. 1 cm)
1 Ei (M)
2 EL Naturjoghurt
2 EL Kichererbsenmehl
1 ¼ TL Garam Masala (siehe Info Seite 17)
¼ TL Kurkumapulver
2–3 Msp. Chilipulver
1 EL gehacktes Koriandergrün
Salz | Pfeffer
1–2 EL Butterschmalz (oder Ghee, siehe Tipp)

Für 4 Personen | ca. 25 Min. Zubereitung
1 Std. Marinieren | pro Portion: ca. 150 kcal

1 Den Tofu in ca. 2 cm große Würfel schneiden. Den Ingwer schälen und möglichst fein würfeln. Das Ei verquirlen und mit Joghurt und Kichererbsenmehl gründlich mit dem Schneebesen verrühren. Die Gewürze, Ingwer und Koriandergrün unterrühren, kräftig mit Salz und Pfeffer abschmecken. Die Tofuwürfel in die Joghurtmarinade legen und zugedeckt im Kühlschrank 1 Std. ziehen lassen.

2 Den Backofen auf 275° vorheizen, ein Blech mit Backpapier auslegen. In einem Pfännchen das Butterschmalz schmelzen. Die Tofuwürfel nochmals gut in der Marinade wenden und auf das Blech legen. Im Ofen (oben, Umluft nicht empfehlenswert) in 10–12 Min. goldbraun braten, dabei nach etwa der Hälfte der Zeit mit etwas Butterschmalz betupfen. Aus dem Ofen nehmen und kurz ruhen lassen. Nach Belieben mit einem Chutney, z. B. dem Mangochutney von Seite 60, oder einem frischen Salat als Snack servieren. Zum Hauptgericht wird der Tofu mit Reis und Dal oder einem Gemüsecurry, z. B. dem Süßkartoffelcurry von Seite 174.

TIPP Indisches Butterschmalz
Ghee heißt das in Asienläden erhältliche indische Butterschmalz, das wie unser Butterschmalz aus geklärter Butter hergestellt wird. Da in Indien viele Vegetarier leben, die ebenfalls keine Milchprodukte essen, gibt es auch so genanntes »vegetarisches Ghee« (Veg-Ghee), das Veganer hierzulande auch in Asienläden kaufen können.

Persischer Safranreis mit Möhren und Mandeln

Das schmeckt nach 1001 Nacht: Mit Safran wird dieser Reis zu einer kleinen kulinarischen Kostbarkeit. Honig, Mandeln und Kirschen unterstreichen seine herbe Süße.

EINFACH – ORIENTALISCH

500 g Möhren
120 g getrocknete Sauerkirschen
1 große Zwiebel
350 g Basmatireis | Salz
6 EL Butterschmalz
100 g Mandelstifte
5 Stängel Petersilie
1 EL Honig | Pfeffer
2 EL gehackte Petersilie
¼ TL Safranfäden

Für 4 Personen | ca. 30 Min. Zubereitung
45 Min. Garen | pro Portion: ca. 710 kcal

1 Die Möhren schälen und in dünne Stifte schneiden. Die Sauerkirschen mit so viel kochend heißem Wasser übergießen, dass sie gut bedeckt sind. Die Zwiebel schälen und fein würfeln.

2 Den Reis in ein Sieb geben und abbrausen. Reichlich Wasser in einem großen Topf aufkochen und salzen, den Reis hineingeben und ca. 8 Min. sprudelnd kochen lassen. Abgießen, abbrausen und abtropfen lassen.

3 In einer Pfanne 1 EL Butterschmalz schmelzen, darin die Mandeln unter Rühren goldbraun braten und herausnehmen. Nochmals 1 EL Schmalz in die Pfanne geben und darin die Zwiebel goldgelb andünsten. Möhren und Honig dazugeben und unter Rühren bei mittlerer Hitze 4–5 Min. dünsten, mit Salz und Pfeffer würzen. Die Kirschen abgießen und mit der Petersilie unter die Möhren rühren.

4 Übriges Schmalz, Safran und 80 ml Wasser in einen Topf geben und erhitzen, bis das Wasser gelb gefärbt und das Schmalz geschmolzen ist. Die Hälfte des Reises hineingeben, darauf die Möhren und wiederum darauf den restlichen Reis verteilen. Ein Küchentuch um den Topfdeckel schlagen und den Reis zugedeckt bei ganz kleiner Hitze ca. 45 Min. garen, bis es zu knistern beginnt. Den Reis aus dem Topf stürzen, durchmischen und die Kruste vom Topfboden darauf verteilen.

🌿 Marokkanische Gemüse-Tajine mit Aprikosen

In Marokko wird das bunte Gemüse traditionell in der Tajine, einem gebrannten Lehmtopf, zubereitet. Hier gart es aromaschonend im Backofen.

AROMATISCH – FRUCHTIG

2 Zwiebeln
2 Knoblauchzehen
je 1 Bund Petersilie und Koriandergrün
1 Bio-Zitrone
6 EL Olivenöl
je 1 TL Kurkumapulver und gemahlener Kreuzkümmel
¼ TL Chilipulver
2 Zucchini
2 dicke Möhren
1 Süßkartoffel (ca. 250 g)
je 1 rote und gelbe Paprikaschote
12 Kirschtomaten
Salz | Pfeffer
200 ml Gemüsebrühe
12 getrocknete Aprikosen

Für 4 Personen | ca. 25 Min. Zubereitung
1 Std. Marinieren | 1 Std. 10 Min. Garen
Pro Portion: ca. 300 kcal

1 Zwiebeln und Knoblauch schälen und fein würfeln. Kräuter abbrausen und trocken schütteln, die Blättchen abzupfen und fein hacken. Zitrone heiß waschen und abtrocknen, die Schale abreiben und den Saft auspressen. Öl mit 5 EL Zitronensaft, Zitronenschale und den Gewürzen in einer Auflaufform (möglichst mit Deckel) verrühren, dann Zwiebeln, Knoblauch und Kräuter gut untermischen.

2 Zucchini putzen und waschen, Möhren und Süßkartoffel schälen, alles je nach Länge zuerst quer in 2–3 Stücke schneiden und diese längs vierteln. Paprikaschoten halbieren, putzen und waschen, die Hälften jeweils längs in 3 Stücke schneiden. Tomaten waschen und halbieren. Alles gründlich mit der Marinade mischen, die Form abdecken und das Gemüse 1 Std. durchziehen lassen.

3 Den Backofen auf 175° vorheizen. Gemüse salzen, pfeffern und nochmals gut durchmischen. Die Brühe dazugießen, den Deckel auf die Form setzen (notfalls mit Alufolie verschließen) und das Gemüse im Ofen (Mitte, Umluft nicht empfehlenswert) 30 Min. garen. Dann die Aprikosen unterrühren und alles in weiteren 30–40 Min. fertig garen. Die Tajine mit Couscous servieren.

Flammkuchen mit Kürbis und Ziegenkäse

Der Klassiker aus dem Elsass wird hier mit herbstlichen Zutaten belegt. Der Clou bei dieser rustikalen Spezialität: der hauchdünne, knusprige Teig.

FÜR GÄSTE

Für den Teig:
280 Weizenmehl (Type 550)
120 g Roggenmehl (Type 1150)
Salz | 1 Päckchen Trockenhefe
1 EL Olivenöl
Mehl zum Arbeiten

Für den Belag:
1 kg Kürbis (z. B. Moschus- oder Hokkaidokürbis, geputzt ca. 750 g)
2 rote Zwiebeln
1 rote Chilischote
4 Zweige Thymian
1 Zweig Rosmarin
6 EL Olivenöl
Salz | Pfeffer
75 ml Gemüsebrühe
150 g Ziegenfrischkäse
120 g Crème fraîche
100 g Sahne
frisch geriebene Muskatnuss

Für 3 Stück (4–6 Personen)
ca. 50 Min. Zubereitung
45 Min. Ruhen
3 x 15 Min. Backen
Pro Portion (bei 6 Personen):
ca. 570 kcal

1 Für den Teig beide Mehlsorten in einer Rührschüssel mit 1 TL Salz und der Hefe mischen. Ca. ¼ l lauwarmes Wasser und das Öl verrühren, dazugeben und mit den Knethaken des Handrührgeräts unterkneten. Alles mit dem Handrührgerät oder von Hand 5 Min. kräftig zu einem glatten, elastischen Teig kneten. Den Teig in eine mit Mehl ausgestäubte Schüssel geben, mit einem Küchentuch abdecken und an einem warmen Ort ca. 45 Min. gehen lassen.

2 Inzwischen für den Belag den Kürbis schälen (Hokkaidokürbis muss nicht geschält werden), Kerne und faseriges Fleisch entfernen und das Fruchtfleisch in ca. 1 cm große Würfel schneiden. Zwiebeln schälen, halbieren und längs in dünne Streifen schneiden. Die Chilischote längs halbieren und die Kerne entfernen, die Hälften waschen und fein hacken. Die Kräuter abbrausen und trocken schütteln, die Blättchen bzw. Nadeln abzupfen und grob hacken.

3 In einer großen beschichteten Pfanne 3 EL Öl erhitzen, darin den Kürbis bei großer Hitze unter Rühren 2 Min. anbraten. Zwiebeln, Chili und Kräuter hinzufügen, salzen, pfeffern und bei mittlerer Hitze weitere 2–3 Min. braten. Mit Brühe ablöschen und unter Rühren braten, bis die Brühe völlig verdampft ist, dann vom Herd nehmen und abkühlen lassen. Den Ziegenkäse mit einer Gabel zerdrücken und mit Crème fraîche und Sahne glatt rühren. Mit Salz, Pfeffer und Muskatnuss würzen.

4 Den Backofen auf 230° (Umluft 210°) vorheizen. Den Teig auf einer bemehlten Arbeitsfläche nochmals gut durchkneten und in 3 Portionen teilen. Jede Portion zu einem länglichen, möglichst dünnen Fladen ausrollen. Die Fladen jeweils auf ein mit Backpapier ausgelegtes Blech legen und gleichmäßig mit der Creme bestreichen. Die Kürbismischung darauf verteilen und jeweils mit ca. 1 EL Öl beträufeln. Die Fladen nacheinander im Ofen (unten) in 12–15 Min. goldbraun backen. In Stücke schneiden und heiß servieren.

VARIANTE mit Radicchio und Birne

1 Radicchio (ca. 150 g) waschen, vierteln, putzen und längs in schmale Streifen schneiden. 2 Birnen längs vierteln, entkernen, quer in schmale Stücke schneiden und sofort in 2 EL frisch gepresstem Zitronensaft wenden. 2 Zwiebeln schälen, halbieren und längs in Streifen schneiden. In 3 EL Olivenöl goldgelb andünsten, 1 EL gehackten Thymian unterrühren und kurz mitbraten. Radicchio und Birnen unterrühren und abkühlen lassen. 100 g Gorgonzola in Stücke schneiden. 100 g Crème fraîche mit 75 g Magerquark und 100 g Sahne verrühren, kräftig mit Salz, Pfeffer und Muskatnuss würzen. Die Fladen wie beschrieben ausrollen, mit der Creme bestreichen, mit der Radicchio-Mischung belegen und pfeffern. 40 g grob gehackte Walnusskerne und den Gorgonzola darauf verteilen. Jeden Fladen mit 1 EL Olivenöl beträufeln und wie beschrieben backen.

ASIATISCH – SCHARF-WÜRZIG

Süßsaures Tempeh-Gemüse

200 g Tempeh
3 Stangen Staudensellerie
2 gelbe Paprikaschoten
100 g Zuckerschoten
1 Stück Bio-Salatgurke (ca. 150 g)
1 rote Zwiebel | 1 Knoblauchzehe
1–2 rote Chilischoten
100 ml Ananassaft
1 TL Speisestärke
3 EL Weißweinessig
1 ½ TL brauner Zucker
2–3 EL Tomatenketchup
3 EL Sojasauce
Öl zum Frittieren und Braten

Für 4 Personen | ca. 45 Min. Zubereitung
Pro Portion: ca. 230 kcal

1 Tempeh in ca. 7 mm dicke Scheiben schneiden. Das Gemüse waschen und putzen. Sellerie schräg in dünne Scheiben, Paprikaschoten in dünne Streifen schneiden. Zuckerschoten schräg halbieren. Gurke waschen, längs halbieren und in ca. 3 mm dicke Scheiben schneiden. Zwiebel und Knoblauch schälen, Zwiebel halbieren und längs in feine Streifen schneiden, Knoblauch fein würfeln. Chilischoten längs halbieren, entkernen, waschen und fein hacken.

2 Reichlich Öl in einem Topf oder im Wok erhitzen (mindestens 3 cm hoch) und darin die Tempeh-Scheiben eventuell portionsweise in 1 ½–2 Min. goldbraun frittieren. Herausheben, auf Küchenpapier abtropfen lassen und jeweils halbieren. Ananassaft mit Stärke, Essig, Zucker und Ketchup verrühren.

3 Das Öl bis auf einen kleinen Rest aus dem Wok abgießen, darin Zwiebel, Knoblauch, Chilis und das Gemüse – bis auf die Gurken – unter Rühren 2–3 Min. anbraten. Gurken dazugeben und kurz mitbraten, dann mit Sojasauce ablöschen. Sobald diese verkocht ist, die Ananassaftmischung unterrühren und in 2–3 Min. einkochen lassen. Tempeh unterheben und alles unter häufigem Rühren weitere 2 Min. garen, bis ein Großteil der Flüssigkeit verkocht ist. Mit Jasmin- oder Basmatireis servieren.

EINFACH – AUS INDIEN

Linsencurry mit Auberginen

3 schlanke Auberginen (ca. 450 g)
1 kleine Knoblauchzehe
Salz | Pfeffer
1 Zwiebel
1 Stück frischer Ingwer (ca. 3 cm)
200 g rote Linsen
2 TL indische Currypaste
350 ml Gemüsebrühe | 4 Eier (M)
½ Bund Koriandergrün
400 ml Kokosmilch
Raps- oder Sojaöl zum Braten

Für 4 Personen | ca. 50 Min. Zubereitung
Pro Portion: ca. 490 kcal

1 Auberginen waschen, putzen und in ca. 5 mm dicke Scheiben schneiden (bei dicken Auberginen die Scheiben halbieren). Knoblauch schälen und fein würfeln. Reichlich Öl in einer beschichteten Pfanne erhitzen, darin die Auberginen bei großer Hitze rundum braun anbraten. Kurz vor Garzeitende die Hälfte des Knoblauchs unterrühren, salzen und pfeffern.

2 Zwiebel und Ingwer schälen und fein würfeln. In einem Topf 2 EL Öl erhitzen, darin restlichen Knoblauch, Zwiebel und Ingwer goldgelb andünsten. Linsen und Currypaste dazugeben und unter Rühren kurz anrösten. Die Brühe angießen, umrühren und die Linsen 10–15 Min. garen (sollte dabei zu viel Flüssigkeit verdampfen, bereits etwas Kokosmilch dazugießen). Inzwischen die Eier in ca. 10 Min. hart kochen, abschrecken, pellen und längs halbieren. Den Koriander abbrausen und trocken schütteln, die Blättchen abzupfen und fein hacken.

3 Kokosmilch und Auberginen unter die Linsen rühren und die Linsen bei kleiner Hitze in weiteren 5–10 Min. fertig garen. Einen Großteil des Koriandergrüns unterrühren, mit Salz und Pfeffer abschmecken. Das Curry auf Schälchen verteilen, mit je 2 Eierhälften belegen und mit dem übrigen Koriander bestreuen. Dazu passt Basmatireis oder Fladenbrot.

GEMÜSE-SESAM-NUDELN

SPAGHETTI MIT RADICCHIO

ASIATISCH – WÜRZIG

🌿 Gemüse-Sesam-Nudeln mit Tofu

120 g Soba-Nudeln
200 g Tofu
100 g Zuckerschoten
2 rote Paprikaschoten
1 Stange Staudensellerie
1 dicke Möhre
1 Bund Frühlingszwiebeln
1 Knoblauchzehe
1 Stück frischer Ingwer (ca. 3 cm)
1–2 rote Chilischoten
3 EL helle Sesamsamen
2 EL Raps- oder Erdnussöl
5 EL Ketjap Manis (süße Sojasauce)
2 EL geröstetes Sesamöl

Für 4 Personen | ca. 35 Min. Zubereitung
Pro Portion: ca. 455 kcal

1 Nudeln nach Packungsanweisung garen, abgießen und abtropfen lassen. Den Tofu in Würfel schneiden. Zuckerschoten waschen, putzen und schräg halbieren. Paprikaschoten halbieren, putzen, waschen und in dünne Streifen schneiden. Sellerie putzen, waschen und schräg in dünne Scheiben schneiden. Möhre schälen, längs halbieren und in möglichst feine Scheiben schneiden. Frühlingszwiebeln waschen und putzen, den grünen Teil in Ringe, den weißen in ca. 2 cm lange Stücke schneiden. Knoblauch und Ingwer schälen und fein würfeln. Chilischoten längs halbieren, entkernen, waschen und fein hacken.

2 Sesam im Wok oder in einer beschichteten Pfanne ohne Fett rösten, bis er duftet, dann herausnehmen. Wok oder Pfanne nochmals erhitzen, Öl hineingeben und richtig heiß werden lassen. Weiße Zwiebelstücke, Möhren, Sellerie und Paprika darin unter Rühren 2 Min. anbraten. Dann Zuckerschoten, Knoblauch, Ingwer und Chilis hinzufügen und unter Rühren weitere 1–2 Min. braten. Das Gemüse mit Sojasauce ablöschen und bei mittlerer Hitze in ca. 5 Min. bissfest garen, dabei eventuell esslöffelweise etwas Wasser hinzufügen, damit nichts anbrennt. Nudeln, Tofu und Sesamöl unterheben und heiß werden lassen. Vor dem Servieren mit Zwiebelgrün und gerösteten Sesamsamen bestreuen.

SCHNELL – AUSGEFALLEN

🌿 Spaghetti mit Radicchio

450 g Spaghetti | Salz
250 g braune Champignons
1 Radicchio (ca. 150 g)
150 g Linsensprossen (nach Belieben)
1 Knoblauchzehe
8 in Öl eingelegte getrocknete Tomaten (+ Einlegeöl)
2 Zweige Thymian
150 g Tofu
2 EL Olivenöl | Pfeffer
1–1 ½ EL Weißweinessig
2 EL gehackte Petersilie

Für 4 Personen | ca. 30 Min. Zubereitung
Pro Portion: ca. 710 kcal

1 Für die Nudeln in einem großen Topf reichlich Wasser aufkochen und salzen. Die Spaghetti hineingeben und nach Packungsanweisung bissfest garen. Dann in ein Sieb abgießen, abtropfen lassen und eventuell warm halten.

2 Inzwischen die Pilze sauber abreiben, putzen und in dickere Scheiben schneiden. Radicchio waschen und vierteln, den Strunk herausschneiden und die Viertel quer in schmale Streifen schneiden. Nach Belieben die Sprossen in einem Sieb abbrausen und abtropfen lassen. Knoblauch schälen und fein würfeln. Tomaten abtropfen lassen und in Streifen schneiden. Thymian abbrausen und trocken schütteln, die Blättchen abzupfen und fein hacken. Tofu mit einer Gabel grob zerbröckeln und mit 3–4 EL Tomatenöl mischen.

3 Das Öl in einer großen beschichteten Pfanne erhitzen, darin die Pilze bei großer Hitze braun anbraten. Salzen, pfeffern, Knoblauch und Thymian dazugeben und kurz mitbraten. Dann Radicchio, eventuell Sprossen und Tomaten unterrühren und unter Rühren 2–3 Min. braten, bis der Radicchio zusammengefallen ist, mit Essig abschmecken. Den Tofu unterrühren. Die abgetropften Spaghetti unterheben und heiß werden lassen. Nochmals mit Salz und Pfeffer abschmecken und mit Petersilie bestreut servieren.

FÜR GÄSTE – AUSGEFALLEN

Rote-Bete-Mohn-Risotto

2 Rote Beten (à ca. 150 g) | Salz
2 EL Weißweinessig | Pfeffer
2 Schalotten
1 großer Zweig Rosmarin
1,2 l Gemüsebrühe
4 EL Butter
abgeriebene Schale von ½ Bio-Zitrone
3 EL gemahlener Mohn
300 g Risotto-Reis (z. B. Arborio)
150 ml Weißwein (ersatzweise Gemüsebrühe)
3 EL Walnusskerne
2 EL Honig
80 g Mascarpone

Für 4 Personen | ca. 35 Min. Zubereitung
1 Std. 20 Min. Garen | pro Portion: ca. 610 kcal

1 Rote Beten waschen und in ausreichend Salzwasser bei mittlerer Hitze ca. 1 Std. garen. Abgießen, ausdampfen lassen, noch warm pellen und in kleine Stücke schneiden (dabei unbedingt Einweghandschuhe tragen!). Die Hälfte der Rote-Bete-Stücke mit dem Essig fein pürieren, mit Salz und Pfeffer würzen.

2 Die Schalotten schälen und fein würfeln. Rosmarin abbrausen und trocken schütteln, die Nadeln abzupfen und fein hacken. Die Brühe erhitzen. In einem Topf 2 EL Butter schmelzen, darin die Schalotten goldgelb andünsten. Die Hälfte des Rosmarins, Zitronenschale, Mohn und Reis dazugeben und kurz mitdünsten. Mit dem Wein ablöschen und den Wein fast vollständig verkochen lassen. Dann etwa ein Drittel der Brühe hinzufügen und unter häufigem Rühren einkochen lassen. Den Risotto offen bei mittlerer Hitze ca. 20 Min. köcheln lassen, dabei nach und nach die restliche Brühe dazugießen und häufiger umrühren.

3 Die Walnüsse grob hacken. Übrige Butter und Honig in einer beschichteten Pfanne erhitzen, darin die restliche Rote Bete mit dem übrigen Rosmarin unter Rühren bei kleiner Hitze ca. 5 Min. braten, salzen und pfeffern. Mascarpone und Rote-Bete-Püree unter den Risotto rühren und warm werden lassen. Den Risotto auf tiefe Teller verteilen, Rote-Bete-Würfel daraufgeben und die Walnüsse darüberstreuen.

PREISWERTE RESTEVERWERTUNG

Asiatischer Bratreis mit Ei

450 g gekochter Basmatireis vom Vortag
(ca. 150 g ungekochter Reis)
100 g TK-Erbsen | 1 große Möhre
1 rote Paprikaschote | 250 g Chinakohl
150 g Sojasprossen (Mungbohnensprossen)
1 Bund Frühlingszwiebeln
1 Knoblauchzehe
2–3 EL Soja- oder Rapsöl
4–5 EL Sojasauce | Saft von 1 Limette
1–2 TL Sambal oelek | ¼ TL Currypulver
4 Eier (M) | Salz
2 EL geröstetes Sesamöl (nach Belieben)

Für 4 Personen | ca. 30 Min. Zubereitung
Pro Portion: ca. 265 kcal

1 Reis mit einer Gabel auflockern. Erbsen aus dem Tiefkühlfach nehmen. Möhre schälen, längs halbieren und in feine Scheiben schneiden. Paprika halbieren, putzen, waschen und quer in ca. 5 mm breite Streifen schneiden. Chinakohl in einzelne Blätter teilen, die Blätter waschen und quer in 1 cm breite Streifen schneiden. Sojasprossen in einem Sieb abbrausen und abtropfen lassen. Frühlingszwiebeln waschen und putzen, den grünen und weißen Teil getrennt in Ringe schneiden. Knoblauch schälen und fein würfeln.

2 Das Öl im Wok oder in einer großen, hohen Pfanne erhitzen, darin Möhre, Paprika, Erbsen und weiße Zwiebelringe unter Rühren 2 Min. anbraten. Knoblauch und Chinakohl dazugeben und kurz weiterbraten. Mit 2 EL Sojasauce, 3 EL Limettensaft und 3–4 EL Wasser ablöschen und 1–2 Min. unter Rühren weiterbraten. Erst Sambal oelek und Currypulver unterrühren, dann den Reis und die Sprossen hinzufügen. Übrige Sojasauce dazugeben und alles unter Rühren weitere 2–3 Min. braten.

3 Die Eier aufschlagen und an den Seiten des Woks oder der Pfanne über den Reis geben, dann zügig unterrühren. So lange unter Rühren weiterbraten, bis sich die Eiermasse verteilt hat und vollständig gestockt ist. Mit reichlich Limettensaft und eventuell Salz abschmecken, nach Belieben mit Sesamöl beträufeln und zuletzt die grünen Zwiebelringe unterheben.

Bei diesen Gerichten versteht man, warum Petersilien- und Schwarzwurzeln wieder voll im Trend sind: ein wunderbar luftiger Flan und ein würziges Gemüse, dem aromatisches Pesto auch farblich den letzten Pfiff gibt.

EDEL UND FEIN – FÜR GÄSTE

Petersilienwurzelflan

600 g Petersilienwurzeln
1 Schalotte
3 EL Butter
Salz | Pfeffer
200 ml Gemüsebrühe
1–2 EL frisch gepresster Zitronensaft
4 Eier (M) | 200 g Sahne
2 Msp. edelsüßes Paprikapulver
frisch geriebene Muskatnuss

Für 6 ofenfeste Förmchen oder Tassen (à ca. ⅛ l Inhalt)
ca. 40 Min. Zubereitung | 40 Min. Garen
Pro Portion: ca. 230 kcal

1 Petersilienwurzeln schälen und in kleine Würfel schneiden. Schalotte schälen und fein würfeln. In einem Topf 2 EL Butter schmelzen, darin die Schalotte goldgelb andünsten. Petersilienwurzeln dazugeben, salzen, pfeffern und kurz mitdünsten. Die Brühe angießen und die Petersilienwurzeln zugedeckt bei mittlerer Hitze ca. 15 Min. garen. Dann in ein Sieb abgießen und abtropfen lassen. Wer will, fängt die aromatische Brühe auf und verwendet sie für das Schwarzwurzelgemüse oder friert sie für Suppe oder zum Würzen ein.

2 Den Backofen auf 160° vorheizen, 6 Förmchen mit der übrigen Butter einfetten. Petersilienwurzeln und 1 EL Zitronensaft in einen hohen Rührbecher geben und mit dem Pürierstab fein pürieren. Eier und Sahne mit dem Schneebesen verquirlen und das Gemüsepüree unterrühren, mit Salz, Pfeffer, Paprikapulver, Muskatnuss und eventuell noch etwas Zitronensaft abschmecken. Die Masse in die Förmchen füllen.

3 Die Förmchen in die Fettpfanne des Backofens oder ein tiefes Blech stellen und so viel heißes Wasser angießen, dass die Förmchen gut zur Hälfte im Wasser stehen. Das Blech in den Ofen schieben (Mitte, Umluft nicht empfehlenswert) und die Flans in ca. 40 Min. stocken lassen. Herausnehmen, kurz abkühlen lassen, mit einem spitzen Messer am Rand lösen und auf Teller stürzen. Dazu passt neben dem Schwarzwurzelgemüse auch das Linsen-Wirsing-Gemüse von Seite 194.

EINFACH – PREISWERT

Schwarzwurzelgemüse mit Pesto

Für das Gemüse:
1 kg Schwarzwurzeln
2 EL Essig | 2 EL Mehl
400 g nicht zu dicke Möhren
Salz | 3 EL Butter
1 EL Honig | Pfeffer
ca. ⅛ l Gemüsebrühe

Für das Pesto:
50 g Kürbiskerne | 2 Bund Petersilie
50–75 ml Gemüsebrühe
50 ml Kürbiskernöl
Salz | Pfeffer

Für 4–6 Personen | ca. 45 Min. Zubereitung
Pro Portion (bei 6 Personen): ca. 225 kcal

1 Für das Gemüse die Schwarzwurzeln schälen und schräg in ca. 4 cm dicke Scheiben schneiden (dabei unbedingt Einweghandschuhe tragen, die Wurzelmilch hinterlässt braune Flecken!). Danach sofort in eine Schüssel mit 1 l Wasser, Essig und Mehl geben, damit sie sich nicht bräunlich verfärben. Möhren schälen und ebenfalls schräg in etwa gleich dicke Scheiben schneiden. Schwarzwurzeln abgießen und mit den Möhren in ausreichend Salzwasser zugedeckt 12–15 Min. garen, abgießen und abtropfen lassen.

2 Inzwischen für das Pesto die Kürbiskerne in einer Pfanne ohne Fett rösten, bis sie knistern. Aus der Pfanne nehmen und abkühlen lassen. Die Petersilie abbrausen, gut trocken schütteln und mit den Stängeln grob zerschneiden. Mit 50 ml Brühe, Öl und Kürbiskernen in einen hohen Rührbecher geben und mit dem Pürierstab fein pürieren (sollte das Pesto zu dickflüssig sein, noch etwas Brühe dazugeben). Mit Salz und Pfeffer würzen.

3 Die Butter in einer beschichteten Pfanne schmelzen, darin Möhren und Schwarzwurzeln bei mittlerer Hitze 4–5 Min. anbraten, dabei nach etwa der Hälfte der Zeit mit Honig beträufeln, salzen und pfeffern. Eventuell öfter 1–2 EL Brühe dazugeben, damit das Gemüse nicht anbrennt. Das Gemüse mit dem Petersilienwurzelflan auf Tellern anrichten und beides mit dem Pesto beträufeln.

Weißkrautgulasch mit Pilzknödeln

Das hört sich nach Böhmen und Ungarn an: ein tolles Winteressen mit größtmöglicher Gemüsevielfalt. Das würde auch Piroschka gefallen!

DEFTIG – WÄRMEND

Für das Gulasch:
1 Stück Lauch (100 g)
2 kleine Zwiebeln
2 Knoblauchzehen
2 rote Paprikaschoten
700 g Weißkohl
250 g braune Champignons
2 EL Olivenöl
½ TL Wacholderbeeren
1 Lorbeerblatt
1 EL Tomatenmark
120 ml Weißwein
1 Dose stückige Tomaten (400 g Füllmenge)
200 ml Gemüsebrühe
Salz | Pfeffer | 1 ½ TL edelsüßes Paprikapulver
1 ½ EL Butter
1 EL gehackter Thymian

Für die Knödel:
10 g getrocknete Steinpilze
200 g Weißbrot vom Vortag
1 Zwiebel | 1 EL Butter
2 EL gehackte Petersilie
2 Eier (M) | 150–200 ml Milch
Salz | Pfeffer
frisch geriebene Muskatnuss
2 EL Mehl | 250 g Bergkäse (siehe Info Seite 8)

Für 4–6 Personen
ca. 1 Std. 15 Min. Zubereitung
2 Std. Quellen
1 Std. 15 Min. Garen
Pro Portion (bei 6 Personen):
ca. 470 kcal

1 Für die Knödel die Steinpilze mit heißem Wasser übergießen und 1–2 Std. quellen lassen.

2 Für das Gulasch den Lauch längs halbieren, waschen und putzen, zuerst in feine Streifen und dann in kleine Stücke schneiden. Zwiebeln und Knoblauch schälen und fein würfeln. Paprikaschoten halbieren, putzen, waschen und in ca. 2 cm große Stücke schneiden. Weißkohl je nach Größe halbieren oder vierteln und waschen, den Strunk keilförmig herausschneiden und die Viertel quer in ca. 1 cm breite Streifen schneiden. Champignons sauber abreiben, putzen und je nach Größe halbieren oder vierteln.

3 Das Öl in einem großen Topf erhitzen, darin Zwiebeln und Knoblauch goldgelb andünsten. Wacholderbeeren andrücken, mit Lorbeer und Tomatenmark dazugeben und unter Rühren 1–2 Min. anrösten. Mit der Hälfte des Weins ablöschen und den Wein vollständig verkochen lassen. Restlichen Wein dazugießen und wiederum verkochen lassen. Paprika, Kohl und Tomaten unterrühren. Die Brühe dazugießen, aufkochen, mit Salz, Pfeffer und Paprikapulver würzen. Das Krautgulasch zugedeckt bei kleiner Hitze ca. 50 Min. garen.

4 Währenddessen für die Knödel das Brot in 1 cm große Würfel schneiden. Zwiebel schälen und fein würfeln. Eingeweichte Pilze abgießen, gut ausdrücken und fein hacken. Die Butter in einer kleinen Pfanne schmelzen, darin die Zwiebel goldgelb andünsten. Pilze und Petersilie unterrühren und braten, bis alle Flüssigkeit verdunstet ist, dann mit den Brotwürfeln in eine Schüssel geben. Eier und Milch verquirlen, kräftig mit Salz, Pfeffer und Muskatnuss würzen und gründlich mit dem Brot mischen. Mehl darüberstäuben und ebenfalls unterrühren. Die Masse 30 Min. durchziehen lassen.

5 Für das Gulasch die Butter in einer beschichteten Pfanne schmelzen, darin die Champignons bei großer Hitze braun anbraten. Den Thymian unterrühren, salzen, pfeffern und durchschwenken. Die Pilze unter das Krautgulasch rühren und das Gulasch bei kleiner Hitze weitere 20–25 Min. garen.

6 Inzwischen in einem großen Topf reichlich Wasser zum Kochen bringen und salzen. Den Käse entrinden, in 5 mm große Würfel schneiden und unter die Knödelmasse mischen. Mit angefeuchteten Händen 8 Knödel formen und ins kochende Salzwasser geben, die Hitze reduzieren und die Knödel im leicht siedenden Wasser in ca. 15 Min. gar ziehen lassen. Mit dem Schaumlöffel herausheben und abtropfen lassen. Das Krautgulasch auf Teller verteilen und mit den Pilzknödeln servieren. Wer mag, gibt noch jeweils 1 Klecks cremig gerührte saure Sahne auf das Gulasch.

TIPP
Statt mit Steinpilzen kann man die Knödel auch mit getrockneten Pfifferlingen zubereiten.

WINTERLICH – FRUCHTIG

Linsen-Wirsing-Gemüse

½ Stange Lauch
1 große Zwiebel
6 Orangen
150 g Le-Puy-Linsen (ersatzweise Belugalinsen)
600 ml Gemüsebrühe
1 kleiner Wirsing (ca. 800 g)
2 EL Rapsöl
Salz | Pfeffer
200 g Sahne
1–2 Msp. Chilipulver

Für 4 Personen | ca. 1 Std. Zubereitung
Pro Portion: ca. 430 kcal

1 Den Lauch längs halbieren, waschen und putzen, die Hälften in feine Streifen und diese in kleine Stücke schneiden. Zwiebel schälen und fein würfeln. 4 Orangen auspressen. Von den restlichen Orangen die Schale samt weißer Haut abschneiden und die Filets aus den Trennhäuten schneiden, dabei den Saft auffangen.

2 Lauch, Linsen, Brühe und Orangensaft (ein wenig Saft zurückbehalten) in einen Topf geben und die Linsen in 30–45 Min. garen. Inzwischen den Wirsing vierteln, waschen, putzen und den Strunk herausschneiden, die Blätter in ca. 1 cm breite Streifen schneiden. Das Öl in einer beschichteten Pfanne erhitzen, darin die Zwiebel goldgelb andünsten. Wirsing hinzufügen, mit Salz und Pfeffer würzen und unter Rühren 2–4 Min. mitbraten. Die Sahne dazugießen und den Wirsing bei mittlerer Hitze zugedeckt ca. 10 Min. garen.

3 Die Linsen abgießen, dabei die Garflüssigkeit auffangen. Linsen zum Wirsing geben, Chilipulver, Orangensaft und eventuell etwas Garflüssigkeit unterrühren (es sollte ausreichend Sauce geben) und bei kleiner Hitze 5 Min. ziehen lassen. Die Orangenfilets unterheben und warm werden lassen. Das Gemüse mit gebratenen Polentastreifen, Gnocchi (Seite 168, einfach das Basilikum weglassen) oder Spätzle servieren.

EINFACH – GUT VORZUBEREITEN

Gebratene Polentastreifen

3 Zweige Thymian
½ Knoblauchzehe
½ l Gemüsebrühe
Salz | Pfeffer
150 g Instant-Polenta
Öl für die Form
Butterschmalz zum Braten

Für 4 Personen | ca. 30 Min. Zubereitung
3 Std. Kühlen | pro Portion: ca. 175 kcal

1 Thymian abbrausen und trocken schütteln, die Blättchen abzupfen und fein hacken. Knoblauch schälen. Die Brühe in einem Topf aufkochen. Eine rechteckige Auflaufform (ca. 12 x 20 cm) mit Öl auspinseln.

2 Thymian und Knoblauch zur Brühe geben und offen bei mittlerer Hitze 15 Min. köcheln lassen. Knoblauch entfernen, die Brühe salzen und pfeffern. Den Polentagrieß unter ständigem Rühren nach und nach einrieseln lassen und unter Rühren 2–3 Min. nachquellen lassen. Dann in die Form geben und glatt hineindrücken. Mit Frischhaltefolie abdecken und mindestens 3 Std. kühl stellen.

3 Polenta aus der Form stürzen und in 2–3 cm dicke Streifen schneiden. Reichlich Butterschmalz in einer großen beschichteten Pfanne schmelzen, darin die Polentastreifen portionsweise bei mittlerer Hitze auf beiden Seiten in ca. 8 Min. knusprig braun braten. Sofort servieren.

VARIANTE
Die Polentastreifen lassen sich immer wieder abwandeln. Mit 1 TL gehacktem Rosmarin anstelle von Thymian passen sie z. B. hervorragend zu sommerlichen Gemüsegerichten. Wer will, kann dann auch noch einige gehackte schwarze Oliven unter den Polentagrieß rühren.

Paprika-Sauerkraut mit gefüllten Hefeklößen

Was lange schmort, wird richtig gut: Raffiniert gewürztes Sauerkraut gart hier gleich zusammen mit herzhaften Klößen in einem Topf.

DEFTIG – SATTMACHER

Für die Klöße:
⅛ l Milch
½ Würfel Hefe (ca. 21 g)
½ TL Zucker
250 g Mehl | ½ TL Salz
1 Eigelb (M)
50 g weiche Butter
2 Zwiebeln
1 Knoblauchzehe
2 dicke Stangen Lauch
3 Zweige Thymian
Salz | Pfeffer
edelsüßes Paprikapulver
100 g würziger Hartkäse (z. B. Bergkäse, siehe Info Seite 8)
Mehl zum Arbeiten

Für das Kraut:
1 kg frisches Sauerkraut
2 Zwiebeln
1 Knoblauchzehe
2 EL Sonnenblumenöl
2 EL Tomatenmark
1 ½ TL edelsüßes Paprikapulver
½ TL Chilipulver
½ l Gemüsebrühe
Salz | Pfeffer | Zucker
200 g saure Sahne
2–3 EL Schnittlauchröllchen

Für 4–6 Personen
ca. 1 Std. 45 Min. Zubereitung
30 Min. Garen
Pro Portion (bei 6 Personen):
ca. 420 kcal

1 Für die Klöße die Milch lauwarm erhitzen. Die Hefe in ein Schälchen bröckeln, den Zucker und die Milch dazugeben und leicht verrühren. Zugedeckt an einem warmen Ort 15 Min. gehen lassen. Dann Mehl mit Salz mischen, Eigelb, die Hälfte der Butter in Flöckchen und den Hefeansatz daraufgeben und alles mit den Knethaken des Handrührgeräts in ca. 5 Min. zu einem geschmeidigen Teig kneten. Den Teig zu einer Kugel formen und in einer mit Mehl ausgestäubten Schüssel zugedeckt an einem warmen Ort 45 Min. gehen lassen.

2 Inzwischen Zwiebeln und Knoblauch schälen, Zwiebeln längs halbieren und in feine Streifen schneiden, Knoblauch fein würfeln. Den Lauch längs halbieren, waschen, putzen und in feine Streifen schneiden. Thymian abbrausen und trocken schütteln, die Blättchen abzupfen und fein hacken. Die restliche Butter in einer beschichteten Pfanne schmelzen, darin Zwiebeln und Knoblauch goldgelb andünsten. Lauch dazugeben und unter Rühren bei mittlerer Hitze so lange dünsten, bis er leicht bräunt. Thymian unterrühren, mit Salz, Pfeffer und Paprikapulver würzen. Vom Herd nehmen und abkühlen lassen.

3 Für das Kraut das Sauerkraut in ein Sieb geben und abtropfen lassen. Zwiebeln und Knoblauch schälen und fein würfeln. Das Öl in einem großen, weiten Topf erhitzen, darin Zwiebeln und Knoblauch goldgelb andünsten. Tomatenmark dazugeben und unter Rühren kurz anrösten, Paprika- und Chilipulver unterrühren, Sauerkraut und Brühe hinzufügen. Alles gründlich durchrühren, mit Salz, Pfeffer und 1–2 TL Zucker würzen und zugedeckt bei mittlerer Hitze 30 Min. garen.

4 Inzwischen für die Klöße den Käse entrinden, in feine Würfel schneiden und unter die abgekühlte Lauchmasse mischen. Den Hefeteig nochmals kräftig durchkneten, zu einer Rolle formen und in 12 Portionen teilen. Jedes Teigstück zu einem kleinen, dicken Fladen formen und jeweils etwas von der Lauchfüllung hineingeben. Teig darüberschlagen, festdrücken und zu Klößen formen. Die Klöße auf Backpapier legen, mit einem Küchentuch abdecken und 15 Min. gehen lassen.

5 Die saure Sahne unter das Sauerkraut rühren und das Kraut glatt streichen. Die Klöße mit der Nahtseite nach unten darauf verteilen – dabei Abstand zwischen den einzelnen Klößen lassen, sie gehen auf! Den Deckel auf den Topf legen und alles zugedeckt bei kleiner Hitze weitere 30 Min. garen. Kraut und Klöße auf Teller verteilen und vor dem Servieren mit Schnittlauchröllchen bestreuen.

Erbsenpüree mit Haselnuss-Sellerie

Zwei alte Bekannte mal ganz anders: Kartoffelpüree wird mit Erbsen verfeinert, und Sellerie bekommt durch geröstete Nüsse Aroma und Biss.

EINFACH – PREISWERT

2 mehligkochende Kartoffeln (ca. 150 g)
200 g getrocknete grüne Schälerbsen | Salz
100 g Haselnüsse
1 große Sellerieknolle (ca. 900 g)
2 EL frisch gepresster Zitronensaft
1 rote Zwiebel
½ Bund Petersilie
75 g Butter | Pfeffer | frisch geriebene Muskatnuss
2–3 EL Haselnussöl (ersatzweise 25 g Butter)
grob gemahlener Pfeffer

Für 4 Personen | ca. 1 Std. 15 Min. Zubereitung
Pro Portion: ca. 590 kcal

1 Kartoffeln schälen und in Stücke schneiden. Mit den Erbsen und 1 l Wasser in einen Topf geben, aufkochen und zugedeckt bei kleiner Hitze ca. 1 Std. garen, bis die Erbsen weich sind. Kurz vor Garzeitende salzen.

2 Inzwischen den Backofen auf 200° vorheizen. Haselnüsse auf ein Backblech geben und im Ofen (Mitte, Umluft nicht empfehlenswert) 15–20 Min. rösten. Herausnehmen, in ein Küchentuch einschlagen und die Häute abrubbeln, indem man die Nüsse fest gegeneinanderreibt. Die Nüsse abkühlen lassen, dann halbieren oder vierteln. Sellerie schälen und 1 cm große Würfel schneiden. Ausreichend Wasser in einem Topf erhitzen, Zitronensaft einrühren und salzen. Darin den Sellerie in 5–7 Min. nicht zu weich garen, in ein Sieb abgießen und abtropfen lassen.

3 Zwiebel schälen, längs halbieren und in feine Streifen schneiden. Petersilie abbrausen und trocken schütteln, die Blättchen abzupfen und fein hacken. Erbsen und Kartoffeln abgießen, zurück in den Topf geben und mit 1 EL Butter zerstampfen, mit Salz, Pfeffer und Muskatnuss würzen. Restliche Butter und Öl in einer beschichteten Pfanne erhitzen, darin die Zwiebel goldgelb andünsten. Sellerie hinzufügen und unter Rühren leicht braun braten, salzen und pfeffern. Nüsse und Petersilie dazugeben und durchschwenken. Das Püree auf Teller verteilen und den Haselnuss-Sellerie darübergeben.

Ananas-Rotkohl mit Amaranthschmarrn

Hier wird zünftig aufgetischt: Zu dem lockeren Schmarrn gibt es deftigen Kohl, der mit Ananas und Gewürzen für eine Überraschung auf dem Teller sorgt.

FESTLICH – AROMATISCH

Für den Schmarrn:
75 g Amaranth | Salz
4 Eier (M) | 140 g Mehl | ¼ l Milch
4 EL Haselnussblättchen | 50 g Butter

Für den Kohl:
1 Rotkohl (ca. 1,2 kg) | 2 Zwiebeln
4 EL Butterschmalz
1 ½ EL Zucker | Salz | Pfeffer
200 ml Portwein | 2–3 EL Rotweinessig
¼ l Gemüsebrühe | 2 Sternanis
1 Zimtstange | ½ Ananas (ca. 250 g)

Für 4 Personen | ca. 1 Std. 20 Min. Zubereitung
Pro Portion: ca. 735 kcal

1 Für den Schmarrn Amaranth mit 150 ml Salzwasser aufkochen, dann bei mittlerer Hitze 30 Min. garen und auf der ausgeschalteten Herdplatte 10 Min. ausquellen lassen.

2 Inzwischen für den Kohl den Rotkohl vierteln, putzen und den Strunk herausschneiden, die Viertel waschen und quer in ca. 1 cm breite Streifen schneiden. Zwiebeln schälen, fein würfeln und in einem Topf in 2 EL Butterschmalz goldgelb andünsten. Den Zucker darüberstreuen und karamellisieren. Kohl dazugeben, kurz anbraten, salzen, pfeffern und mit Portwein und Essig ablöschen. Zugedeckt bei mittlerer Hitze ca. 20 Min. dünsten, bis die Flüssigkeit fast vollständig verkocht ist. Brühe und Gewürze unterrühren und den Kohl zugedeckt in 30–35 Min. fertig garen.

3 Inzwischen für den Schmarrn die Eier trennen, Eiweiße mit 1 Prise Salz steif schlagen. Mehl mit Milch und Eigelben zu einem glatten Teig verrühren. Amaranth und Nussblättchen unterheben, salzen und 15 Min. quellen lassen. Ananas längs vierteln, Strunk und Schale wegschneiden und das Fruchtfleisch in Stücke schneiden. In einer beschichteten Pfanne im restlichen Butterschmalz bei großer Hitze leicht hellbraun anbraten und unter den Kohl mischen.

4 Den Eischnee unter den Schmarrnteig heben. In einer großen beschichteten Pfanne 20 g Butter schmelzen. Den Teig in die Pfanne geben und bei mittlerer Hitze 8–10 Min. backen, wenden und weitere 3–4 Min. backen, dann mit zwei Gabeln in Stücke reißen. Übrige Butter in Flöckchen daraufgeben und 2–3 Min. weiterbraten. Den Schmarrn mit dem Ananas-Rotkohl servieren.

Steckrüben sind die neuen Stars unter den Wintergemüsen. Mit ihrem herben, leicht bitteren Geschmack passen sie perfekt zu Quittenmus und süßen Schalotten und machen Kartoffelpuffern mit Apfelmus starke Konkurrenz.

RUSTIKAL – PREISWERT

Steckrübenpuffer

300 g festkochende Kartoffeln
400 g Steckrübe
1 Zwiebel
1 Ei (M) | 2 EL Mehl
1 TL getrockneter Majoran
2 TL körniger Senf
Salz | Pfeffer
Öl zum Braten

Für 4 Personen | ca. 45 Min. Zubereitung | 15 Min. Ruhen
Pro Portion: ca. 135 kcal

1 Die Kartoffeln schälen und auf der Rohkostreibe fein reiben – am besten direkt in ein Sieb, das in einer Schüssel hängt, damit alle austretende Flüssigkeit aufgefangen werden kann. Steckrübe schälen und ebenfalls fein reiben. Zwiebel schälen und fein würfeln. Die Kartoffeln gut ausdrücken, dabei wiederum den Saft in der Schüssel auffangen, und 15 Min. stehen lassen.

2 Die Kartoffelflüssigkeit abgießen. Kartoffeln, Steckrübe, Zwiebel, Ei, Mehl, Majoran und Senf mit der sich am Boden abgesetzten Stärke mischen, salzen und pfeffern.

3 Reichlich Öl in einer großen beschichteten Pfanne erhitzen. Die Steckrübenmasse esslöffelweise mit etwas Abstand zueinander hineingeben, zu Puffern flach drücken und bei mittlerer Hitze auf beiden Seiten in jeweils 5–6 Min. goldbraun braten. So die gesamte Steckrübenmasse aufbrauchen. Fertige Puffer eventuell im Backofen bei 60° warm halten. Zu den Puffern passen ideal das Quittenmus und die karamellisierten Schalotten, aber auch der Meerrettichquark von Seite 44.

FRUCHTIG

🌿 Quittenmus

3 Quitten (ca. 400 g)
Saft von 1 Zitrone
1 Stück frischer Ingwer (ca. 2 cm)
70 g Zucker
200 ml Weißwein (ersatzweise frisch gepresster Orangensaft)
2 Msp. Zimtpulver

Für 4 Personen | ca. 25 Min. Zubereitung
45 Min. Garen | pro Portion: ca. 140 kcal

1 Quitten schälen, vierteln und die Kerngehäuse entfernen, die Quittenviertel in ca. 2 cm große Stücke schneiden und sofort im Zitronensaft wenden. Ingwer schälen und fein würfeln. Den Zucker in einem Topf goldgelb karamellisieren und vorsichtig den Wein dazugießen (Achtung, es kann spritzen!). Quitten, Ingwer und Zimtpulver hinzufügen und zugedeckt bei mittlerer Hitze in 35–45 Min. weich garen. Nach Wunsch mit einem Kartoffelstampfer oder dem Pürierstab fein zerkleinern.

EDEL – EINFACH

🌿 Karamellisierte Schalotten

400 g Schalotten
3 Zweige Thymian
3 EL Olivenöl
60 g Zucker
4 EL Aceto balsamico
Salz | Pfeffer

Für 4 Personen | ca. 15 Min. Zubereitung
50 Min. Garen | pro Portion: ca. 160 kcal

1 Schalotten schälen und längs vierteln. Thymian abbrausen und trocken schütteln. Das Öl in einer beschichteten Pfanne erhitzen, darin die Schalotten rundum anbraten, bis sie ganz leicht bräunen. Zucker darüberstreuen und karamellisieren. Essig, 180 ml Wasser und Thymian hinzufügen und zugedeckt bei kleiner Hitze ca. 30 Min. köcheln lassen. Danach offen bei mittlerer Hitze in weiteren 15–20 Min. sirupartig einkochen lassen. Mit Salz und Pfeffer würzen, den Thymian entfernen.

RUSTIKAL – HERBSTLICH

Gratinierter Gorgonzola-Chicorée

8 kleine Stauden Chicorée | Salz
Saft von ½ Zitrone
3 EL Butter | 2 EL Mehl
200 ml Gemüsebrühe | 300 ml Milch
Salz | Pfeffer | frisch geriebene Muskatnuss
150 g Gorgonzola | 1 Eigelb (M)
Butter für die Form

Für 4 Personen | ca. 35 Min. Zubereitung
25 Min. Gratinieren | pro Portion: ca. 310 kcal

1 Chicorée waschen, unschöne Blätter entfernen. Ausreichend Wasser zum Kochen bringen, Salz, 3 EL Zitronensaft und Chicorée dazugeben und die Stauden zugedeckt bei mittlerer Hitze ca. 15 Min. garen.

2 Inzwischen den Backofen auf 200° vorheizen und eine Auflaufform mit Butter einfetten. Die Chicoréestauden herausheben, gut abtropfen lassen und nebeneinander in die Form legen. In einem Topf 2 EL Butter schmelzen, Mehl darüberstäuben und unter Rühren mit dem Schneebesen anschwitzen. Nach und nach Brühe und Milch abwechselnd dazugießen, dabei immer kräftig weiterrühren. Mit Salz, Pfeffer und Muskatnuss würzen und offen bei kleiner Hitze ca. 15 Min. köcheln lassen.

3 Gorgonzola klein schneiden und mit dem Eigelb unter die Sauce rühren, mit Zitronensaft, Salz und Pfeffer abschmecken. Die Sauce über den Chicorée gießen und den Chicorée im Ofen (Mitte, Umluft 180°) in 20–25 Min. goldbraun gratinieren.

LEICHT-VARIANTE **Orangen-Chicorée**
Dafür 6 große Chicoréestauden putzen, längs halbieren, waschen und den Strunk so herausschneiden, dass die Blätter noch zusammenhalten. In einer großen beschichteten Pfanne 1 ½ EL Zucker goldgelb karamellisieren. 50 g Butter hinzufügen und aufschäumen lassen, Chicorée mit den Schnittflächen nach unten hineinlegen und 2–4 Min. braten. Wenden, kurz anbraten und mit 150 ml frisch gepresstem Orangensaft ablöschen. 1 EL gehackten Thymian dazugeben, salzen, pfeffern und bei großer Hitze 8–10 Min. garen, bis die Flüssigkeit fast vollständig verkocht ist, dabei den Chicorée mehrmals im Garsud wenden. Mit Haselnussblättchen bestreut servieren.

DEFTIGER SATTMACHER

Gebratene Linsen-Grießrauten

130 g braune Linsen | Salz
1 Stange Lauch
2 EL Butter
½ l Milch | Pfeffer
150 g Hartweizengrieß
1 Bund Schnittlauch
1 Ei (M)
frisch geriebene Muskatnuss
Butterschmalz zum Braten

Für 4 Personen | ca. 30 Min. Zubereitung | 45 Min. Garen
15 Min. Quellen | pro Portion: ca. 380 kcal

1 Linsen in ausreichend Wasser zum Kochen bringen, dann nach Packungsanweisung zugedeckt bei mittlerer Hitze 30–45 Min. garen. Kurz vor Garzeitende salzen, anschließend in ein Sieb abgießen und abtropfen lassen.

2 Lauch längs halbieren, waschen und putzen, die Hälften längs in feine Streifen und diese in kleine Stücke schneiden. Die Butter in einem Topf schmelzen, darin den Lauch leicht braun andünsten. Milch dazugießen und aufkochen, mit Salz und Pfeffer würzen. Den Grieß langsam unter Rühren einrieseln und unter Rühren 2–3 Min. köcheln lassen, bis die Grießmasse breiig wird. Dann auf der ausgeschalteten Herdplatte noch ca. 15 Min. ausquellen lassen.

3 Schnittlauch abbrausen, trocken schütteln und in Röllchen schneiden. Das Ei unter den heißen Grieß rühren, dann Linsen und Schnittlauch unterheben, mit Salz, Pfeffer und Muskatnuss würzen. Die Grießmasse gut 1 cm dick auf ein mit Backpapier ausgelegtes Blech streichen und völlig abkühlen lassen.

4 Die Grieß-Linsen-Masse in Rauten schneiden. Reichlich Butterschmalz in einer Pfanne erhitzen, darin die Grießrauten portionsweise bei mittlerer Hitze auf beiden Seiten goldbraun braten.

Kartoffelkuchen mit Sauerkraut und Birnen

Einladung zum Kartoffelfest – und der deftige Kuchen ist der Mittelpunkt der Tafel. Dazu Trauben, Käse, Apfelmost oder Federweißer, dann ist der Genuss komplett!

DEFTIG – FÜR GÄSTE

Für den Teig:
1,5 kg mehligkochende Kartoffeln | Salz
2 Zwiebeln
3 EL Olivenöl
1 Ei (M) | 2 Eigelb
Pfeffer | frisch geriebene Muskatnuss
1 TL getrockneter Majoran
1 EL Speisestärke | 200 g Mehl

Für den Belag:
500 g frisches Sauerkraut (ersatzweise 520 g Sauerkraut aus der Dose)
2 Zwiebeln
2 EL Butter
350 ml Cidre (französischer Apfelwein, ersatzweise Apfelsaft)
1 EL Kümmelsamen
10 Wacholderbeeren
1 Lorbeerblatt
Salz | Pfeffer
2 kleine reife, aber feste Birnen (z. B. Forelle)
6 Zweige Thymian
150 g würziger Hartkäse (z. B. Emmentaler, siehe Info Seite 8)

Für 1 Blech, 16 Stücke (6–8 Personen)
ca. 1 Std. Zubereitung
1 Std. Backen
Pro Stück: ca. 200 kcal

1 Für den Belag das Sauerkraut in ein Sieb geben und abtropfen lassen. Die Zwiebeln schälen und fein würfeln. Die Butter in einem Topf schmelzen, darin die Zwiebeln goldgelb andünsten. Sauerkraut und Cidre dazugeben, Kümmel, Wacholder und Lorbeer unterrühren, salzen, pfeffern und alles zugedeckt bei mittlerer Hitze ca. 25 Min. garen. Anschließend vom Herd nehmen, in ein Sieb abgießen und leicht abkühlen lassen, Wacholderbeeren und Lorbeerblatt entfernen.

2 Inzwischen für den Teig die Kartoffeln waschen und in ausreichend Salzwasser 20–25 Min. garen. Währenddessen den Backofen auf 160° (Umluft 140°) vorheizen. Die Zwiebeln schälen und fein würfeln. In einer Pfanne 2 EL Öl erhitzen. Darin die Zwiebeln goldgelb andünsten und vom Herd nehmen. Die Kartoffeln abgießen, auf ein Backblech legen und im Ofen (Mitte) ca. 5 Min. ausdämpfen und richtig trocken werden lassen. Kartoffeln herausnehmen, die Backofentemperatur auf 225° (Umluft 200°) erhöhen.

3 Die Kartoffeln noch möglichst heiß pellen und durch die Kartoffelpresse in eine große Schüssel drücken. Ei und Eigelbe leicht verquirlen und darübergeben. Mit gebratenen Zwiebeln, Salz, Pfeffer, Muskatnuss, Majoran und Stärke bestreuen, das Mehl dazugeben und alles locker zu einem glatten Teig kneten. Ein Blech mit dem übrigen Öl bestreichen. Den Teig auf das Blech geben, darauf ausrollen und mit den Fingern ringsum einen kleinen Rand formen. Das Blech in den Ofen (Mitte) schieben und den Kartoffelteig 25 Min. vorbacken.

4 Währenddessen die Birnen waschen und vierteln, die Kerngehäuse entfernen und die Viertel längs in dünne Spalten schneiden. Thymian abbrausen und trocken schütteln, die Blättchen abzupfen und grob hacken. Den Käse reiben. Sauerkraut mit Thymian und Birnen mischen.

5 Den Kartoffelteig aus dem Ofen nehmen, die Backofentemperatur auf 200° (Umluft 180°) herunterschalten. Das Sauerkraut auf dem Teig verteilen und Pfeffer grob darübermahlen. In den Ofen (Mitte) schieben und weitere 25 Min. backen. Dann den Kartoffelkuchen kurz herausnehmen und mit Käse bestreuen, wieder in den Ofen schieben und in weiteren 10 Min. fertig backen. Dazu passt Feldsalat.

TIPP Kartoffelteig
Je nach Sorte können Kartoffeln mehr oder weniger Stärke enthalten und damit feuchter oder trockener sein – und damit wird auch der Teig feuchter und weicher oder fester. Das Ausdämpfen im Ofen hilft meist schon. Sollte der Teig aber trotzdem noch zu weich sein, notfalls noch etwas Mehl unterkneten.

GRÜNKOHL-KARTOFFEL-AUFLAUF

SÜSSKARTOFFEL-MAIS-AUFLAUF

DEFTIG – WÄRMEND

Grünkohl-Kartoffel-Auflauf

1 kg Grünkohl | Salz
2 Zwiebeln
80 g Butter | 200 g Sahne
¼ l Gemüsebrühe
Pfeffer | frisch geriebene Muskatnuss
je 2 Msp. gemahlener Piment und Zimtpulver
1 EL körniger Senf
600 g festkochende Kartoffeln
2 Äpfel (z. B. Boskop) | 60 g Semmelbrösel
50 g frisch geriebener Hartkäse (z. B. Emmentaler, siehe Info Seite 8)

Für 4 Personen | ca. 1 Std. Zubereitung | 45 Min. Garen
Pro Portion: ca. 580 kcal

1 Grünkohl waschen und putzen, dicke Rippen wegschneiden, Blätter etwas kleiner schneiden. In einem Topf ausreichend Wasser zum Kochen bringen und salzen, darin den Kohl bei großer Hitze 5 Min. sprudelnd kochen lassen. Abgießen, kalt abschrecken und abtropfen lassen.

2 Zwiebeln schälen und fein würfeln. In einem Topf 2 EL Butter schmelzen, darin die Zwiebeln goldgelb andünsten. Kohl dazugeben und unter Rühren 2–3 Min. mitdünsten. Sahne und Brühe hinzufügen, mit Salz, Pfeffer, Muskatnuss, Piment und Zimt würzen. Den Kohl zugedeckt bei kleiner Hitze ca. 30 Min. garen. Mit Senf, Salz und Pfeffer abschmecken.

3 Inzwischen die Kartoffeln waschen und in ausreichend Salzwasser 20–25 Min. garen. Abgießen, ausdampfen lassen, pellen und in Scheiben schneiden. Die Äpfel schälen, achteln, entkernen, quer in feine Scheiben schneiden und unter den Kohl mischen.

4 Den Backofen auf 180° vorheizen, eine Auflaufform (ca. 25 x 30 cm) mit wenig Butter einfetten. Die restliche Butter mit Semmelbröseln und Käse zwischen den Händen zu Bröseln zerreiben. Eine Lage Kartoffeln in die Auflaufform geben, leicht salzen und pfeffern, darauf abwechselnd lagenweise Grünkohl und Kartoffeln schichten. Eventuell übrige Flüssigkeit vom Grünkohl über den Auflauf gießen und die Brösel darüberstreuen. Den Auflauf im Ofen (Mitte, Umluft 160°) in 40–45 Min. goldbraun überbacken.

UNGEWÖHNLICHE KOMBI

Süßkartoffel-Mais-Auflauf

500 g Süßkartoffeln
1 Dose Mais (ca. 300 g Füllgewicht)
4 Stangen Staudensellerie
1 Stange Lauch | 1 Bund Frühlingszwiebeln
1 Knoblauchzehe | 2 EL Olivenöl | Salz | Pfeffer
200 g Sahne | 300 ml Gemüsebrühe
1–2 EL scharfes Currypulver | 120 g Quinoa
75 g würziger Hartkäse (z. B. Montello, siehe Info Seite 8)
½ Bund Petersilie
Butter für die Form | Alufolie

Für 6 Personen | ca. 35 Min. Zubereitung | 55 Min. Garen
Pro Portion: ca. 340 kcal

1 Süßkartoffeln schälen und in feine Scheiben hobeln. Mais in ein Sieb abgießen und abtropfen lassen. Sellerie waschen, putzen und in feine Scheiben schneiden. Lauch längs vierteln, waschen und putzen, die Viertel in feine Stücke schneiden. Frühlingszwiebeln waschen und putzen, den grünen und weißen Teil getrennt in Ringe schneiden. Knoblauch schälen und fein würfeln.

2 Den Backofen auf 200° vorheizen, eine Auflaufform (ca. 30 x 30 cm) mit Butter einfetten. Das Öl in einer beschichteten Pfanne erhitzen, darin Sellerie, Lauch, weiße Zwiebelringe und Knoblauch andünsten, salzen und pfeffern. Sahne und 100 ml Brühe dazugießen, aufkochen und kräftig mit Currypulver würzen. Vom Herd nehmen, Mais und Zwiebelgrün untermischen. Süßkartoffeln lagenweise in die Form schichten, salzen und pfeffern, dabei immer etwas von der Gemüse-Sahne-Mischung dazwischengeben (übrige Sahne am Ende darübergießen). Mit Süßkartoffeln abschließen. Die Form mit Alufolie abdecken und den Auflauf im Ofen (Mitte, Umluft 180°) ca. 30 Min. garen.

3 Inzwischen Quinoa in einem Sieb abbrausen. Mit der übrigen Brühe in einen Topf geben und zugedeckt bei mittlerer Hitze ca. 20 Min. garen. Auf der ausgeschalteten Herdplatte ausquellen lassen. Währenddessen den Käse fein reiben. Petersilie abbrausen und trocken schütteln, die Blättchen abzupfen und fein hacken. Den Auflauf aus dem Ofen nehmen und die Folie entfernen. Quinoa mit einer Gabel auflockern, mit Petersilie und Käse mischen und auf dem Auflauf verteilen. Den Auflauf ohne Folie in weiteren 15 Min. goldbraun überbacken.

Kohlrouladen mit Brot-Maronen-Füllung

Einfach gut gewickelt: Großmutters Kohlrouladen kommen auch ohne Hackfleischfüllung aus – diese feine Variante mit Äpfeln und Maronen ist der beste Beweis.

KLASSIKER AUF NEUE ART

1 Stück Lauch (ca. 80 g)
3 Zwiebeln
6 Blätter Salbei
8 Zweige Thymian
2 Brötchen vom Vortag (ca. 100 g)
60 g Butter
1 Ei (M)
90 ml Milch
50 g Mehl
Salz | Pfeffer
frisch geriebene Muskatnuss
je 8 große und kleinere Weißkohlblätter
150 g gegarte Maronen (vakuumverpackt)
1 großer Apfel (z. B. Boskop)
3–4 EL Sonnenblumen- oder Rapsöl
¼ l Gemüsebrühe
200 g Sojasahne (ersatzweise Sahne)
3–4 Msp. edelsüßes Paprikapulver

Für 4 Personen
ca. 1 Std. Zubereitung
40 Min. Garen
Pro Portion: ca. 505 kcal

1 Lauch längs halbieren, waschen und putzen, die Hälften jeweils längs in 3 Streifen und diese in kleine Stücke schneiden. Zwiebeln schälen und fein würfeln. Die Kräuter abbrausen und trocken schütteln bzw. tupfen. Salbei in feine Streifen schneiden, Thymianblättchen abzupfen und fein hacken. Brötchen in ca. 1 cm große Würfel schneiden. Die Hälfte der Butter in einer Pfanne schmelzen. Darin die Brotwürfel bei mittlerer Hitze unter Rühren knusprig braten und herausnehmen.

2 Dann 15 g Butter in die Pfanne geben, darin zwei Drittel der Zwiebeln und den Lauch unter Rühren andünsten, bis sie leicht bräunen. Salbei und zwei Drittel des Thymians dazugeben, kurz durchrühren, dann vom Herd nehmen. Ei und Milch verrühren, das Mehl hinzufügen und alles zu einem glatten Teig verrühren. Den Teig über die Brotwürfel geben und die Lauchmischung hinzufügen, mit Salz, Pfeffer und Muskatnuss würzen. Alles gut durchmischen und 30 Min. ziehen lassen.

3 Inzwischen die Kohlblätter waschen. In einem großen Topf ausreichend Wasser zum Kochen bringen und salzen, darin die Kohlblätter portionsweise in 3–5 Min. weich garen. Herausheben, kalt abschrecken und trocken tupfen. Dicke Blattrippen eventuell etwas flacher schneiden.

4 Maronen grob hacken. Den Apfel waschen und vierteln, das Kerngehäuse entfernen und die Viertel in kleine Würfel schneiden. Beides unter den Brotteig mischen. Jeweils ein großes Kohlblatt glatt auslegen und ein kleines Blatt darauflegen. Die Brotmasse nochmals gut durchrühren, daraus mit den Händen 8 längliche Bällchen formen und fest zusammendrücken. Je ein Bällchen auf den unteren Teil (Strunkseite) eines Kohlblatts legen und die Seiten darüberschlagen, das Blatt straff zum oberen Teil aufrollen und gut festdrücken. Bei Bedarf mit Küchengarn zusammenbinden.

5 Das Öl in einem Bräter erhitzen, darin die Kohlrouladen bei mittlerer Hitze rundum braun anbraten, dann herausnehmen. Anschließend 15 g Butter im Bräter schmelzen, darin die restlichen Zwiebeln goldgelb andünsten. Brühe angießen, die Rouladen wieder einlegen und zugedeckt bei kleiner Hitze ca. 40 Min. garen.

6 Rouladen aus der Brühe heben. Sojasahne einrühren, mit Salz, Pfeffer, Muskatnuss, Paprikapulver und übrigem Thymian würzen. Die Sauce bei kleiner Hitze 3 Min. köcheln lassen, dann die Rouladen einlegen und heiß werden lassen.

SÜSSES UND DESSERTS

Die süßen Seiten des vegetarischen Kochens und der krönende Abschluss eines Menüs: feine Desserts und süße Gerichte, die auch mal eine ganze Mahlzeit ersetzen können, weil sie mit gesunden Zutaten wie Getreide und Nüssen zubereitet werden.

Auch Veganer müssen nicht auf Süßes verzichten. Ob exotisches Jelly mit Obstsalat oder fruchtiges Schichtdessert mit Götterspeise – dank Seidentofu und Kokosmilch vermisst hier niemand Sahne oder andere Milchprodukte.

LEICHT – FÜR GÄSTE

🌿 Blutorangen-Kokos-Jelly mit Obstsalat

Für das Jelly:
4 Stängel Zitronengras
Mark von ½ Vanilleschote
5 EL Zucker | 400 ml Kokosmilch
2–3 Blutorangen
2 EL Orangenlikör (nach Belieben)
1 gehäufter TL Agar-Agar
2–3 EL frisch gepresster Limettensaft

Für den Salat:
1 kleine Mango | 1 Papaya | ½ Ananas
4 Stücke kandierter Ingwer | 6 EL Ahornsirup
2 EL Orangenlikör (ersatzweise frisch
  gepresster Orangensaft) | 1 EL gehackte Minze

Für 4 Personen | ca. 30 Min. Zubereitung | 10 Std. Kühlen
Pro Portion: ca. 280 kcal

1 Vom Zitronengras die äußeren Blätter und Strünke abschneiden, die Stängel längs halbieren und im Mörser anquetschen. Mit Vanillemark, 4 EL Zucker und Kokosmilch in einen Topf geben. Unter Rühren aufkochen und 10 Min. köcheln lassen, dann zugedeckt abkühlen und 6 Std. durchziehen lassen.

2 Die Orangen auspressen. ¼ l Saft abmessen und mit dem übrigen Zucker und nach Wunsch dem Likör aufkochen. ½ TL Agar-Agar unterrühren und 2 Min. köcheln lassen. In eine quadratische Porzellanschüssel mit hohem Rand (ca. 16 x 16 cm) gießen und fest werden lassen. Die Kokosmilch durch ein Sieb in einen Topf gießen und aufkochen, übriges Agar-Agar unterrühren und 2 Min. köcheln lassen. Limettensaft unterrühren und leicht abkühlen lassen. Dann auf das Orangengelee gießen und im Kühlschrank in 4 Std. fest werden lassen.

3 Die Mango schälen und das Fruchtfleisch längs in Spalten vom Stein schneiden. Papaya schälen, längs halbieren und die Kerne entfernen. Ananas längs vierteln, Strunk und Schale wegschneiden. Das gesamte Fruchtfleisch klein würfeln. Ingwer fein hacken. Ahornsirup und Likör oder Saft verrühren, mit Obstwürfeln, Ingwer und Minze mischen und 1–2 Std. durchziehen lassen. Jelly in Stücke schneiden und mit dem Obstsalat anrichten.

ERFRISCHEND – EINFACH

🌿 Kirsch-Himbeer-Götterspeise mit Tofu

300 g dunkle Süßkirschen
250 g Himbeeren
2 EL Zucker | 1 Päckchen Vanillezucker
1 TL Speisestärke
2 EL Kirschwasser (nach Belieben)
150 g Cantuccini (ital. Mandelkekse)
1 Stängel Zitronenmelisse
½ Bio-Limette
300 g Seidentofu

Für 4 Personen | ca. 30 Min. Zubereitung
Pro Portion: ca. 320 kcal

1 Kirschen waschen und die Stiele abzupfen. Die Früchte halbieren, entsteinen und in einen Topf geben. Himbeeren verlesen, eventuell vorsichtig waschen, trocken tupfen und fein pürieren. Das Himbeerpüree durch ein feines Sieb direkt zu den Kirschen in den Topf streichen, 1 EL Zucker und den Vanillezucker unterrühren. Stärke mit Kirschwasser oder 2 EL Wasser verrühren. Die Kirsch-Himbeer-Masse unter Rühren erhitzen, die Stärke unterrühren und alles unter Rühren zum Kochen bringen. 1 Min. kochen, vom Herd nehmen und abkühlen lassen.

2 Die Cantuccini in einen Gefrierbeutel geben und mit dem Nudelholz nicht zu fein zerbröseln. Melisse abbrausen, trocken schütteln und die Blättchen abzupfen, 4 Blättchen beiseitelegen, den Rest in feine Streifen schneiden. Limette heiß waschen und abtrocknen, die Schale abreiben und den Saft auspressen. Tofu mit übrigem Zucker, 1 ½ EL Limettensaft und 2 Msp. Limettenschale glatt pürieren, dann die Melissestreifen unterrühren.

3 Die abgekühlte Beerenmischung in Gläser füllen, Cantuccinibrösel darüberstreuen und die Tofucreme darauf verteilen. Die Götterspeise mit Melisseblättchen garnieren.

TIPP
Die Tofucreme wird noch luftiger, wenn man nur 200 g Tofu verwendet und zusätzlich 1 zu festem Schnee geschlagenes Eiweiß unterhebt – dann ist sie allerdings nicht mehr für Veganer geeignet!

Erdbeerparfait mit Baiserbröseln

So lässt sich ein Frühlingsfest ganz entspannt abschließen, denn das fruchtige Parfait kann man in Ruhe vorbereiten – ganz ohne Eismaschine!

EDEL – FÜR GÄSTE

600 g Erdbeeren (frisch oder TK-Beeren)
1 EL frisch gepresster Limettensaft
1 Päckchen Vanillezucker
100 g Zucker
4 frische Eigelb (M)
2 EL Orangenlikör (nach Belieben)
500 g Sahne
100 g Baisertropfen
Öl für die Form

Für 1 Form (ca. 1 l Inhalt), 10–12 Scheiben
ca. 30 Min. Zubereitung
6 Std. 40 Min. Gefrieren
Pro Scheibe: ca. 240 kcal

1 Die Erdbeeren waschen, trocken tupfen und putzen, große Beeren in Stücke schneiden. Erdbeeren mit Limettensaft und Vanillezucker in einen hohen Rührbecher geben und mit dem Pürierstab fein pürieren. Das Püree durch ein feines Sieb streichen und auffangen. 100 g Erdbeerpüree abwiegen und beiseitestellen.

2 Den Zucker mit den Eigelben und dem Likör (oder 2 EL Wasser) in eine Metallschüssel geben und gut mit dem Schneebesen verrühren. Die Schüssel über ein heißes Wasserbad hängen und so lange mit dem Schneebesen (oder noch besser mit den Schneebesen des Handrührgeräts) rühren und heiß werden lassen, bis die Masse dicklich-cremig wird. Dabei unbedingt darauf achten, dass die Masse zwar heiß wird, aber nicht kocht, sonst gerinnen die Eigelbe. Anschließend die Schüssel in ein kaltes Wasserbad stellen (dafür eine Schüssel oder das Küchenwaschbecken mit kaltem Wasser und möglichst einigen Eiswürfeln füllen) und mit dem Schneebesen oder Handrührgerät so lange rühren, bis die Creme fast kalt ist.

3 Das übrige Erdbeerpüree mit einem Teigspatel unter die Eiercreme rühren. Die Sahne mit den Schneebesen des Handrührgeräts steif schlagen. Gut zwei Drittel der Sahne unter die Erdbeercreme mischen und die Creme zugedeckt kühl stellen. Die Baisers grob zerbröckeln, unter die restliche geschlagene Sahne mischen und ebenfalls kühl stellen.

4 Eine Kastenform (Metall- oder Flexiform) mit Öl auspinseln und mit Frischhaltefolie auslegen (bei einer Flexiform nicht notwendig). Das beiseitegestellte Erdbeerpüree einfüllen und ca. 20 Min. in das Tiefkühlfach stellen. Dann darauf die Hälfte der Erdbeermasse geben und ebenfalls 20 Min. im Tiefkühlfach anfrieren lassen. Darauf die Baisersahne und darüber zuletzt die restliche Erdbeermasse verteilen. Mit Frischhaltefolie abdecken und im Tiefkühlfach mindestens 6 Std. durchfrieren lassen.

5 Zum Servieren die Form kurz in heißes Wasser stellen. Dann das Parfait aus der Form stürzen, die Folie abziehen und das Parfait in Scheiben schneiden. Nach Belieben mit Erdbeeren auf Desserttellern anrichten.

TIPP Superschnelles Beereneis
Für 4 Personen einfach 400 g Sahnejoghurt oder griechischen Joghurt mit 2 EL Puderzucker und 2 EL frisch gepresstem Zitronen- oder Limettensaft glatt rühren. Die Joghurtcreme und 300 g gefrorene Erdbeeren, Heidelbeeren oder Kirschen in einen hohen Rührbecher geben (oder vorab anderes Saisonobst wie Aprikosen oder Pfirsiche häuten, klein würfeln und dann tiefkühlen). Joghurt und Beeren mit dem Pürierstab pürieren, bis ein cremige Masse entstanden ist. Das Beereneis am besten 15 Min. in das Tiefkühlfach stellen, dann auf Schälchen verteilen und servieren.

ERFRISCHEND – SOMMERLICH

Mandel-Buttermilchmousse mit Aprikosenkompott

Für die Mousse:
½ Vanilleschote | 200 g Sahne
2 EL weißes Mandelmus (aus dem Bioladen)
1 ½ TL Agar-Agar
1–2 EL Amaretto (ersatzweise 2–3 Tropfen Bittermandelöl)
300 g Buttermilch | 2 frische Eiweiß (M)
Salz | 75 g Zucker

Für das Kompott:
500 g Aprikosen
½ Vanilleschote | 75 g Zucker
200 ml frisch gepresster Orangensaft
3 EL frisch gepresster Zitronensaft
2 TL Speisestärke | 3–4 EL Amaretto (nach Belieben)

Für 4 Portionsförmchen (à 200 ml Inhalt)
ca. 35 Min. Zubereitung | 4 Std. Kühlen
Pro Portion: ca. 485 kcal

1 Für die Mousse die Vanilleschote längs aufschlitzen und das Mark herauskratzen. Mark mit Schote, Sahne und Mandelmus in einen Topf geben, Agar-Agar unterrühren und aufkochen. Amaretto dazugeben und alles unter Rühren 2 Min. kochen lassen. Vom Herd nehmen, die Vanilleschote entfernen und die Buttermilch unterrühren. Die Creme abkühlen lassen. Eiweiße mit 1 Prise Salz steif schlagen, dabei nach und nach den Zucker einrieseln lassen. So lange weiterschlagen, bis ein glänzender Eischnee entstanden ist. Sobald die Creme leicht geliert, den Eischnee unterheben. Die Creme in Portionsförmchen füllen, mit Frischhaltefolie abdecken und im Kühlschrank in 4 Std. fest werden lassen.

2 Für das Kompott die Aprikosen waschen, längs halbieren und die Steine entfernen, die Hälften in Spalten schneiden. Vanilleschote längs aufschlitzen und das Mark herauskratzen. Den Zucker in einem Topf karamellisieren. Orangen- und Zitronensaft dazugießen (Vorsicht, es kann spritzen!), das Vanillemark hinzufügen und alles unter Rühren bei mittlerer Hitze kochen lassen, bis sich der Karamell aufgelöst hat. Die Stärke mit 5 EL Wasser verrühren, dazugeben und 2 Min. köcheln lassen. Aprikosen und nach Belieben Amaretto hinzufügen und heiß werden lassen. Vom Herd nehmen und abkühlen lassen. Die Mousse auf Teller stürzen und mit dem Kompott anrichten.

FRUCHTIG – LEICHT

Orangen-Quarkmousse mit gemischtem Beerenkompott

1 Bio-Limette
3 Orangen
3 EL Kirschwasser (nach Belieben)
1 TL Agar-Agar
2 frische Eigelb (M)
75 g Puderzucker
1 Päckchen Vanillezucker
400 g Magerquark | 200 g Sahne
400 g gemischte Beeren (z. B. Heidelbeeren, Himbeeren, Erdbeeren oder TK-Beerenmischung)
2 ½ EL Zucker
½ TL Speisestärke

Für 4 Personen | ca. 35 Min. Zubereitung | 5 Std. Kühlen
Pro Portion: ca. 465 kcal

1 Limette heiß waschen und abtrocknen, die Schale abreiben und den Saft auspressen. Orangen auspressen. 150 ml Saft abmessen, mit dem Limettensaft mischen und nach Belieben mit Kirschwasser in einen Topf geben. Agar-Agar gut unterrühren, zum Kochen bringen und 2 Min. köcheln lassen.

2 Eigelbe, Puderzucker und Vanillezucker in einer Rührschüssel mit den Schneebesen des Handrührgeräts cremig-schaumig aufschlagen. Orangenmischung zügig unter die Eiermischung rühren, dann sofort Quark und Limettenschale unterrühren. Sahne steif schlagen und ebenfalls unterheben. In einer Schüssel zugedeckt im Kühlschrank in mindestens 5 Std. fest werden lassen.

3 Inzwischen für das Kompott die Beeren waschen, putzen und abtropfen lassen. Zucker in einem Topf karamellisieren. Mit dem übrigen Orangensaft ablöschen und bei großer Hitze unter Rühren kochen lassen, bis sich der Karamell vollständig aufgelöst hat. Die Stärke mit 5 EL Wasser verrühren, zum Saft geben und 2–3 Min. kochen, bis der Orangensaft leicht bindet. Die Beeren hineingeben, einmal aufkochen, vom Herd nehmen und abkühlen lassen. Von der Mousse Nocken abstechen und mit dem Kompott servieren.

MANDEL-BUTTERMILCHMOUSSE

ORANGEN-QUARKMOUSSE

Nuss-Nugatmousse mit Orangenkompott

Vorhang auf für das süße Finale: Geröstete Nüsse und ein aromatisches Kompott verschaffen der zartschmelzenden Mousse einen glanzvollen Auftritt.

ÜPPIG – FÜR GÄSTE

Für die Mousse:
80 g schöne, große Haselnüsse
200 g Nussnugat (aus dem Backregal)
200 g Zartbitterkuvertüre
2 Eier (M) | 2 Eigelb
2 EL Zucker
2 EL Orangenlikör (ersatzweise frisch gepresster Orangensaft)
300 g Sahne

Für das Kompott:
7 Orangen
½ Vanilleschote
80 g Zucker
1 EL frisch gepresster Zitronensaft
3 EL Orangenlikör (nach Belieben)
1 Msp. Zimtpulver

Für 1 Terrinenform oder Glasschüssel (ca. 600 ml Inhalt), 8–12 Personen
ca. 1 Std. Zubereitung
6 Std. Kühlen
Pro Portion (bei 12 Personen): ca. 390 kcal

1 Für die Mousse den Backofen auf 200° vorheizen. Die Nüsse auf ein Backblech geben und im Ofen (Mitte, Umluft nicht empfehlenswert) ca. 15 Min. rösten, dabei gegen Ende darauf achten, dass sie nicht verbrennen. Herausnehmen, in ein Küchentuch einschlagen und die Häute abrubbeln, indem man die Nüsse fest gegeneinander reibt. Die Nüsse abkühlen lassen und sehr grob hacken (eventuell sogar nur halbieren).

2 Nugat und Kuvertüre in Stücke schneiden und in eine Metallschüssel geben. Über dem heißen Wasserbad schmelzen, dann in eine Schüssel füllen. Die Metallschüssel gründlich säubern. Eier, Eigelbe, Zucker und Likör darin mit dem Schneebesen verrühren und ebenfalls über das Wasserbad hängen. Die Eimasse kräftig mit dem Schneebesen schlagen, bis sie dicklich-cremig wird, dabei darauf achten, dass die Hitze nicht zu groß wird, sonst gerinnt das Ei. Die Eiercreme unter die Schokoladenmasse rühren und die Masse lauwarm abkühlen lassen.

3 Die Sahne mit den Schneebesen des Handrührgeräts steif schlagen, unter die fast schon abgekühlte Creme heben und vorsichtig glatt rühren. Die Mousse schichtweise in eine Terrinenform oder Glasschüssel füllen, dabei immer wieder Nüsse einstreuen. Die Mousse glatt streichen, mit Frischhaltefolie abdecken und im Kühlschrank in mindestens 6 Std. – am besten über Nacht – fest werden lassen.

4 Für das Kompott von 5 Orangen mit einem scharfen Messer die Schale samt weißer Haut abschneiden, anschließend die Fruchtfilets aus den Trennwänden schneiden, dabei den austretenden Saft auffangen. Die übrigen Orangen auspressen. Die Vanilleschote längs aufschlitzen und das Mark herauskratzen.

5 Den Zucker in einer beschichteten Pfanne hellbraun karamellisieren. Orangen- und Zitronensaft sowie 100 ml Wasser dazugießen (Vorsicht, es kann spritzen!), Vanillemark und -schote hinzufügen und alles bei mittlerer Hitze so lange unter Rühren kochen lassen, bis sich der Karamell vollständig aufgelöst hat. Nach Wunsch Likör und Zimtpulver hinzufügen, Orangenfilets hineingeben und 1 Min. heiß werden lassen. Vom Herd nehmen und lauwarm oder vollständig abkühlen lassen. Zum Servieren die Mousse auf eine Platte stürzen, dabei die Folie abziehen, und mit dem Orangenkompott anrichten.

KLASSIKER

🌿 Rote Grütze

600 g gemischte Beeren und rote Früchte (ideal Sauerkirschen, Erdbeeren, Himbeeren, Heidelbeeren oder Rote und Schwarze Johannisbeeren)
½ Vanilleschote
½ l Kirsch- oder schwarzer Johannisbeersaft
3 EL Speisestärke
1–2 EL Cassislikör (schwarzer Johannisbeerlikör, nach Belieben)
ca. 3–4 EL Zucker

Für 4–6 Personen | ca. 30 Min. Zubereitung
Pro Portion (bei 6 Personen): ca. 130 kcal

1 Die Früchte waschen, putzen und auf einem Küchentuch abtropfen lassen. Kirschen entsteinen, große Erdbeeren halbieren oder vierteln, Johannisbeeren von den Rispen zupfen. Vanilleschote längs halbieren und das Mark herauskratzen. Mark und Schote mit dem Fruchtsaft in einem Topf aufkochen.

2 Die Stärke mit 3–4 EL Wasser verrühren und unter Rühren in den kochenden Fruchtsaft gießen. 2–3 Min. kochen lassen, bis die Stärke bindet. Die vorbereiteten Früchte und nach Belieben den Likör hinzufügen. Die Früchte nur kurz im Sud heiß werden lassen, höchstens 1–2 Min. mitkochen – sie sollen weder breiig werden noch zerfallen. Vom Herd nehmen und je nach Geschmack mit mehr oder weniger Zucker süßen. Die Grütze abkühlen lassen. Die Vanilleschote erst vor dem Servieren entfernen und die Grütze nach Wunsch mit nur leicht aufgeschlagener Sahne oder der Vanillesauce von Seite 229 servieren.

VARIANTEN   mit anderem Obst
Je nach Saison kann man die Grütze auch mit anderen Obstsorten zubereiten. Gut geeignet sind z. B. gehäutete und in Stücke geschnittene Aprikosen oder Pfirsiche, solo oder gemischt mit Beeren und 1 Sternanis oder 1 Zimtstange gekocht. Anstelle von dunklem Fruchtsaft dann klaren Apfelsaft verwenden.

ÜBERRASCHUNG FÜR GÄSTE

🌿 Warme Obstpäckchen

4 reife, feste Pfirsiche
je 4 Aprikosen und rote Pflaumen
1 Vanilleschote | 3 EL Zucker
200 ml Weißwein (ersatzweise frisch gepresster Orangensaft)
2 Sternanis | 1 Zimtstange
2 EL Amaretto (ersatzweise 2 Tropfen Bittermandelöl)
4 EL Mandelblättchen | 1 EL Puderzucker
Pergamentpapier

Für 4 Personen | ca. 45 Min. Zubereitung
Pro Portion: ca. 240 kcal

1 Obst waschen, halbieren und die Steine herauslösen. Die Pfirsichhälften in 3 Spalten schneiden, die Aprikosen- und Pflaumenhälften nochmals halbieren. Pergamentpapier in 4 Rechtecke (à ca. 50 x 40 cm) zuschneiden und das Obst gleichmäßig darauf verteilen.

2 Vanilleschote längs aufschlitzen und das Mark herauskratzen. Den Zucker in einem kleinen Topf karamellisieren. Mit Wein ablöschen, Vanillemark, Sternanis und Zimt hinzufügen und alles unter Rühren ca. 5 Min. köcheln lassen, bis sich der Karamell aufgelöst hat. Amaretto unter den Sud rühren, die Gewürze herausnehmen.

3 Backofen auf 180° (Umluft 160°) vorheizen. Sternanis jeweils in 2, Zimtstange und Vanilleschote in 4 Stücke brechen oder schneiden und auf dem Obst verteilen. Den Sud darüberträufeln. Pergamentpapier an den Enden wie bei einem Bonbon zusammendrehen und die Enden so nach oben biegen, dass kein Saft herauslaufen kann. Die Obstpäckchen auf ein Blech legen und im Ofen (unten) 12–15 Min. garen.

4 Inzwischen die Mandelblättchen in einer Pfanne erhitzen, mit Puderzucker bestäuben und unter Rühren so lange rösten, bis der Zucker leicht karamellisiert. Herausnehmen und abkühlen lassen. Die fertigen Obstpäckchen auf Teller legen, öffnen und kurz abkühlen lassen. Mit den Mandeln bestreuen und warm servieren. Nach Wunsch 1 Kugel Vanille- oder Mandeleis dazu servieren.

Schwarzwälder-Kirsch-Pfannkuchen

Es muss nicht immer Torte sein – vor allem sind diese Pfannkuchen viel schneller gemacht! Sie schmecken auch einfach nur mit Sahne oder Vanilleeis.

FÜR GÄSTE – ZUM KAFFEE

Für die Pfannkuchen:
20 g Butter
125 g Mehl | Salz
1 TL Kakaopulver
2 Msp. Zimtpulver
300 ml Milch | 2 Eier (M)
100 g Zartbitterschokolade
Sonnenblumenöl oder Butterschmalz zum Braten

Für die Füllung:
1 Glas Sauerkirschen (ca. 350 g Abtropfgewicht)
500 g Quark (20 % Fett)
60 g Zucker
1 Päckchen Vanillezucker
2–3 EL Kirschwasser (nach Belieben)
200 g Sahne

Für 4 Personen | ca. 1 Std. Zubereitung
Pro Portion: ca. 820 kcal

1 Für die Pfannkuchen die Butter in einem Pfännchen schmelzen. Mehl, 1 Prise Salz, Kakao- und Zimtpulver in einer Schüssel mischen. Zuerst die Milch, dann die Eier und zuletzt die flüssige Butter mit dem Schneebesen gründlich unterrühren, bis ein glatter Teig entstanden ist. Den Teig zugedeckt 30 Min. quellen lassen.

2 Inzwischen für die Füllung die Kirschen in ein Sieb abgießen und abtropfen lassen. Quark, Zucker, Vanillezucker und nach Belieben Kirschwasser glatt verrühren. Die Sahne steif schlagen und mit den Kirschen unter die Quarkcreme heben. Die Creme zugedeckt kühl stellen.

3 Die Schokolade in Stücke hacken, in eine Metallschüssel geben und über dem heißen Wasserbad unter Rühren schmelzen. Dann leicht abkühlen lassen und unter den Pfannkuchenteig rühren. Wenig Öl oder Butterschmalz in einer beschichteten Pfanne erhitzen, darin nacheinander aus dem Teig 4 Pfannkuchen ausbacken. Fertige Pfannkuchen eventuell bei 60° im Backofen warm halten. Jeweils etwas Kirsch-Quark-Masse auf die Pfannkuchen geben, die Pfannkuchen darüberschlagen und sofort servieren.

Kokosmilchreis mit Honigbananen

Milchreis lieben wir seit Kindertagen. Genauso fein, aber überraschend neu schmeckt er, wenn man ihn mit cremiger Kokosmilch zubereitet.

EXOTISCH – EINFACH

1 Vanilleschote
800 ml Kokosmilch
3–4 EL Zucker
200 g Milchreis
Saft von 2 Limetten
4 feste, reife Bananen
1 EL Butter | 3 EL Honig
2 Msp. Zimtpulver

Für 4 Personen | ca. 20 Min. Zubereitung
35 Min. Garen | pro Portion: ca. 765 kcal

1 Die Vanilleschote längs aufschlitzen und das Mark herauskratzen, Mark und Schote mit der Kokosmilch in einen Topf geben. 3 EL Zucker hinzufügen und die Kokosmilch unter Rühren zum Kochen bringen. Den Milchreis einrieseln und bei kleiner Hitze 20–25 Min. köcheln lassen, dabei öfter umrühren. Anschließend den Reis auf der ausgeschalteten Herdplatte ca. 10 Min. ausquellen lassen. Mit 4–5 EL Limettensaft und eventuell Zucker abschmecken.

2 Die Bananen schälen, einmal längs und einmal quer halbieren und sofort in 2 EL Limettensaft wenden, damit sie sich nicht bräunlich verfärben. Die Butter in einer beschichteten Pfanne schmelzen. Darin die Bananenstücke bei mittlerer Hitze auf beiden Seiten kurz anbraten, mit Honig und 3 EL Limettensaft beträufeln und mit Zimtpulver bestäuben. Dann die Bananen bei kleiner Hitze noch 2–3 Min. weiterbraten, dabei ein- bis zweimal im Honigsud wenden. Sie sollten gut mit Sud überzogen und gebräunt sein, aber nicht matschig werden. Den Reis auf Teller oder Schälchen verteilen, die Bananen daraufgeben und mit Honigsud beträufeln.

PREISWERT – SOMMERLICH

Grießauflauf mit Pfirsichen

4 reife, feste Pfirsiche
2 EL frisch gepresster Zitronensaft
3 EL Amaretto (nach Belieben)
1 Päckchen Vanillezucker
1 l Milch
80 g Zucker | Salz
125 g Hartweizengrieß
3 Eier (M) | 125 g Sahnequark (40 % Fett)
50 g Mandelstifte
Butter für die Form

Für 4–6 Personen | ca. 30 Min. Zubereitung
30 Min. Backen | pro Portion (bei 6 Personen):
ca. 405 kcal

1 Die Pfirsiche in einer Schüssel mit kochend heißem Wasser übergießen und kurz ziehen lassen, dann mit einem spitzen Messer häuten und halbieren. Die Steine entfernen und die Pfirsichhälften nochmals halbieren. Mit Zitronensaft, nach Belieben Amaretto und Vanillezucker mischen.

2 Die Milch mit 2 EL Zucker und 1 Prise Salz in einem Topf aufkochen. Den Grieß unter Rühren einrieseln lassen, auf der ausgeschalteten Herdplatte 5 Min. quellen und dann auskühlen lassen.

3 Den Backofen auf 200° vorheizen. Eine runde Auflaufform (ca. 26 cm Ø) mit Butter einfetten. Die Eier trennen, Eiweiße mit 1 Prise Salz mit den Schneebesen des Handrührgeräts steif schlagen. Die Eigelbe mit dem restlichen Zucker mit dem Handrührgerät cremig-schaumig rühren. Zuerst den Quark, dann die Eigelbmasse und zuletzt den Eischnee unter den Grieß rühren bzw. heben. Die Grießmasse in die Form füllen. Die Pfirsichstücke darauf verteilen, leicht eindrücken und mit Mandelstiften bestreuen. Den Auflauf im Ofen (Mitte, Umluft 180°) in ca. 30 Min. goldbraun backen, dabei eventuell gegen Ende mit Backpapier abdecken, damit die Mandeln nicht verbrennen.

GELINGT LEICHT

Birnen-Brombeer-Crumble

100 g kalte Butter
750 g Birnen (z. B. Williams Christ)
2 EL frisch gepresster Zitronensaft
1 Stück frischer Ingwer (ca. 1 cm)
125 g Brombeeren | 150 g Zucker
1 Msp. gemahlene Nelken
4 Msp. Zimtpulver
2 EL Rum (nach Belieben)
120 g Mandelblättchen | 200 g Mehl

Für 4 Personen | ca. 25 Min. Zubereitung
50 Min. Backen | pro Portion: ca. 770 kcal

1 Den Backofen auf 180° vorheizen. Eine runde Auflaufform (ca. 20 cm Ø) mit wenig Butter einfetten. Die Birnen schälen, vierteln und die Kerngehäuse entfernen, die Viertel in Stücke schneiden und sofort mit Zitronensaft mischen. Ingwer schälen und möglichst fein hacken. Die Brombeeren verlesen, vorsichtig waschen und trocken tupfen. 2 EL Zucker mit Ingwer, Nelken und der Hälfte des Zimtpulvers mischen und mit den Brombeeren behutsam unter die Birnen mischen. Das Obst in die Form geben und nach Wunsch mit Rum beträufeln.

2 Mandelblättchen grob zerbröseln. Die übrige Butter in kleine Stücke schneiden, mit Mehl, restlichem Zucker und Zimt mischen und zwischen den Händen zu Bröseln zerreiben. Die Mandeln ebenfalls unterreiben. Die Brösel auf den Birnen verteilen und leicht festdrücken. Den Crumble im Ofen (Mitte, Umluft 160°) in ca. 50 Min. goldbraun backen. Kurz abkühlen lassen und warm mit Vanillesauce (Seite 229) oder -eis servieren.

VARIANTEN mit anderen Obstsorten
Anstelle von Birnen schmecken auch Zwetschgen oder Äpfel – dann eventuell noch Rosinen untermischen. Als Sommervariante kann man den Crumble mit Aprikosen, Pfirsichen oder Rhabarber zubereiten, allerdings sollte man dann auf Ingwer, Zimt und Nelken verzichten und stattdessen Vanillezucker verwenden. Je nach Süße bzw. Säure der verwendeten Obstsorte eventuell auch die Zuckermenge für das Obst erhöhen.

KERNIG – WINTERLICH

Möhren-Nuss-Pudding

1 Möhre (100 g)
50 g getrocknete Aprikosen
Saft von ½ Orange
5 grüne Kardamomkapseln
100 g Sahne
½ Döschen Safranfäden (0,05 g)
50 g Honig | 2 Eier (M)
je 15–20 g Mandelsplitter, fein gehackte Hasel- und Cashewnusskerne
15 g grob gehackte Pistazien
50 g Hartweizengrieß
¼ TL Zimtpulver
Butter und Paniermehl für die Form

Für 1 Kastenform (25 cm), 4 Personen
ca. 30 Min. Zubereitung | 30 Min. Garen
Pro Portion: ca. 360 kcal

1 Die Möhre schälen und auf der Rohkostreibe fein raspeln. Die Aprikosen in möglichst kleine Stücke schneiden. Mit dem Orangensaft in einen kleinen Topf geben, aufkochen und auf der ausgeschalteten Herdplatte ausquellen lassen. Kardamomkapseln aufschneiden, die Samen herauskratzen und im Mörser nicht zu fein zerstoßen. Sahne mit Safran und Kardamom langsam erhitzen, bis sie schön gelb gefärbt ist, und abkühlen lassen.

2 Den Backofen auf 180° vorheizen. Eine Kastenform mit Butter einfetten und mit Paniermehl ausstreuen. Die abgekühlte Kardamomsahne mit den Schneebesen des Handrührgeräts steif schlagen. In einer zweiten Rührschüssel Honig und Eier weißlich und dick-cremig aufschlagen. Möhren, Mandeln, Nüsse, Pistazien, Grieß und Zimtpulver dazugeben und mit einem Löffel unterheben. Dann Sahne und Aprikosen untermischen und die Masse in die Form füllen. Die Form in einen großen Bräter oder die Fettpfanne des Ofens stellen und so viel Wasser angießen, dass sie zu etwa zwei Dritteln im Wasser steht. In den Ofen (Mitte, Umluft 160°) schieben und den Pudding ca. 30 Min. garen. Kurz abkühlen lassen, aus der Form stürzen und lauwarm abkühlen lassen. Mit kalter Marzipan- oder Vanillesauce servieren.

EINFACH – SCHNELL

Marzipansauce

100 g Marzipanrohmasse
½ Vanilleschote
½ l Milch
1 EL Speisestärke
2 frische Eigelb (M)
50 g Zucker
2 EL Amaretto (nach Belieben)

Für 4–6 Personen | ca. 25 Min. Zubereitung
Pro Portion (bei 6 Personen): ca. 195 kcal

1 Marzipan auf der Rohkostreibe fein reiben. Die Vanilleschote längs aufschlitzen und das Mark herauskratzen. Vanillemark und -schote mit Marzipan und 450 ml Milch in einen Topf geben und bei kleiner Hitze offen ca. 5 Min. köcheln lassen, dabei gelegentlich umrühren.

2 Inzwischen die Stärke mit der übrigen Milch verrühren, dann Eigelbe und Zucker gründlich unterrühren. Die Schote aus der Vanillemilch nehmen und die Milch mit dem Pürierstab kräftig durchmixen, nach Belieben Amaretto unterrühren. Die Eiermischung in die Marzipanmilch rühren und unter ständigem Rühren mit dem Schneebesen aufkochen. Vom Herd nehmen und je nach Verwendungszweck abkühlen lassen oder sofort warm servieren.

VARIANTE Vanillesauce

Dafür statt ½ l nur ¼ l Milch und 250 g Sahne sowie 1 ganze Vanilleschote verwenden. Sahne und Milch mit der Vanilleschote und dem -mark wie beschrieben aufkochen. Die Stärke-Eigelb-Mischung wie beschrieben anrühren, allerdings 60 g Zucker verwenden. Dann die Sauce genau wie die Marzipansauce fertigstellen.

Quark-Amaranth-Auflauf

Dieser Auflauf macht rundum satt und schmeckt auch als süße Hauptspeise. Sie sollten ihn unbedingt auch mal mit Heidelbeeren oder Aprikosen probieren!

KERNIG – EINFACH

100 g Amaranth
½ Bio-Zitrone
125 g Himbeeren
4 EL Kokosflocken
4 Eier (M) | Salz
450 g Quark (20 % Fett)
5 EL Honig
2 EL Vanillepuddingpulver
50 g Haselnussblättchen
Butter für die Form

Für 4 Personen | ca. 25 Min. Zubereitung
2 Std. Kühlen | 30 Min. Garen | 45 Min. Backen
Pro Portion: ca. 545 kcal

1 Amaranth mit 200 ml Wasser in einen Topf geben, aufkochen und zugedeckt bei kleiner Hitze 30 Min. köcheln lassen. Auf der ausgeschalteten Herdplatte 10 Min. ausquellen und dann abkühlen lassen.

2 Den Backofen auf 180° vorheizen. Eine Auflaufform (ca. 20 x 25 cm) oder Tarteform (26 cm Ø) mit Butter einfetten. Die Zitrone heiß waschen und abtrocknen, die Schale abreiben und den Saft auspressen. Himbeeren verlesen, eventuell vorsichtig waschen und trocken tupfen, mit 2 EL Zitronensaft und den Kokosflocken mischen.

3 Die Eier trennen. Eiweiße mit 1 Prise Salz mit den Schneebesen des Handrührgeräts steif schlagen. Eigelbe mit Quark und Honig in einer Schüssel glatt verrühren. Den abgekühlten Amaranth mit Puddingpulver und Zitronenschale unterrühren. Eischnee, Himbeeren und zwei Drittel der Haselnussblättchen unter die Masse heben. Die Masse in die Form füllen, mit den übrigen Nussblättchen bestreuen und im Ofen (Mitte, Umluft 160°) in ca. 45 Min. goldbraun backen, dabei eventuell gegen Ende mit Backpapier abdecken, damit die Nüsse nicht verbrennen.

Register

Neben den Rezepten sind hier auch wichtige Sachbegriffe in alphabetischer Reihenfolge aufgelistet. Außerdem finden Sie die Rezepte auch unter ihren Hauptzutaten.

A

Aioli 43
Algen (Info) 101
Amaranth
　Ananas-Rotkohl mit Amaranthschmarrn 199
　Quark-Amaranth-Auflauf 230
Ananas
　Ananas-Rotkohl mit Amaranthschmarrn 199
　Blutorangen-Kokos-Jelly mit Obstsalat 213
　Möhren-Ananas-Frischkäse mit Curry 44
Apfel
　Grünkohl-Kartoffel-Auflauf 207
　Kohlrouladen mit Brot-Maronen-Füllung 209
　Meerrettichquark mit Radieschen 44
　Überbackene Ziegenkäse-Äpfel 79
Aprikosen
　Couscoussalat mit Kichererbsen 39
　Mandel-Buttermilchmousse mit Aprikosenkompott 216
　Marokkanische Gemüse-Tajine mit Aprikosen 179
　Möhren-Nuss-Pudding 229
　Tomaten-Paprika-Relish 60
　Warme Obstpäckchen 222
Artischockenherzen: Roter Reissalat mit Artischocken 36
Asia-Butter 57
Asiatische Nudelsuppe mit Gemüse 100
Asiatischer Bratreis mit Ei 187
Aubergine
　Auberginen mit Bulgurfüllung 153
　Auberginendip 47
　Couscoussalat mit Kichererbsen 39
　Gemüsepastete mit Joghurtguss 154
　Griechischer Auberginen-Kartoffel-Auflauf 150
　Linsencurry mit Auberginen 183
　Ratatouille-Sülze 71
　Sizilianisches Sommergemüse 168
Auflauf
　Griechischer Auberginen-Kartoffel-Auflauf 150
　Grießauflauf mit Pfirsichen 226
　Grünkohl-Kartoffel-Auflauf 207
　Quark-Amaranth-Auflauf 230
　Süßkartoffel-Mais-Auflauf 207
　Überbackene Zucchini-Crespelle mit Gorgonzolaguss 138
Avocado
　Avocadodip mit Paprika (Variante) 47
　Avocado-Melonen-Salsa 149
　Avocado-Spargel-Salat 67
　Guacamole 47
　Vegetarische Sushi mit zweierlei Füllung 91

B

Bärlauchplinsen 126
Basilikumgnocchi 168
Basilikumpesto (Variante) 57
Beereneis, superschnelles (Tipp) 215
Birne
　Flammkuchen mit Radicchio und Birne (Variante) 180
　Birnen-Brombeer-Crumble 226
　Kartoffelkuchen mit Sauerkraut und Birnen 204
Blätterteig
　Blätterteigtaschen mit Spinat-Ricotta-Füllung 94
　Blätterteigtaschen mit Tomatenfüllung (Variante) 94
Blauschimmelkäse-Dressing (Variante) 26
Blechkartoffeln (Variante) 157
Blumenkohl-Kartoffelplätzchen 173
Blutorangen-Kokos-Jelly mit Obstsalat 213
Bohnen
　Bohnen (Info) 12
　Bohnen-Chili-Burger 149
　Bohneneintopf mit Tomaten und Reisnudeln 115
　Brotsalat mit Bohnen und Fenchel 34
　Gemüsesuppe mit Grießnocken 107
　Grüner Kartoffelsalat mit Schafskäse 34
　Schnippelbohnen mit Frischkäse-Meerrettich-Sauce 157
　Weiße Bohnen in Tomatensauce 146
　Weißer Bohnendip 53
　Zweierlei Bohnengemüse 167
Borschtsch, vegetarischer 117
Bratreis, asiatischer, mit Ei 187
Brokkoli
　Curry-Hirse-Pfanne mit Gemüse 171
　Gemüsestrudel mit Brokkoli, Fenchel und Kohlrabi 129
　Quinoa-Mangold-Pastete mit Paprikasauce 134
Brombeeren: Birnen-Brombeer-Crumble 226
Brotsalat mit Bohnen und Fenchel 34
Buchweizenecken mit Dillsahne 117
Bulgur
　Auberginen mit Bulgurfüllung 153
　Bulgur (Info) 14
　Bulgur mit Kürbis und Sauerkirschen 171
　Petersiliensalat mit Bulgur 145
　Tabouleh (Variante) 145

C

Chicorée
　Gratinierter Gorgonzola-Chicorée 203
　Orangen-Chicorée (Variante) 203
　Wintersalat mit frittierten Seitlingen 33
Chili con Soja 112
Chinakohl: Asiatischer Bratreis mit Ei 187
Chutney
　Kokos-Koriander-Chutney mit Chili und Minze 62
　Mangochutney (Variante) 60
　Zwetschgenchutney 60
Couscous (Info) 14
Couscoussalat mit Kichererbsen 39
Crumble: Birnen-Brombeer-Crumble 226
Curry-Hirse-Pfanne mit Gemüse 171
Currypaste: Limettencurry mit Tofu 125
Currypasten (Info) 17

E

Eier (Info) 8
Eis: Superschnelles Beereneis (Tipp) 215
Erbsen
　Asiatischer Bratreis mit Ei 187
　Erbsen (Info) 12
　Erbseneintopf mit Rosenkohl und Räuchertofu 114
　Erbsenpüree mit Haselnuss-Sellerie 198

Grüner Kartoffelsalat mit Schafskäse 34
Erdbeerparfait mit Baiserbröseln 215

F

Falafeln mit Sesamdip 85
Feigen, überbackene, mit Ziegenkäse (Variante) 79
Feldsalat: Herbstsalat mit Yufka-Käse-Stangen 33

Fenchel
Brotsalat mit Bohnen und Fenchel 34
Gemüsepastete mit Joghurtguss 154
Gemüsestrudel mit Brokkoli, Fenchel und Kohlrabi 129
Röstgemüsedip 48
Schafskäse im Päckchen 143
Sommer-Gemüsebrühe 99
Spaghetti mit Gemüse und Chilibröseln 133

Filoteig: Gemüsepastete mit Joghurtguss 154
Flammkuchen mit Kürbis und Ziegenkäse 180
Flammkuchen mit Radicchio und Birne (Variante) 180
Frittierte Schwarzwurzeln 82
Frühlingssalat mit Käsebällchen 29
Frühlingssuppe mit Ei 105

Frühlingszwiebeln
Asiatischer Bratreis mit Ei 187
Gemüse-Sesam-Nudeln mit Tofu 185
Gemüsestrudel mit Brokkoli, Fenchel und Kohlrabi 129
Quarkkuchen mit Kräutern und Frühlingszwiebeln 137
Süßkartoffel-Mais-Auflauf 207

G

Gebackene Mozzarellaschnitten 79
Gebratene Linsen-Grießrauten 203
Gebratene Polentastreifen 194
Gebratener Halloumi 141
Gebratener Tofu mit Zuckerschoten 125
Gedämpftes Gemüse 126
Gefüllte Tofutaschen mit Pilzen, Möhren und Lauch 89
Gefüllte Tomaten 153
Gegrillter Scamorza (Variante) 141
Gelbes Linsen-Dal mit Röstzwiebeln 177
Gemüse-Pakoras mit Tofu 82
Gemüsepastete mit Joghurtguss 154
Gemüse-Sesam-Nudeln mit Tofu 185
Gemüse-Tajine, marokkanische, mit Aprikosen 179
Gemüsestrudel mit Brokkoli, Fenchel und Kohlrabi 129
Gemüsesuppe mit Grießnocken 107
Getreidebratlinge mit Käse und Sprossen 157
Gewürze (Info) 16
Gewürzreis, indischer 173
Ghee (Info) 177
Glasnudelsalat mit Tofu 39
Glücksrollen mit Erdnussdip 86
Gorgonzola-Chicorée, gratinierter 203
Gratinierter Gorgonzola-Chicorée 203

Graupen
Graupen (Info) 15
Graupeneintopf mit Steckrüben 119
Graupenrisotto mit Spargel und Champignons 133

Griechischer Auberginen-Kartoffel-Auflauf 150
Grießauflauf mit Pfirsichen 226
Grüne Spargeltarte (Variante) 137
Grüner Kartoffelsalat mit Schafskäse 34
Grünkohl-Kartoffel-Auflauf 207
Grütze, Rote 222
Guacamole 47

H

Halloumi, gebratener 141

Hartweizengrieß
Gebratene Linsen-Grießrauten 203
Gemüsesuppe mit Grießnocken 107
Grießauflauf mit Pfirsichen 226
Möhren-Nuss-Pudding 229
Herbstsalat mit Yufka-Käse-Stangen 33

Himbeeren
Frühlingssalat mit Käsebällchen 29
Kirsch-Himbeer-Götterspeise mit Tofu 213
Quark-Amaranth-Auflauf 230

Hirse
Curry-Hirse-Pfanne mit Gemüse 171
Gefüllte Tomaten 153
Hirse (Info) 15
Mexikanische Hirse 149
Hummus 53

I/J

Indischer Gewürzreis 173
Ingwer (Info) 17
Joghurt-Zitronen-Dressing 26

K

Kaffir-Limettenblätter
Asia-Butter 57
Glasnudelsalat mit Tofu 39
Kaffir-Limettenblätter (Info) 17
Limettencurry mit Tofu 125

Kapern
Kapern-Oliven-Vinaigrette 23
Schnittlauchsauce mit Kapern 130
Schwarze Olivenpaste 57
Sizilianisches Sommergemüse 168
Tomaten-Basilikum-Frischkäse (Variante) 44

Karamellisierte Schalotten 201
Karamell-Nuss-Vinaigrette 23

Kartoffeln
Basilikumgnocchi 168
Blechkartoffeln (Variante) 157
Blumenkohl-Kartoffelplätzchen 173
Erbsenpüree mit Haselnuss-Sellerie 198
Griechischer Auberginen-Kartoffel-Auflauf 150
Grüner Kartoffelsalat mit Schafskäse 34
Grünkohl-Kartoffel-Auflauf 207
Kartoffelkäse mit Ei 59
Kartoffelkuchen mit Sauerkraut und Birnen 204
Kartoffel-Kürbis-Eintopf 119
Ofengemüse vom Blech 141
Steckrübenpuffer 201
Tortilla mit Paprika 77
Türkische Ofenkartoffeln 145

Käse (Info) 8

Kichererbsen
Couscoussalat mit Kichererbsen 39
Falafeln mit Sesamdip 85
Hummus 53
Kichererbsen (Info) 12
Süßkartoffelcurry mit Kichererbsen und Spinat 174
Wraps mit Kichererbsen, Tomaten und Schafskäse 88

Kidneybohnen
Bohnen-Chili-Burger 149
Chili con Soja 112

Curry-Hirse-Pfanne mit Gemüse 171
Zweierlei Bohnengemüse 167
Kirsch-Himbeer-Götterspeise mit Tofu 213
Klassischer Kräuterquark (Variante) 44

Knollensellerie
Chili con Soja 112
Erbseneintopf mit Rosenkohl und Räuchertofu 114
Erbsenpüree mit Haselnuss-Sellerie 198
Getreidebratlinge mit Käse und Sprossen 157

Kohlrabi
Gedämpftes Gemüse 126
Gemüsestrudel mit Brokkoli, Fenchel und Kohlrabi 129
Spanisches Safrangemüse 73
Kohlrouladen mit Brot-Maronen-Füllung 209

Kokosmilch
Blutorangen-Kokos-Jelly mit Obstsalat 213
Glücksrollen mit Erdnussdip 86
Kokosmilchreis mit Honigbananen 225
Limettencurry mit Tofu 125
Linsencurry mit Auberginen 183
Kokos-Koriander-Chutney mit Chili und Minze 62
Kräuter (Info) 16
Kräuterquark, klassischer (Variante) 44
Kräuter-Quarknocken 99
Kräutervinaigrette 23

Kürbis
Bulgur mit Kürbis und Sauerkirschen 171
Flammkuchen mit Kürbis und Ziegenkäse 180
Kartoffel-Kürbis-Eintopf 119
Kürbismus mit Dilljoghurt 74
Vegetarische Sushi mit zweierlei Füllung 91

Kürbiskerne
Grüner Kartoffelsalat mit Schafskäse 34
Kartoffel-Kürbis-Eintopf 119
Kürbismus mit Dilljoghurt 74
Meerrettichquark mit Radieschen 44
Schwarzwurzelgemüse mit Pesto 189

L
Lasagne: Linsen-Mangold-Lasagne 160

Lauch
Gebratene Linsen-Grießrauten 203
Gemüsestrudel mit Brokkoli, Fenchel und Kohlrabi 129
Lauch mit Eier-Tomaten-Vinaigrette 25
Ofengemüse vom Blech 141
Paprika-Sauerkraut mit gefüllten Hefeklößen 197
Sommer-Gemüsebrühe 99
Weißkrautgulasch mit Pilzknödeln 191

Limette
Asia-Butter 57
Guacamole 47
Limettencurry mit Tofu 125
Orangen-Quarkmousse mit gemischtem Beerenkompott 216
Rucola-Petersilien-Mayonnaise 43

Linsen
Gebratene Linsen-Grießrauten 202
Gelbes Linsen-Dal mit Röstzwiebeln 177
Linsen (Info) 13
Linsenbällchen 85
Linsencurry mit Auberginen 183
Linsen-Mangold-Lasagne 160
Linsen-Quinoa mit Ofentomaten 159
Linsen-Rote-Bete-Salat mit Mozzarella 37
Linsen-Wirsing-Gemüse 194
Scharfer Rote-Linsen-Dip 53
Türkische Linsensuppe mit Würzbutter 111

M
Mairübchen: Gedämpftes Gemüse 126

Mais
Maispuffer (Variante) 167
Süßkartoffel-Mais-Auflauf 207
Mais-Chili-Muffins 93
Mandel-Buttermilchmousse mit Aprikosenkompott 216

Mango
Blutorangen-Kokos-Jelly mit Obstsalat 213
Glasnudelsalat mit Tofu 39
Mangochutney (Variante) 60

Mangold
Linsen-Mangold-Lasagne 160
Quinoa-Mangold-Pastete mit Paprikasauce 134
Marinierte Pilze 73
Marokkanische Gemüse-Tajine mit Aprikosen 179
Maronen: Kohlrouladen mit Brot-Maronen-Füllung 209
Marzipansauce 229
Meerrettichquark mit Radieschen 44
Melone: Avocado-Melonen-Salsa 149
Mexikanische Hirse 149
Milchprodukte (Info) 8
Milchreis: Kokosmilchreis mit Honigbananen 225
Miso (Info) 101
Misosupe mit Spinat und Tofu 101

Möhren
Asiatische Nudelsuppe mit Gemüse 100
Asiatischer Bratreis mit Ei 187
Bohneneintopf mit Tomaten und Reisnudeln 115
Chili con Soja 112
Erbseneintopf mit Rosenkohl und Räuchertofu 114
Gedämpftes Gemüse 126
Gefüllte Tofutaschen mit Pilzen, Möhren und Lauch 89
Getreidebratlinge mit Käse und Sprossen 157
Glücksrollen mit Erdnussdip 86
Graupeneintopf mit Steckrüben 119
Kartoffel-Kürbis-Eintopf 119
Marokkanische Gemüse-Tajine mit Aprikosen 179
Möhren-Ananas-Frischkäse mit Curry 44
Möhren-Curry-Cake 93
Möhren-Käse-Scones 68
Möhren-Nuss-Pudding 229
Persischer Safranreis mit Möhren und Mandeln 178
Röstgemüsedip 48
Schwarzwurzelgemüse mit Pesto 189
Sommer-Gemüsebrühe 99
Spanisches Safrangemüse 73
Türkische Linsensuppe mit Würzbutter 111
Vegetarischer Borschtsch 117
Wintergemüse in Orangensud 74

Mousse
   Mandel-Buttermilchmousse mit Aprikosenkompott 216
   Nuss-Nugatmousse mit Orangenkompott 219
   Orangen-Quarkmousse mit gemischtem Beerenkompott 216
   Zazikimousse 68

Mozzarella
   Blätterteigtaschen mit Spinat-Ricotta-Füllung 94
   Gebackene Mozzarellaschnitten 79
   Linsen-Rote-Bete-Salat mit Mozzarella 37
   Pizza mit Pilzen und buntem Gemüse 165

Muffins: Mais-Chili-Muffins 93

N

Nudelsuppe, asiatische, mit Gemüse 100
Nüsse (Info) 13
Nuss-Nougatmousse mit Orangenkompott 219

O

Ofengemüse vom Blech 141
Ofenkartoffeln, türkische 145
Öle (Info) 13

Oliven
   Brotsalat mit Bohnen und Fenchel 34
   Gefüllte Tomaten 153
   Kapern-Oliven-Vinaigrette 23
   Mais-Chili-Muffins 93
   Orecchiette mit Zucchini 159
   Pizza mit Pilzen und buntem Gemüse 165
   Schafskäse im Päckchen 143
   Schwarze Olivenpaste 57
   Sizilianisches Sommergemüse 168
   Wintergemüse in Orangensud 74
   Zwiebel-Oliven-Tarte (Variante) 137

Omelett mit Salbeitomaten 77

Orangen
   Linsen-Rote-Bete-Salat mit Mozzarella 37
   Linsen-Wirsing-Gemüse 194
   Nuss-Nugatmousse mit Orangenkompott 219
   Orangen-Quarkmousse mit gemischtem Beerenkompott 216
   Orangen-Chicorée (Variante) 203

Orecchiette mit Zucchini 159

P

Papaya: Blutorangen-Kokos-Jelly mit Obstsalat 213

Paprikaschoten
   Asiatischer Bratreis mit Ei 187
   Auberginen mit Bulgurfüllung 153
   Avocadodip mit Paprika 47
   Bulgur mit Kürbis und Sauerkirschen 171
   Chili con Soja 112
   Curry-Hirse-Pfanne mit Gemüse 171
   Gemüsepastete mit Joghurtguss 154
   Gemüse-Sesam-Nudeln mit Tofu 185
   Glasnudelsalat mit Tofu 39
   Limettencurry mit Tofu 125
   Marokkanische Gemüse-Tajine mit Aprikosen 179
   Ofengemüse vom Blech 141
   Paprika-Chili-Salsa mit Koriander und Petersilie 63
   Paprika-Sauerkraut mit gefüllten Hefeklößen 197
   Petersiliensalat mit Bulgur 145
   Pizza mit Pilzen und buntem Gemüse 165
   Quinoa-Mangold-Pastete mit Paprikasauce 134
   Ratatouille-Sülze 71
   Röstgemüsedip 48
   Roter Reissalat mit Artischocken 36
   Spaghetti mit Gemüse und Chilibröseln 133
   Süßsaures Tempeh-Gemüse 183
   Tomaten-Paprika-Relish 60
   Tortilla mit Paprika 77
   Weißkrautgulasch mit Pilzknödeln 191

Parfait: Erdbeerparfait mit Baiserbröseln 215

Pastinaken
   Pastinaken-Haselnuss-Creme 51
   Wintergemüse in Orangensud 74

Persischer Safranreis mit Möhren und Mandeln 178
Petersiliensalat mit Bulgur 145

Petersilienwurzel
   Petersilienwurzelflan 189
   Graupeneintopf mit Steckrüben 119

Pfannkuchen: Überbackene Zucchini-Crespelle mit Gorgonzolaguss 138

Pfirsiche
   Grießauflauf mit Pfirsichen 226
   Sommersalat mit Knoblauchcroûtons 29
   Warme Obstpäckchen 222

Pflaumen: Warme Obstpäckchen 222

Pilze
   Asiatische Nudelsuppe mit Gemüse 100
   Gefüllte Tofutaschen mit Pilzen, Möhren und Lauch 89
   Gemüsesuppe mit Grießnocken 107
   Graupenrisotto mit Spargel und Champignons 133
   Marinierte Pilze 73
   Pilz-Tofu-Creme 59
   Pizza mit Pilzen und buntem Gemüse 165
   Spaghetti mit Radicchio 185
   Vegetarische Sushi mit zweierlei Füllung 91
   Weißkrautgulasch mit Pilzknödeln 189
   Wintersalat mit frittierten Seitlingen 33

Pinienkerne
   Basilikumpesto (Variante) 57
   Blätterteigtaschen mit Tomatenfüllung (Variante) 94
   Karamell-Nuss-Vinaigrette 23
   Ofengemüse vom Blech 141
   Orecchiette mit Zucchini 159
   Röstgemüsedip 48
   Sizilianisches Sommergemüse 168
   Sommersalat mit Knoblauchcroûtons 29
   Tomatenpesto 57

Pistazien: Möhren-Nuss-Pudding 229
Pizza mit Pilzen und buntem Gemüse 165
Polenta (Info) 15
Polentasuppe mit gebratenen Tomaten 111
Polentastreifen, gebratene 194
Portulak: Frühlingssalat mit Käsebällchen 29

Q

Quark
   Bärlauchplinsen 126
   Frühlingssalat mit Käsebällchen 29
   Grießauflauf mit Pfirsichen 226
   Gemüsestrudel mit Brokkoli, Fenchel und Kohlrabi 129

Klassischer Kräuterquark
  (Variante) 44
Kräuter-Quarknocken 99
Meerrettichquark mit Radieschen 44
Quark-Amaranth-Auflauf 230
Quarkkuchen mit Kräutern und
  Frühlingszwiebeln 137
Schwarzwälder-Kirsch-Pfann-
  kuchen 224

Quinoa
Quinoa (Info) 15
Quinoa-Mangold-Pastete mit
  Paprikasauce 134
Süßkartoffel-Mais-Auflauf 207

Quittenmus 201

R

Radicchio
Flammkuchen mit Radicchio und
  Birne (Variante) 180
Herbstsalat mit Yufka-Käse-
  Stangen 33
Spaghetti mit Radicchio 185
Wintersalat mit frittierten
  Seitlingen 33

Ratatouille-Sülze 71

Reis
Asiatischer Bratreis mit Ei 187
Indischer Gewürzreis 173
Rote-Bete-Mohn-Risotto 187
Roter Reissalat mit Artischocken 36
Vegetarische Sushi mit zweierlei
  Füllung 91

Relish: Tomaten-Paprika-Relish 60

Ricotta
Avocadodip mit Paprika (Variante) 47
Tomatensuppe mit Basilikum-
  ricotta 105
Überbackene Zucchini-Crespelle mit
  Gorgonzolaguss 138
Zwiebel-Oliven-Tarte (Variante) 137

Romanesco: Spanisches Safran-
  gemüse 73
Rosenkohl: Erbseneintopf mit
  Rosenkohl und Räuchertofu 114
Röstgemüsedip 48

Rote Bete
Linsen-Rote-Bete-Salat mit
  Mozzarella 37
Rote-Bete-Dip mit Schafskäse 51
Rote-Bete-Mohn-Risotto 187
Vegetarischer Borschtsch 117

Rote Grütze 222
Rote-Linsen-Dip, scharfer 53
Roter Reissalat mit Artischocken 36
Rotkohl: Ananas-Rotkohl mit
  Amaranthschmarrn 199

Rucola
Linsen-Quinoa mit Ofentomaten 159
Linsen-Rote-Bete-Salat mit
  Mozzarella 37
Rucola-Petersilien-Mayonnaise 43
Sommersalat mit Knoblauch-
  croûtons 29

S

Safran
Möhren-Nuss-Pudding 229
Persischer Safranreis mit Möhren
  und Mandeln 178
Spanisches Safrangemüse 73
Tofuklößchen-Spargelragout
  in Safransauce 123

Salatgurke
Glücksrollen mit Erdnussdip 86
Süßsaures Tempeh-Gemüse 183
Vegetarische Sushi mit zweierlei
  Füllung 91
Zazikimousse 68

Salsa
Avocado-Melonen-Salsa 149
Paprika-Chili-Salsa mit Koriander
  und Petersilie 63

Sambal oelek (Info) 17

Sauerampfer
Gemüsesuppe mit Grießnocken 107
Spargel mit Sauerampfer-
  Hollandaise 123

Sauerkraut
Kartoffelkuchen mit Sauerkraut und
  Birnen 204
Paprika-Sauerkraut mit gefüllten
  Hefeklößen 197

Scamorza, gegrillter (Variante) 141

Schafskäse
Auberginen mit Bulgurfüllung 153
Blätterteigtaschen mit Tomaten-
  füllung (Variante) 94
Gefüllte Tomaten 153
Grüner Kartoffelsalat mit Schafs-
  käse 34
Orecchiette mit Zucchini 159
Rote-Bete-Dip mit Schafskäse 51
Schafskäse im Päckchen 143
Wraps mit Kichererbsen, Tomaten
  und Schafskäse 88

Schalotten, karamellisierte 201
Scharfer Rote-Linsen-Dip 53
Schnippelbohnen mit Frischkäse-
  Meerrettich-Sauce 157
Schnittlauchsauce mit Kapern 130
Schokolade: Schwarzwälder-Kirsch-
  Pfannkuchen 224
Schwarze Olivenpaste 57
Schwarzwälder-Kirsch-Pfann-
  kuchen 224

Schwarzwurzeln
Frittierte Schwarzwurzeln 82
Schwarzwurzel-Cremesuppe 102
Schwarzwurzelgemüse mit Pesto 189

Scones: Möhren-Käse-Scones 68
Seitlinge (Info) 73
Sizilianisches Sommergemüse 168
Soba-Nudeln: Gemüse-Sesam-Nudeln
  mit Tofu 185
Sojaprodukte (Info) 10
Sojaschnetzel: Chili con Soja 112
Sommergemüse, sizilianisches 168
Sommer-Gemüsebrühe 99
Sommersalat mit Knoblauch-
  croûtons 29
Spaghetti mit Gemüse und Chili-
  bröseln 133
Spaghetti mit Radicchio 185
Spanisches Safrangemüse 73

Spargel
Avocado-Spargel-Salat 67
Gedämpftes Gemüse 126
Graupenrisotto mit Spargel und
  Champignons 133
Grüne Spargeltarte (Variante) 137
Spargel mit Sauerampfer-
  Hollandaise 123
Spargelterrine 67
Tofuklößchen-Spargelragout
  in Safransauce 123

Spinat
Blätterteigtaschen mit Spinat-
  Ricotta-Füllung 94
Gedämpftes Gemüse 126
Gemüsesuppe mit Grießnocken 107
Misosupe mit Spinat und Tofu 101
Pizza mit Pilzen und buntem
  Gemüse 165
Süßkartoffelcurry mit Kichererbsen
  und Spinat 174

Spitzkohl: Gemüsepastete mit Joghurtguss 154

Sprossen
Asiatische Nudelsuppe mit
  Gemüse 100
Asiatischer Bratreis mit Ei 187

Frühlingssalat mit Käsebällchen 29
Gefüllte Tofutaschen mit Pilzen, Möhren und Lauch 89
Getreidebratlinge mit Käse und Sprossen 157
Marinierte Pilze 73
Spaghetti mit Radicchio 185

Staudensellerie
Bohneneintopf mit Tomaten und Reisnudeln 115
Gemüse-Sesam-Nudeln mit Tofu 185
Glasnudelsalat mit Tofu 39
Herbstsalat mit Yufka-Käse-Stangen 33
Limettencurry mit Tofu 125
Linsen-Rote-Bete-Salat mit Mozzarella 37
Ofengemüse vom Blech 141
Röstgemüsedip 48
Roter Reissalat mit Artischocken 36
Scharfer Rote-Linsen-Dip 53
Sizilianisches Sommergemüse 168
Sommer-Gemüsebrühe 99
Spaghetti mit Gemüse und Chilibröseln 133
Süßkartoffel-Mais-Auflauf 207
Süßsaures Tempeh-Gemüse 183
Tomatenpesto 57
Tomatensuppe mit Basilikumricotta 105
Türkische Linsensuppe mit Würzbutter 111
Weiße Bohnen in Tomatensauce 146

Steckrüben
Graupeneintopf mit Steckrüben 119
Steckrübenpuffer 201
Superschnelles Beereneis (Tipp) 215
Sushi, vegetarische, mit zweierlei Füllung 91

Süßkartoffeln
Süßkartoffel-Mais-Auflauf 207
Süßkartoffelcurry mit Kichererbsen und Spinat 174
Süßsaures Tempeh-Gemüse 183

T

Tabouleh (Variante) 145
Tempeh (Info) 13
Tempeh-Gemüse, süßsaures 183

Tofu
Asiatische Nudelsuppe mit Gemüse 100
Erbseneintopf mit Rosenkohl und Räuchertofu 114
Gebratener Tofu mit Zuckerschoten 125
Gefüllte Tofutaschen mit Pilzen, Möhren und Lauch 89
Gemüse-Pakoras mit Tofu 82
Gemüse-Sesam-Nudeln mit Tofu 185
Glasnudelsalat mit Tofu 39
Glücksrollen mit Erdnussdip 86
Kirsch-Himbeer-Götterspeise mit Tofu 213
Limettencurry mit Tofu 125
Misosupe mit Spinat und Tofu 101
Pilz-Tofu-Creme 59
Spaghetti mit Radicchio 185
Tandoori-Tofu 177
Tofu (Info) 11
Tofu-Dressing 26
Tofuklößchen-Spargelragout in Safransauce 123
Vegetarische Sushi mit zweierlei Füllung 91
Zucchini-Tofu-Spieße 142

Tomaten
Auberginen mit Bulgurfüllung 153
Auberginendip 47
Avocado-Spargel-Salat 67
Blätterteigtaschen mit Spinat-Ricotta-Füllung 94
Blätterteigtaschen mit Tomatenfüllung (Variante) 94
Gefüllte Tomaten 153
Gemüsesuppe mit Grießnocken 107
Guacamole 47
Lauch mit Eier-Tomaten-Vinaigrette 25
Linsen-Quinoa mit Ofentomaten 159
Mexikanische Hirse 149
Ofengemüse vom Blech 141
Omelett mit Salbeitomaten 77
Petersiliensalat mit Bulgur 145
Polentasuppe mit gebratenen Tomaten 111
Quinoa-Mangold-Pastete mit Paprikasauce 134
Röstgemüsedip 48
Schafskäse im Päckchen 143
Sizilianisches Sommergemüse 168
Sommer-Gemüsebrühe 99
Sommersalat mit Knoblauchcroûtons 29
Tomaten-Basilikum-Frischkäse (Variante) 44
Tomaten-Paprika-Relish 60
Tomaten-Raita 173
Tomatensauce mit Oregano und Basilikum 163
Tomatensuppe mit Basilikumricotta 105
Weiße Bohnen in Tomatensauce 146
Wraps mit Kichererbsen, Tomaten und Schafskäse 88
Zucchini-Tofu-Spieße 142
Zweierlei Bohnengemüse 167

Topinambur: Wintergemüse in Orangensud 74
Tortilla mit Paprika 77
Türkische Ofenkartoffeln 145

U

Überbackene Feigen mit Ziegenkäse (Variante) 79
Überbackene Ziegenkäse-Äpfel 79

V

Vanille
Blutorangen-Kokos-Jelly mit Obstsalat 213
Kokosmilchreis mit Honigbananen 225
Mandel-Buttermilchmousse mit Aprikosenkompott 216
Marzipansauce 229
Nuss-Nugatmousse mit Orangenkompott 219
Rote Grütze 222
Vanillesauce (Variante) 229
Warme Obstpäckchen 222

Vegetarische Sushi mit zweierlei Füllung 91
Vegetarischer Borschtsch 117

W

Walnüsse
Auberginen mit Bulgurfüllung 153
Herbstsalat mit Yufka-Käse-Stangen 33
Karamell-Nuss-Vinaigrette 23
Warme Obstpäckchen 222
Weintrauben: Herbstsalat mit Yufka-Käse-Stangen 33
Weiße Bohnen in Tomatensauce 146
Weißer Bohnendip 53

Weißkohl
Kohlrouladen mit Brot-Maronen-Füllung 209
Vegetarischer Borschtsch 117
Weißkrautgulasch mit Pilzknödeln 191

Wintergemüse in Orangensud 74
Wintersalat mit frittierten Seitlingen 33
Wirsing: Linsen-Wirsing-Gemüse 194
Wraps mit Kichererbsen, Tomaten und Schafskäse 88

Z
Zazikimousse 68
Ziegenfrischkäse
   Flammkuchen mit Kürbis und Ziegenkäse 180
   Frühlingssalat mit Käsebällchen 29
   Überbackene Feigen mit Ziegenkäse (Variante) 79
   Ziegenfrischkäse-Dressing 26
   Ziegenkäsecreme 26
   Überbackene Ziegenkäse-Äpfel 79
Zitronengras
   Blutorangen-Kokos-Jelly mit Obstsalat 213
   Limettencurry mit Tofu 125
Zucchini
   Couscoussalat mit Kichererbsen 39
   Curry-Hirse-Pfanne mit Gemüse 171
   Gefüllte Tomaten 153
   Limettencurry mit Tofu 125
   Marokkanische Gemüse-Tajine mit Aprikosen 179
   Ofengemüse vom Blech 141
   Orecchiette mit Zucchini 159
   Ratatouille-Sülze 71
   Überbackene Zucchini-Crespelle mit Gorgonzolaguss 138
   Zucchini-Tofu-Spieße 142
Zuckerschoten
   Asiatische Nudelsuppe mit Gemüse 100
   Gebratener Tofu mit Zuckerschoten 125
   Gemüse-Sesam-Nudeln mit Tofu 185
   Süßsaures Tempeh-Gemüse 183
Zweierlei Bohnengemüse 167
Zwetschgenchutney 60
Zwiebel-Oliven-Tarte (Variante) 137

Übersicht der veganen Rezepte 🌿
Diese Rezepte sind im Buch mit einem grünen Blattsymbol gekennzeichnet.

Salate & Dressings
Brotsalat mit Bohnen und Fenchel 34
Couscoussalat mit Kichererbsen 39
Glasnudelsalat mit Tofu 39
Kapern-Oliven-Vinaigrette 23
Kräutervinaigrette 23
Petersiliensalat mit Bulgur 145
Roter Reissalat mit Artischocken 36
Tofu-Dressing 26

Saucen, Dips & Brotaufstriche
Auberginendip 47
Avocado-Melonen-Salsa 149
Guacamole 47
Hummus 53
Kokos-Koriander-Chutney mit Chili und Minze 62
Paprika-Chili-Salsa mit Koriander und Petersilie 63
Pastinaken-Haselnuss-Creme 51
Pilz-Tofu-Creme 59
Röstgemüsedip 48
Scharfer Rote-Linsen-Dip 53
Schwarze Olivenpaste 57
Tomaten-Paprika-Relish 60
Tomatensauce mit Oregano und Basilikum 163
Weißer Bohnendip 53
Zwetschgenchutney 60

Vorspeisen & Snacks
Avocado-Spargel-Salat 67
Gefüllte Tofutaschen mit Pilzen, Möhren und Lauch 89
Gemüse-Pakoras mit Tofu 82
Linsenbällchen 85
Marinierte Pilze 73
Ratatouille-Sülze 71
Spanisches Safrangemüse 73

Suppen & Eintöpfe
Asiatische Nudelsuppe mit Gemüse 100
Bohneneintopf mit Tomaten und Reisnudeln 115
Chili con Soja 112
Erbseneintopf mit Rosenkohl und Räuchertofu 114
Misosupe mit Spinat und Tofu 101
Sommer-Gemüsebrühe 99
Vegetarischer Borschtsch 117

Hauptgerichte
Bohnen-Chili-Burger 149
Curry-Hirse-Pfanne mit Gemüse 171
Gedämpftes Gemüse 126
Gemüse-Sesam-Nudeln mit Tofu 185
Limettencurry mit Tofu 125
Linsen-Quinoa mit Ofentomaten 159
Marokkanische Gemüse-Tajine mit Aprikosen 179
Mexikanische Hirse 149
Ofengemüse vom Blech 141
Sizilianisches Sommergemüse 168
Spaghetti mit Gemüse und Chilibröseln 133
Spaghetti mit Radicchio 185
Süßsaures Tempeh-Gemüse 183
Weiße Bohnen in Tomatensauce 146
Zucchini-Tofu-Spieße 142
Zweierlei Bohnengemüse 167

Süßes & Desserts
Blutorangen-Kokos-Jelly mit Obstsalat 213
Kirsch-Himbeer-Götterspeise mit Tofu 213
Quittenmus 201
Rote Grütze 222
Warme Obstpäckchen 222

Appetit auf mehr?

ISBN 978-3-8338-1438-9
ISBN 978-3-8338-1884-4
ISBN 978-3-8338-1834-9
ISBN 978-3-8338-0479-3
ISBN 978-3-8338-2165-3
ISBN 978-3-8338-2309-1

www.gu.de: Blättern Sie in unseren Büchern, entdecken Sie wertvolle Hintergrundinformationen sowie unsere Neuerscheinungen.

Willkommen im Leben.

Impressum

Die Autorin

Die Kindheit unter badischer Sonne, der Garten rund ums Elternhaus, ausgedehnte Reisen durch Europa und Asien und die Vorliebe für internationale Küche – all das prägte **Tanja Dusy**, seit 2001 Kochbuchredakteurin und Autorin bei GRÄFE UND UNZER. So liebt sie bis heute eine abwechslungsreiche Küche, die heimische Kräuter mit fremden Aromen verbindet. Und genau dies macht ihre Vegetarische Küche so besonders. Aus ihrer Feder stammen bereits zahlreiche, teilweise mit Preisen ausgezeichnete Bücher wie »Für die Sinne – Indien« und »Indien Basics«.

Die Fotografin

Ulrike Holsten lebt als Fotografin in Hamburg, ihr Spezialgebiet ist der Genuss, den sie für Werbeagenturen und Buch- und Zeitschriftenverlage – darunter das Magazin »DER FEINSCHMECKER« – gekonnt geschmackvoll in Szene setzt. Für kulinarische Reportagen findet sie ihre Motive bevorzugt in Gärten, auf Feldern und Wiesen und auf dem Balkon. Bei unserer Vegetarischen Küche unterstützten sie dabei die gelernte Köchin und Foodstylistin **Nicole Müller-Reymann** mit Assistentin **Bonnie Reymann**, **Tanja Trific** (Requisite) und **Maryam Schindler** (Fotoassistenz).

Umwelthinweis:
Dieses Buch ist auf PEFC-zertifiziertem Papier aus nachhaltiger Waldwirtschaft gedruckt.

Bildnachweis:
Alle Fotos: Ulrike Holsten, Hamburg

Titelbildrezept:
Tofuklößchen-Spargelragout in Safransauce, Seite 123

Projektleitung: Sigrid Burghard
Lektorat: Kathrin Ullerich
Korrektorat: Petra Bachmann
Fotografie: Ulrike Holsten
Foodstyling: Nicole Müller-Reymann/ Bonnie Reymann
Umschlag und Gestaltung: independent Medien-Design, Horst Moser, München
Herstellung: Renate Hutt
Satz: Ute Fründt
Repro: Longo AG, Bozen
Druck: Firmengruppe APPL, aprinta druck, Wemding
Bindung: Conzella, Pfarrkirchen

Syndication:
www.jalag-syndication.de

© 2012 GRÄFE UND UNZER VERLAG GmbH, München
Alle Rechte vorbehalten. Nachdruck, auch auszugsweise, sowie Verbreitung durch Film, Funk, Fernsehen und Internet, durch fotomechanische Wiedergabe, Tonträger und Datenverarbeitungssysteme jeglicher Art nur mit schriftlicher Genehmigung des Verlages.

ISBN 978-3-8338-2521-7
1. Auflage 2012

Unsere Garantie

Alle Informationen in diesem Ratgeber sind sorgfältig und gewissenhaft geprüft. Sollte dennoch einmal ein Fehler enthalten sein, schicken Sie uns das Buch mit dem entsprechenden Hinweis an unseren Leserservice zurück. Wir tauschen Ihnen den GU-Ratgeber gegen einen anderen zum gleichen oder einem ähnlichen Thema um.

Liebe Leserin und lieber Leser,

wir freuen uns, dass Sie sich für ein GU-Buch entschieden haben. Mit Ihrem Kauf setzen Sie auf die Qualität, Kompetenz und Aktualität unserer Ratgeber. Dafür sagen wir Danke! Wir wollen als führender Ratgeberverlag noch besser werden. Daher ist uns Ihre Meinung wichtig. Bitte senden Sie uns Ihre Anregungen, Ihre Kritik oder Ihr Lob zu unseren Büchern. Haben Sie Fragen oder benötigen Sie weiteren Rat zum Thema? Wir freuen uns auf Ihre Nachricht!

Wir sind für Sie da!

Montag–Donnerstag:
8.00–18.00 Uhr;
Freitag: 8.00–16.00 Uhr
Tel.: 0180-5005054*
Fax: 0180-5012054*

* (0,14 €/Min. aus dem dt. Festnetz/ Mobilfunkpreise maximal 0,42 €/Min.)

E-Mail:
leserservice@graefe-und-unzer.de

P.S.: Wollen Sie noch mehr Aktuelles von GU wissen, dann abonnieren Sie doch unseren kostenlosen GU-Online-Newsletter und/oder unsere kostenlosen Kundenmagazine.

GRÄFE UND UNZER VERLAG
Leserservice
Postfach 86 03 13
81630 München

Ein Unternehmen der
GANSKE VERLAGSGRUPPE